KB168190

괴물딴지 미스터리 사전 스페셜

지적이고 기묘한 미스터리의 세계

괴물딴지 미스터리 사전 스페셜

유상현 지음 | 신동민 그림

해냄

| 프롤로그 |

변화하는 세상을 보는 눈
괴물딴지

'로즈웰 UFO 추락 사건'이 발생한 지 올해로 60주년이 된다. 아폴로 호의 조종사였던 브라이언 오레리 박사는 이 사건이 그동안 기구 추락 사고로 은폐돼 왔음을 공개적으로 시인했다. 로스웰 사건의 중심에 있는 뉴멕시코 주지사이자 민주당의 차기 대통령 후보 경선자인 빌 리처드슨은 "미국 정부가 알고 있는 UFO 관련 정보를 완벽하게 공개하고 과학적인 조사를 통해 1947년 7월에 무슨 일이 발생했는지 알게 될 것이다"라며 공식 견해를 밝혔다.

그동안 줄곧 베일에 가려졌던 외계 문명에 대한 비밀들이 서서히 그 실체를 드러내고 있다. 2004년 5월 멕시코 공군이 직접 촬영한 UFO 동영상을 공개한 후로 2005년 5월에는 브라질 공군이, 9월에는 캐나다의 폴 헬리어 전 국방장관이 공개석상에서 UFO의 존재를 인정했다.

이러한 변화는 UFO와 외계인에 대한 것만이 아니다. 장구한 세월 수많은 음모론으로 의혹을 불러일으켰던 비밀조직의 진원지도 속속 드러나고 있다. 소설과 영화에서 인기 있는 주제였고, 세계 그림자 정부의 실체로 알려진 프리메이슨, 일루미나티, 스컬 앤 본스 등 비밀 조직이 최근 언론을 통해 심층적으로 보도됐다. 그동안 풍문과 괴담으로만 전해져 오던 이야기들이 드디어 세상에 모습을 드러낸 것이다. 최근 내셔널지오그래픽은 〈프리메이슨의 비밀〉이라는 다큐멘터리를 방영했다. 실제 워싱턴 롯지 등 프리메이슨의 집회 현장을 촬영하면서 최초로 멤버들의 모습이 공개되는 등 믿기지 않는 일이 발생했다.

또 하나의 두드러진 현상은 그동안 외면당하고 금기로 여겨졌던 초자연 현상들에 대한 사람들의 의식 변화이다. 귀신과 영혼의 존재를 과학적으로 규명하려는 노력이 활발해지고 있고 신비한 기와 파동 에너지, 그리고 뇌를 위시해 인간 신체의 놀라운 능력을 연구하고 있다. 단지 미스터리로 여겨졌던 수수께끼가 하나 둘 풀리고 있는 것이다.

괴물딴지를 운영하면서 세계에서 시시각각으로 발생하는 흥미롭고 진기한 이야기를 누구보다 많이 접할 수 있었다. 가끔은 다양한 분야의 새로운 지식과 정보를 괴물딴지 회원들에게 알리면서 보람을 느끼기도 한다. 모든 기사들에는 정보가 있고 지식이 있으며 역사와 미래, 그리고 드넓은 우주가 있다. 대자연과

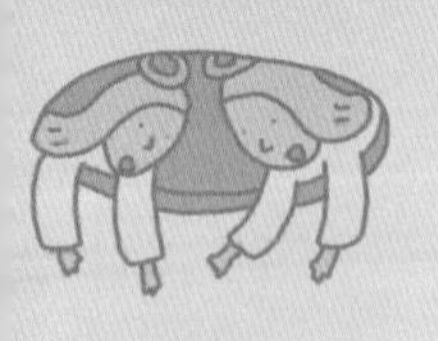

동식물이 있으며 사랑과 철학이 있으며 전쟁, 범죄, 모략과 음모도 있다. 그래서인지 경영학 강좌나 카네기 처세술보다 음모론과 미스터리 칼럼이 더 흥미롭고 유익하다는 생각이 들 때도 있다. 이제 세상은 인터넷으로 많은 것을 공유할 수 있게 됐다. 끊임없이 변해가는 세상에 대해 자유롭게 토론하고 그 진위가 가려지며 평가된다. 세상은 과거 어느 때보다 급속도로 변화하고 있는 것이다.

괴물딴지 미스터리 사전 스페셜은 1권이 다양하고 흥미로운 에피소드와 사건을 사전식으로 나열한 것과는 달리 UFO와 외계인, 음모론, 역사 속의 미스터리, 불가사의, 공포 등을 보다 깊이 있는 주제들로 구성해 이해를 돕고 읽는 재미를 더하려고 노력했다. 특별히 2권에는 독자들의 미스터리 체험담을 부록으로 수록했다. 바쁜 업무 스케줄 가운데도 알찬 기획과 편집으로 멋지게 스페셜판을 만들어주신 이현정 님과 해냄출판사 여러분들께 깊이 감사드린다. 아울러 1권에 이어 2권을 더욱 실감나고 흥미롭게 꾸며주신 일러스트레이터 신동민 님께 감사드린다. 또 언제나 저를 도와주고 격려하는 가족들에게도 감사드린다. 그리고 항상 괴물딴지를 사랑해 주시고 이끌어주시는 독자들에게 진심으로 감사드린다.

캐나다 밴쿠버에서
유상현

| 차례 |

PART 1 풀리지 않는 수수께끼, 역사 미스터리

PART 3 외계인의 실체가 드러나다, 우주의 미스터리

PART 1

풀리지 않는 수수께끼, 역사 미스터리

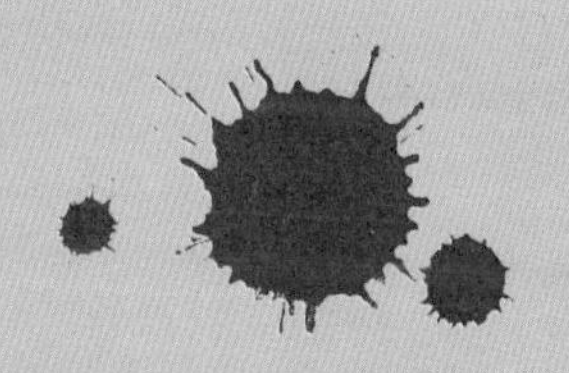

예술작품과 성경에 얽힌 미스터리

세월이 흐르고 시대가 변해도 예술은 변함없다고 한다. 이런 절대적 가치로 오랫동안 사랑을 받은 작품들을 우리는 '불후의 명작'이라고 부른다. 지난 2천 년간 명작과 성경에 얽힌 에피소드와 사건들은 헤아릴 수 없이 많았다. 이런 이야기들은 언제나 사람들의 관심과 호기심을 불러일으킨다.

불후의 미술품이 괴담으로 수난받다

로마에는 일명 해골사원으로 불리는 카푸친 수도회의 산타 마리아 델라 콘첸치오네 성당이 있다. 훗날 교황 이노센트 10세가 된 안토니오 바르베리니 추기경에 의해 1626년에 세워진 이 성당의 벽에는 르네상스 시대 최고의 화가 귀도 레니의 벽화가 그려져 있다. 그림 속에선 천사장 미가엘이

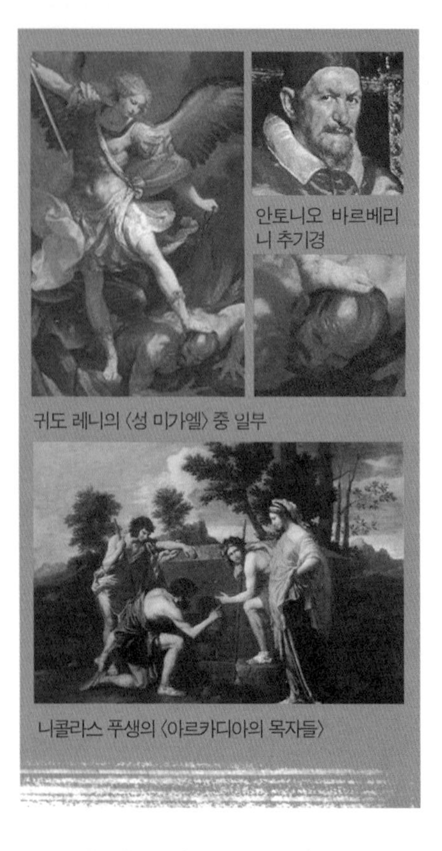
안토니오 바르베리니 추기경

귀도 레니의 〈성 미가엘〉 중 일부

니콜라스 푸생의 〈아르카디아의 목자들〉

칼을 든 채 사탄의 머리를 짓밟고 있는데, 전설에 의하면 그림 속 사탄의 얼굴이 바로 바르베리니 추기경이라고 한다. 사연인즉, 귀도 레니와 추기경의 가문은 오랫동안 서로 대립해 왔는데 추기경이 공개적으로 귀도 레니를 모욕하고 멸시하자 귀도 레니가 벽화를 그려 복수했다는 것이다.

한편 바티칸의 시스티나 성당에는 〈최후의 심판〉 〈천지창조〉 등 미켈란젤로의 걸작들이 그려져 있다. 성경을 소재로 한 이 그림들은 그리스와 로마의 인본주의 사상을 계승했던 미켈란젤로에게는 어울리지 않는 일이었다. 그래서 당시 벽화를 의뢰한 로마 교회의 강요와 교황의 이방종교 탄압에 저항해 미켈란젤로는 성스럽고 품위 있는 분위기 대신 반교회적이고 과격한 이미지, 몸을 거의 드러낸 반라의 모습으로 등장인물들을 묘사했다. 예수를 그리스 신화 속 근육질의 아폴로 신으로 묘사하고 아담을 전라로 그리는 등 작품을 통해 계획적으로 자신의 생각을 표현했다는 이야기가 전해 온다.

1980년 영국 BBC 방송의 기자인 헨리 링컨 등 세 명이 쓴 『성혈과 성배』의 중심에는 17세기 프랑스 최고 화가였던 니콜라스 푸생의 〈아르카디아의 목자들〉이 나온다. 그림을 보면 석조 제단에 새겨진 숫자를 세 명의 목동들이 보고 있고 아름다운 부인이 이를 주시하고 있다. 전설로는 이 그림의 배경과 석상이 실제 영국에 존재하며 그 제단 숫자는 암호로 되어 있는데 이 암호가 성배를 찾는 열쇠라고 한다. 이 그림을

그린 푸생이 성배를 지키는 비밀 조직인 템플 기사단의 멤버였다는 것이다.

레오나르도 다빈치의 〈최후의 만찬〉

〈최후의 만찬〉의 요한 〈암굴의 마돈나〉의 마리아

밀라노의 산타 마리아 델레 그라치에 교회 벽에 그려진 레오나르도 다빈치의 〈최후의 만찬〉은 최고의 걸작답게 가장 많은 괴담과 음모론을 갖고 있다. 그 중 기이한 이야기는 그림 속 예수와 유다는 같은 사람을 모델로 그렸다는 것이다. 청순하고 고귀한 이미지로 예수의 모델이 됐던 청년이 그림을 제작하는 동안 살인범이 되었고 인상 또한 전혀 다른 사람이 되었다. 다빈치는 변한 그의 외모를 알아보지 못하고 예수를 배반한 유다의 모델로 다시 그를 발탁해 그림을 완성했다는 것이다.

또 다른 충격적인 이야기는 댄 브라운의 추리소설 『다빈치 코드』에서 생산되었다. 이 그림 속에는 예수의 오른편에 앉아 있는 제자가 요한으로 알려졌지만, 소설에 따르면 그것은 예수의 여인 막달라 마리아라는 것이다. 그림 속 마리아와 예수가 정확히 'V'를 이루며 'M'자 형으로 공간이 처리된 것은 그것이 여성이며 두 사람이 결혼한 사이라는 것을 암시한다. 또한 다빈치가 그린 〈암굴의 마돈나〉의 성모 얼굴이 이와 흡사하다는 점도 이를 뒷받침한다. 소설에서는 다빈치가 성배를 지키는 비밀결사대인 시온 수도회의 수장이며, 성배는 예수의 혈통을 의미한다. 이 사실은 오늘날까지 극비리에 이어지고 있다. 저자 댄 브라운은 성배를 이르는 'Holy Grail(San Greal)'은 원래 'Holy Blood(Sang Real)', 즉 그리스도의 혈통을 지칭한 은어라고 주장했다. 문제의 소설이 세계인들의 주목을 받자 교황청과 기독교인들은 당황하고 분노하여 작가와 소설을 비난했고 지금까지 격렬한 논쟁이 이어지고 있다. 영국의 채널4 방송은 〈다빈치 코드의 진실〉이라는 두 시간짜리 특집방송을 통해 댄 브라운의 소설을 심층 분석하고 관련 단체와 인물을 추적하면서 그 허구성을 파헤치기도 했다.

로슬린 성당에 천사들의 악보가 숨어 있다

영국 스코틀랜드 미들로디언에는 로슬린 성당이 있다. 15세기 윌리엄 싱클레어와 길버트 헤이가 건축한 이 성당은 유서가 깊은 만큼 여러 가지 역사적 미스터리에 관련되어 있기도 하다. 템플 기사단과 프리메이슨, 성배와 법궤, 그리고 예수의 미라가 있는 비밀 안식처란 소문까지…. 특히 댄 브라운의 『다빈치 코드』에서 성배가 있는 비밀 장소로 지목돼 세계인들의 관심이 집중되기도 했다.

로슬린 성당의 내부

악기를 들고 노래하는 천사가 새겨져 있는 기둥의 일부

그런데 최근 또 하나의 놀라운 이야기가 알려졌다. 성당 제단을 두르는 석조 기둥 위 아치형 구조물에는 열세 명의 천사들이 악기를 들고 노래하는 조각이 있다. 이 조각 속 천사들의 모습이 실제 '천사들의 오케스트라' 광경이라는 것이다. 또한 기둥마다 돌출된 213개의 입방형 돌에는 연주곡의 악보가 암호화되어 새겨져 있다고 한다. 이 비밀스런 음악은 550년이 지나 최근에 해독되었고, 마침내 2007년 5월 18일과 6월 1일, 로슬린 성당에서 천사들의 아름다운 연주가 재현될 수 있었다. 과연 어떻게 된 일일까?

영국 공군 출신의 토미 미첼(75)은 어느 날 로슬린 성당의 내부 조형을 감상하던 중 열세 명의 천사 조각을 보면서 마치 실제 연주를 하는 듯한 느낌을 받았다. 그러고 보니 주변 기둥에 돌출된 수많은 정육면체가 이루는 각기 다른 문양이 악보를 연상시켰다. 군 시절 암호 해독가였던 그는 아들인 작곡가 스튜어트와 함께 이 기둥의 규칙성을 파악하는 작업을 시작했다. 213개 문양의 비밀 코드를 해독하기 위해 그들이 노력한 시간은 무려 27년이었다.

그리고 마침내 토미는 문양들이 클라드니 도형과 유사한 규칙을 가졌음을 발견했다. 18세기 독일의 물리학자 프리드리히 클라드니는 금속판 위에 모래를 얇게 뿌리고 바이올린을 연주하면 음파의 고저와 강약, 그리고 파동 주파수에 따라 모래에 각기 다른 도형이 생성되는 것을 발견했다. 그는 이 도형의 규칙을 모아 책을 저술했는데 토미 부자가 이 클라드니 도형에 로슬린의 조각을 대입한 것이다. 그 결과 해독된 기호들로 악보를 만들 수 있었다.

클라드니가 2차원 파동 도형인 클라드니 패턴을 발표한 것은 1787년의 일이다. 그러나 로슬린 성당을 건축했던 프리메이슨들은 이미 300년을 앞서서 똑같은 파동 도형을 조각 작품에까지 새겨 넣어 암호화했던 것이다. 이 같은 사실이 밝혀지면서 로슬린 성당의 신비감이 더해졌음은 물론이고, 세계 도처에 놀라운 사건들을 비밀스럽게 남긴 프리메이슨의 기술 또한 사람들에게 놀라움을 안겨줬다.

이 날의 연주는 무척 아름답고 신비했다고 한다. 성당에서 천사의 음악이 울리자 참석한 모든 사람들은 550년 만에 천상의 음악을 듣게 해준 토미 부자에게 찬사를 보냈다.

성경과 내용이 다르다는 이유로 은폐된 사료들

다빈치 코드는 잊어버려! 여기 진짜가 있다

댄 브라운의 소설 『다빈치 코드』가 기독교계와 논쟁을 야기하며 세상의 논란이 된 이유는 예수와 막달라 마리아가 부부관계이며 둘 사이의 자손이 극비리에 혈통을 잇고 있다는 것뿐만이 아니다. 성경의 일부 내용이 의도적으로 은폐되고 말살되었다는 주장 때문이다. 이런 의혹은 교회가 공인하지 않고 금지시킨 외경들과 고대로부터 은밀하게 숨겨온 자료들이 발굴되면서 유포되기 시작했다. 특히 심하게 손상되어 분석이 어렵던 파피루스 원전의 해독이 현대 과학기술의 발전으로 급진전되면서 점차 새로운 사실들이 드러나고 있다.

성경과 관련된 대표적 고대 문서로는 1945년 이집트 나그함마디에서 발견된 그노시스 문서와 2년 뒤 사해 부근 쿰란 동굴에서 발견된 사해 문서, 그리고 19세기 말 이집트 중부 옥시린쿠스 마을에서 발견된 옥시린쿠스 파피리 문서 등이 있다. 이 고문서 안에는 『다빈치 코드』에서 언급된 「빌립 복음서」와 「막달라 마리아 복음서」 또한 「도마 복음서」와 「진리 복음서」 등 외경의 내용이 들어 있고 성경의 복음서와 일치하지 않거나 상이한 내용이 포함되어 있어 세계인들의 흥미와 호기심을 자극하고 있다.

지난 4월 네덜란드의 《파롤》 지는 최근 가장 오래된 문자인 콥트어로 쓰인 기독교 문서를 해독하는 작업이 진행 중이라고 보도했다. 스위스 마에케나스 재단의 대표 마리오 로버티가 구입해 작업을 진행하는데 이 문서는 나그함마디 두루마리 중 한 부분의 복음서이며 예수와 가롯 유다의 대화로 구성되어 있다고 한다. 로버티가 공개한 복음서에는 가롯 유다를 밀고자가 아닌 영웅으로 묘사하고 있어 1800년 전 교회에 의해 금지되었다. 학자들은 이 발견에 매우 흥분했다. 특히 「도마 복음서」를 발견했던 길레스 퀴스벨 교수는 「가롯 유다 복음서」가 역사적으로 중대한 자료이며 현재 발견된 모든 복음서는 동등하다고 말했다.

한편 지난 5월에는 영국 《인디펜던스》 지가 「요한계시록」 13장에서 언급한 악마의 숫자 666이 616의 오역이라는 보도를 하기도 했다. 고대 히브리인들은 사람의 이름에 숫자적 가치를 매겼는데 종교박해를 피해야 했던 초기 기독교인들이 이에 착안해 신분을 숫자로 표기했다. 당시 광폭한 박해자였던 로마 황제 칼리굴라를 지칭하는 숫

자가 바로 616이었다는 것이다. 그동안 추측이나 음모론에 그쳤던 이야기들이 고문서 해독 지식과 현대의 첨단기법이 결합된 정밀 분석으로 전문가들에 의해 밝혀지면서 이 주장은 신빙성을 더해간다. 사실 세상에 알려진 666은 오랫동안 성경에서 짐승의 표로써 적그리스도(Antichrist)와 사탄의 상징이었는데, 이는 그리스도를 상징하는 888과 반대되는 반기독교적 이단 세력, 즉 이교도를 의미한다. 이에 대해 한때 바코드 시스템이 666이라는 논란이 있기도 했고, 네로나 히틀러 등이 666의 악마라고 지목되기도 했다. 결국 이 숫자도 사타니즘의 유물로 전락하던 중 새로운 해독 결과가 화제가 된 것이다.

『다빈치 코드』의 충격이 채 가시기도 전에 이번에는 〈터미네이터〉와 〈타이타닉〉을 감독한 제임스 카메론의 다큐멘터리 〈예수의 매장동굴〉이 세상을 소란스럽게 하고 있다. 이 다큐멘터리에 나오는 동굴은 1980년 예루살렘의 탈피요트에서 발견된 것으로 약 2천 년 전 예수의 무덤으로 추정된다. 가족 무덤에는 열 개의 관이 있고 '요셉의 아들 예수' '마리아' '예수의 아들 유다' 등의 이름이 새겨져 있다고 한다. 하지만 그것이 실제 예수의 무덤인지는 확실하게 밝혀지지 않았다.

왜 많은 종교 경전과 교리들 가운데 유독 성경만이 오랜 세월 끊임없이 논란의 대상이 되는 것일까? 전문가들은 성경이 복잡하고 미묘한 역사 속에서 태동되어 시대의 흐름에 따라 더해지거나 삭제되는 과정을 겪었기 때문이라고 말한다. 세월이 흐르면서 서양 사상의 중심으로 교리의 발전을 거듭했다는 것이다. 요즘 들어 이처럼 혼란스러운 사실들이 드러나 언론을 통해 세상에 급속히 전파되는 데 대해 교황청과 교회의 성직자들, 신도들은 당혹해하면서도 격분하고 있다. 그러나 학자들은 오히려 이처럼 중요한 사학 자료가 발견된 지 몇십 년이 지나도 여전히 숨겨져 왔다는 사실에 의혹을 제기한다. 불경스럽다는 이유로 교회에 의해 2천 년 동안 금지되어 온 「가롯 유다 복음서」 등의 진실을 밝혀내자는 목소리가 높아지고 있다.

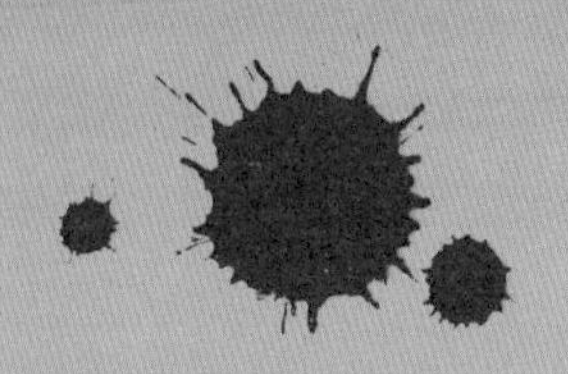

사탄 숭배 신앙은 아직도 존재하는가

세계에는 수많은 토속 신앙과 밀교가 존재한다. 어떤 신비주의 신봉자들은 우리가 천사로 알고 있는 것이 악마이고 진짜 천사는 사탄이라고 주장하기도 한다. 또한 지하 세계에서 전통을 이어오던 밀교들은 이따금 기이한 신봉집단에 의해 사회적 충격과 물의를 일으키기도 한다.

아시리아의 후예, 예지디족의 사탄 숭배 신앙

1845년 7월 5일, 유적지 탐사를 위해 영국의 탐험가이자 고고학자인 오스틴 헨리 라야드 경이 고대 아시리아의 옛 수도 니네베(오늘날의 이라크 모술)를 방문했다. 라야드 경은 그곳에서 '예지디'라는 특이한 부족을 만났다. 예지디족은 고대 아시리아인들의 후예로 수천 년 전의 전통 신앙을 계승하며 살고 있었다. 후일 라야드 경은 니네베 유적 발굴 작업에 관한 저술에서 이 부족의 이상한 신앙을 함께 기록했다.

기록에 따르면 예지디족은 제국이 멸망한 뒤 이민족의 극심한 박해와 기독교, 이슬람교 등의 개종 압력에 시달렸다. 그러나 그들은 이에 굴복하지 않고 사탄을 지구의 창조신으로 숭배했다. 그들은 사탄을 타 종교처럼 신의 적, 또는 타락천사로 보지 않고 공작 왕, 긍지의 왕으로 여기며 지구의 창조자로 섬겼다. 예지디족은 우주의 창조신이 거대한 물체들을 만들었고 이 물체들은 4만 년을 주기로 유지되고 소멸된다고 믿는다. 그런데 으뜸 천사장이었던 멜렉 타우스가 신의 법을 거역하고 파멸된 일부 물체를 복구하여 지구를 만들었다는 것이다. 이 사실을 안 신은 멜렉 타우스를 질책하고 천사들을 지구에 내려 보냈다고 한다. 예지디 신화는 중동에서 출발한 여러 종교들과 동일한 아담과 이브 신화 구조이지만 여기에는 사탄이 인간에게 좋은 조언을 해주는 너그럽고 훌륭한 신으로 등장한다.

예지디족은 죄를 범한 멜렉 타우스가 신에게 벌을 받아 지옥에 7천 년간 유배됐다가 참회의 눈물로 지옥 불을 꺼 용서를 받은 이후 지옥이 없어졌으며, 현재 인류가 사는 지구가 지옥이라고 말한다. 그들은 멜렉 타우스를 숭배하면 기쁨과 만족, 그리고 성공하는 삶을 살고 죽어서는 천당에 갈 수 있지만 그를 저버리고 살면 고통과 시련을 겪다가 죽으면 또다시 사람이나 동물로 환생하여 고통이 반복된다고 믿는다. 그

예지디족이 믿는 멜렉 타우스

들은 멜렉 타우스가 수백, 또는 수천 개의 눈을 가진 공작처럼 생겼고 인류의 운명을 좌우한다고 믿고 있다.

예지디족은 과거 멜렉 타우스가 인류의 운명을 통제하기 위해 아시아와 중동 여러 지역에 일곱 개의 탑을 세웠고 그것이 오늘날까지 건재한다고 주장한다. 만주 지방과 티베트, 페르시아와 쿠르디스탄 등 일곱 군데의 고산 꼭대기가 그것인데 여기에서 멜렉 타우스가 보낸 힘이 발산된다고 한다. 힘을 발산하는 지점 근처에는 이를 지키는 괴수들이 살고 있는데, 이중 괴수들이 가장 많이 목격된 장소는 아랍 지역의 탑인 요르단의 바튼 엘 고울이다. 이곳은 '마귀의 구멍'이라고 불리는데 밤마다 파란 도깨비불이 날아다니고 험상궂게 생긴 마귀들이 있어 수천 년간 사람들이 접근하지 못한 것으로 알려졌다.

예지디족의 신앙으로 해석해 보면 인류는 여러 기성 종교들 때문에 멜렉 타우스가 타락천사이며 악마라고 믿도록 세뇌되어 가짜 신을 믿고 거짓 종교를 따르고 있다는 것이다. 그리고 극소수의 지배 세력들만이 비밀스럽게 멜렉 타우스를 진짜 신으로 숭배하는데, 그들은 인류를 자신들의 꼭두각시나 노예로 부리며 영원히 고통스런 환생의 굴레로 빠뜨린다.

예지디족은 계속된 외세의 침략과 지배 속에서 개종을 거부하면서 무수한 사람들이 처형당했다. 그리고 살아남은 이들은 압제를 피해 여러 나라를 떠돌며 오랜 유랑생활을 해야 했다. 침략자들이 아시리아의 전통을 끊어버리기 위해 고서들을 불태우자 예지디족은 암호나 구전으로 교리를 전했고, 그 결과 수천 년이 지난 지금까지 그 신앙을 전수해 왔다.

오늘날 예지디족은 이라크와 아르메니아, 그루지야, 터키, 시리아 등에 흩어져 있다. 특히 19세기 후반부터 메소포타미아 문명 유적지 발굴에 힘썼던 독일에는 3만여 명의 예지디족이 독자적인 커뮤니티를 형성하며 살고 있다고 알려져 있다.

정령을 연구하는 학문, 데모놀로지

정령을 연구하는 데모놀로지(Demonology, 악마학)란 학문이 있다. 데모놀로지에서 정의하는 정령은 신도 인간도 아닌 존재다. 정령이란 신보다 낮은 계급인데 인간에게 도움을 주는 천사도 여기에 포함된다. 사실 고대 그리스 시대만 해도 정령은 사악한 존재들만 의미하는 명칭이 아니었다. 정령의 개념은 지역마다 천차만별이어서 아프리카 일부와 아랍 지역에서는 정령을 질병과 액운을 가져오는 두려운 존재로 여기고, 고대 바빌론인들은 사랑과 절망 같은 모든 감정이 신체 여러 부위에 깃든 정령들에 의해 영향을 받는다고 생각했다. 조로아스터 교도들은 좋은 정령들이 나쁜 정령들과 싸워 언젠가 승리할 것이라고 믿는다.

탈무드에 보면 유대인들도 세상에 7백만이 넘는 종류의 정령들이 72개의 집단으로 나뉘어져 존재한다고 생각했다. 미국의 에스키모인들은 정령들이 지상과 하늘, 바다 등 자연 속에 골고루 존재한다고 믿어왔다. 그래서 해안의 특이한 바위들은 수호신들이 상주하는 곳이라고 생각한다. 이는 우리나라가 오랜 세월 동안 정령들이 주변 물건들에 깃들어 있다고 믿는 애니미즘과 유사하다. 성경 곳곳에서도 악령들을 상세히 묘사하고 있는데 사탄을 악한 정령들의 우두머리라고 칭한다. 이슬람교에서는 정령을 '진'이라고 부르는데 진들은 선할 수도 있고 사악할 수도 있다. 이슬람 경전인 코란에는

성경의 사탄과 동일한 존재인 마귀 이비스가 등장한다. 이비스는 무릎을 꿇으라는 신의 명을 거역해 저주받은 것으로 묘사됐다. 불교와 힌두교에서는 악행을 반복하다 죽은 사람은 지옥에서 악령들에게 큰 고통을 받으며 시달린다고 믿기 때문에 항상 선행을 하고 남을 공경하며 살라고 가르친다.

세계적으로 다양한 문화권에서 나타나는 데모놀로지는 사람에게 들어간 마귀를 쫓는 퇴마의식에서 자주 사용된다. 마귀 들린 사람의 유형을 분석해 마귀의 이름을 알아내고 적절한 퇴마의식을 하면 마귀가 떠나간다고 믿기 때문이다. 데모놀로지 학자들은 역사에 꾸준히 기록되어 있고, 엑소시즘에 의해 실제로 목격된 정령들을 계급별로 나누고 이름을 분류해 문서화하는 작업을 하고 있다.

세계 8대 불가사의, '사탄의 성경' 코덱스 기가스

최근 세계 8대 불가사의에 포함된 『코덱스 기가스』, 일명 사탄의 성경은 세계 최대의 피지 필사본이다. 사탄의 성경으로 불리는 이유는 사탄의 삽화가 있기 때문이다. 2007년 말부터는 체코 국립도서관에서 일반에게 공개될 예정이다.

13세기 체코의 보헤미안 수도원에서 제작된 이 책은 체코에서 가장 값지고 중요한 보물로 여겨지며 오랜 세월 전해내려 왔다. 성인 두 명이 간신히 들 수 있는 무게에 철과 가죽으로 장식되어 나무로 된 틀에 담겨 있다. 길이 92cm, 폭 50cm에 두께는 22cm이고 160마리의 당나귀에서 채취한 피지의

사탄의 성경 『코덱스 기가스』 중 악마가 그려진 페이지

무게는 75kg에 이른다. 총 320장의 피지 중 현재 여덟 장이 분실된 상태인데 누가 언제 어디로 가져갔는지는 전혀 알려지지 않았다.

전설에 따르면 이 책은 사탄에게 영혼을 판 수도승이 기록했다고 전해진다. 수도승은 수도원의 규율을 어겨 그 벌로 감옥에 갇혔는데 적막한 벽 속에서 혹독한 형벌을 받을 생각을 하니 눈앞이 캄캄해졌다. 그래서 어떡하든 그것만은 벗어나보려는 심산으로 하루 안에 인간의 모든 지식과 수도원을 칭송하는 글을 써서 세상에 영원히 남기겠다고 수도원에 거짓 약속을 했다. 자정이 가까워졌을 무렵에야 자신의 약속이 헛된 일이라는 것을 깨달은 수도승 앞에 사탄이 나타났다. 수도승은 기어코 사탄에게 영혼을 팔아 책을 완성해 냈다. 그 대가로 책 속에 사탄의 초상화를 남겼다고 하는데 실제로 사탄의 그림은 290쪽에 약 50cm 크기로 그려져 있다. 특이한 점은 이 책에 쓰인 글자가 어떤 흔들림이나 감정의 표현도 없이 일정하다는 점인데 인간이 썼다고는 믿기 어려울 정도라서 수도승의 전설에 신빙성을 더하고 있다.

얼마 전 미국의 영매이자 원격투시자인 아론 도나휴는 한 인터넷 방송과의 인터뷰에서 자신이 밀교주의 신봉자라고 밝히면서 “현재 지구의 상태가 갈수록 악화되고 대재앙이 곳곳에서 일어나는데도 이 같은 상황을 사람들이 방관하는 것을 보면 천사들은 인류를 돕는 선한 존재가 아니다. 미래에 진짜 창조주가 돌아오면 이 사실이 모두 입증될 것이다”라고 말했다. 이처럼 최근 젊은 사람들 가운데는 아론처럼 루시퍼를 섬기고 〈스타워즈〉의 제다이 나이트, 〈매트릭스〉의 니오 등을 신앙의 대상으로 숭배하는 밀교주의가 등장하는 추세이다.

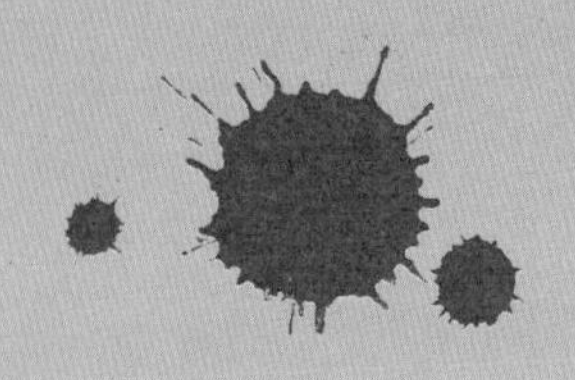

마법사와 마녀는 사라지지 않았다

최근 인기를 끌고 있는 『해리포터』 시리즈는 마녀와 마법사의 이야기다. 지금이야 마법이 판타지 소설의 소재로 등장하지만 과거에는 실제로 마녀와 마법사를 처형하는 끔찍한 제도가 있었다. 잔 다르크를 비롯해 역사 속 많은 인물이 마녀 재판의 희생양이 되었는데, 당시 권력자의 압제 수단으로 선량한 사람들을 공포에 떨게 만들었다고 한다.

마녀 재판의 실체

마녀들이 극형으로 다스려진 이유는 성경 「출애굽기」 22장 18절에 기록된 '너는 마녀를 살려 두지 말지어다'란 구절 때문이다. 역사학자들은 중세시대에 마녀로 몰려 처형된 희생자들이 1만2천 명 정도라고 보고 있지만 실제로는 적어도 6만 명이 넘는 여자들이 처형됐을 것으로 추정된다. 마녀 재판을 연구하는 역사학자들은 마녀 재판의 희생양이 대부분 여성이었던 이유 중 하나가 남성들이 여성을 위협해 농락하기 위해서였다고 설명한다.

마녀들의 집단 화형식이 묘사된 중세 그림

마녀 심판을 받는 여인을 묘사한 중세 그림

마녀 재판의 과정은 무척 단순했다. 누군가 마녀로 지목되면 바로 재판이 열린다. 피고는 악마가 쓰인 사람으로 간주되고 마녀가 맞는지 여부를 판결받기 위해 여러 가지 시험을 받는다. 중세 마녀 재판 심판관들은 마녀의 몸에 사탄의 심벌이 있다고 믿었다. 그래서 이 심벌을 찾으려면 마녀로 몰린 여자들은 알몸이 돼야 했고, 이 과정에서 성추행을 당하기도 했다. 이런 시험을 거부하는 여성은 마녀로 간주되어 극형에 처해졌다. 또 몸에 사마귀나 흉터가 있는 여인들도 마녀라고 생각했고, 그렇지 않은 여인도 항의나 반항을 하면 마귀가 투명한 심벌을 새겨놓았을 것이라는 누명을 씌워 처형했다.

마녀 재판 심판관들은 다른 여인들도 농락하기 위해 마녀로 몰린 여인에게 다른 마녀의 이름을 대면 목숨을 살려주겠다고 말했다. 하지만 여인이 다른 여인을 지목하고 풀려난 뒤 이를 발설하게 되면 즉각 마녀로 몰아 극형에 처했다. 주변 사람들에게도 재판을 받은 마녀 혐의자와의 친분, 또는 악마의 연회에 참가한 사실이 있다는 자백을 받아내고 마녀로 몰았는데 피고의 남편이나 이웃에게 그런 행적을 증언하도록 강요했다. 여인들은 집에서 찾아낸 빗자루나 말린 두꺼비 등을 증거로 마녀로 몰렸는데 증거물은 당사자가 재판을 받으

러 간 사이 모함하는 자들이 가져다 놓기도 했다. 일부는 마녀의 가족이라는 이유만으로 협박에 시달려야 했다.

마녀로 몰린 여인들의 처형 방법도 갖가지였는데, 가장 많이 시행된 방식은 여인을 산 채로 태워 죽이는 것이었다. 일부에서는 여인을 교수형에 처한 뒤 시신을 태웠는데 여인들이 죽기 전 자기가 당한 수모 등을 발설하자 심판관들 중 일부는 여인들이 말을 못 하도록 수장하기도 했다. 이 광란의 참극은 대략 18세기부터 점차 사라졌고 1782년 스위스에서 처형된 안나 골디가 마지막 마녀 재판의 희생자였다.

마법사들의 조직, '힘의 원뿔'

1940년 8월 1일, 영국의 햄프셔 주 뉴 포레스트에서 당대 최고 능력을 가진 원로 마법사와 마녀들의 모임이 열렸다. '힘의 원뿔'이라고 불리는 이 마법사 모임은 나치 독일의 영국 침공을 앞둔 위급한 상황에서 조국을 위해 그들이 할 일을 논의하기 위한 자리였다. 그들은 지금이 바로 마법을 이용하여 비장의 무기를 뽑아들 때라고 생각했다. 마법사들과 마녀들은 히틀러의 마음을 마법으로 움직여 침공 지역을 구소련으로 바꾼 뒤 구소련 지방에 혹한을 몰아치게 해 독일군이 강추위에 얼어 죽도록 유도하자는 전략을 세웠다.

이 전략의 성공을 위해 전통적인 비밀 의식이 거행되었다. 당시 의식을 주관했던 마법사는 영국 마법의 아버지로 불리는 제럴드 가드너였다. 마법사들은 1588년 영국 본토를 침공하기 위해 무적함대를 이끌고 영국으로 접근했던 스페인 전함이 갑작스런 강풍으로 절반 이상의 함선을 잃고 영국 해군에게 괴멸당한 것과 나폴레옹이 영국 본토 공격을 단념하고 트라팔가 해전에서 참패한 것 역시 '힘의 원뿔'이 거행한 비밀 의식 때문이라고 굳게 믿고 있었다.

제럴드 가드너는 자신들이 행한 비밀 의식이 나치 독일의 침공으로부터 영국을 구했다고 믿는데, 그는 당시 위기에 처한 나라를 구하기 위해 마법사들이 어떻게 대항했고 무엇을 했는지 저서를 통해 소상히 밝혔다. 기록에 따르면 의식을 위해서는 반드시 원로 마법사 가운데 한 명이 희생되어야 했다. 자발적으로 희생을 자처한 마법사의 영혼이 직접 상대에게 붙어 마음을 움직여야 한다고 믿었던 것이다. 이는 고대부터 내려온 가장 위급한 상황에 사용되는 비술로 제물이 된 마법사는 옷을 전혀 걸치지 않고 먹지도 않은 상태로 동료 마법사들이 주술을 외우는 가운데 동사했다. 이렇게 원로 마법사의 죽음과 함께 거행된 의식은 성공했고, 당시 승승장구하던 히틀러는 대대적으로 영국을 침공하기로 한 계획을 변경했다. 그 대신 구소련과 맺었던 불가침조약을 무시하고 나치 패망에 결정적 요인이 된 구소련 침공을 감행한 것이다. 제럴드 가드너가 이끌었던 '힘의 원뿔' 마법사 조직은 베일에 가려진 채 지금도 그 전통을 이어가고 있다고 전해진다.

현재 영국에는 제럴드 가드너가 저술한 마법 관련 책을 공부하는 마법사와 마녀가 4만 명이 넘는다. 언제 발생할지 모르는 조국의 위급한 상황에 대비해 마법을 수련하고 있다는 것이다. 그리고 매해 2월 12일 마법사 제럴드 가드너가 사망한 날이면 영국 전역의 마법사들과 신비주의자들은 그의 출생지이자 활동 본거지였던 머지사이드 주 리버풀에 모여 추모 행사를 거행한다.

영혼을 부르는 주문이 실린 마법서

1962년 스코틀랜드에서 있었던 일이다. 오래된 중고서점을 운영하던 노인이 죽자 그의 먼 친척이었던 맥컬리가 서점을 물려받게 되었다. 갑자기 물려받은 서점을 경영할 마음이 없었던 맥컬리는 재고를 정리해 인근 도서관에 기증하려 했다. 책장을 정리하던 중 맥컬리는 책장 제일 위 칸 구석진 곳에서 쇠줄에 감겨 있는 오래된 책을 한 권 발견했다. 호기심에 책을 집어들자 갑자기 책장 뒤에서 이상한 소리가 났다. 이상한 느낌이 들어 책장 뒤쪽을 살펴보다가 작은 서랍

이 있는 것을 알게 됐다. 그 안에는 정체를 알 수 없는 오래된 책이 유리 상자 속에 담겨 보관되어 있었다. 보기에도 상당히 오래된 고서임을 알아본 맥컬리는 경매장을 찾아갔다.

책을 감정해 본 결과 책은 1700년도에 만들어진 것임이 밝혀졌다. 이는 1200년대에 발행되었던 책의 필사본이었으며 잘 알려지지 않은 희귀품이었다. 맥컬리는 돈이 될 것이라고 생각해 고서를 경매에 내놓으려고 했다. 감정사에게 경매가격을 물으니 감정사는 중세 마녀들의 책이므로 사가는 사람이 흔치 않을 것이라고 말하면서 책을 맡기고 기다려보라고 말했다. 하지만 맥컬리는 감정사의 눈빛에서 수상한 기운을 느껴 책을 도로 가져왔다.

내용이 궁금해진 맥컬리는 고어사전을 놓고 책을 해독하기 시작했다. 그는 책의 목차를 읽다가 놀라운 사실을 알았다. 목차에는 죽은 사람의 영혼을 부르는 법, 백마법과 흑마법을 쓰는 법, 주위의 기온과 날씨 등을 원하는 대로 바꾸는 주술 등이 있었다. 맥컬리는 반신반의하며 영혼을 부르는 법을 먼저 시험해 보기로 했다. 맥컬리가 책을 펼쳐 주문을 큰 소리로 외우기 시작하자 갑자기 창문들이 덜컹 소리를 내며 닫혔다. 맥컬리는 겁이 났지만 우연이라고 생각하고 다시 주문을 외웠다. 그러자 주위의 어두운 구석에서 하얀 물체들이 흐릿하게 빛나기 시작했다. 갑자기 소름이 끼친 그는 거꾸로 영혼을 쫓는 마법을 찾으려 했다. 그때 갑자기 천장에 한 노인이 불쑥 나타났다. 다름 아닌 며칠 전 사망한 서점의 노인이었다. 그는 맥컬리에게 뭔가를 이야기하려 했다. 하지만 겁에 질린 맥컬리는 마음을 가다듬고 목차를 찾아 영혼을 쫓는 주문을 외웠다. 그러나 주술은 더는 소용이 없었고 노인의 유령도 사라지지 않았다. 그 길로 뛰쳐나간 맥컬리는 책을 박물관에 기증하고 서점도 닫아버렸다고 한다.

마법서는 세상 어딘가에 존재하는 것일까? 현재 마법을 공부하는 마법사와 마녀가 영국에만 4만 명이 넘는다니 참 놀라운 일이다. 이제 해리포터와 간달프 같은 마법사가 인기를 누리고 밀교주의자나 사탄 신봉자들도 자유롭게 그들의 종교를 공개하는 세상으로 변했다. 억울하고 잔인하게 희생당했던 마녀 재판의 역사는 이제 과거의 일일 뿐이다.

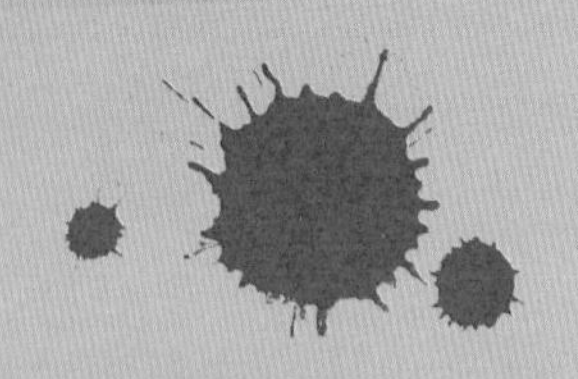

역사 속에 꾸준히 등장하는 괴물들

공룡은 이미 수천만 년 전 지구에서 멸종됐다. 하지만 스코틀랜드의 네시나 아프리카의 모킬레 음베음베 등 세계 여러 지역에서는 멸종된 공룡을 연상시키는 거대 괴수들을 목격한 사람들이 있다. 그렇다면 혹시 공룡들 중 일부는 현재까지 생존하는 것인가? 전설로 전해오는 특이한 괴수들을 통해 그 가능성을 점쳐본다.

괴물의 원조, 베헤모스와 레비아탄

최초로 괴물이 언급된 것은 구약성서 「욥기」 40장인데 여기에는 베헤모스라는 괴물이 등장한다. 그 모습은 다음과 같다.

"소처럼 풀을 먹는 베헤모스를 보라. 내가 너를 지은 것같이 그것도 지었다. 힘은 허리에 있고 뚝심은 배 힘줄에 있고 넓적다리 힘줄은 서로 얽혀 있으며 뼈는 놋관 같고 뼈대는 쇠막대기 같다. 강물이 소용돌이쳐도 놀라지 않고 강물이 입으로 쏟아져도 태연하니 그것이 눈을 뜨고 있을 때 누가 능히 잡을 수 있으며 갈고리로 코를 꿸 수 있겠는가?"

이어 41장에는 레비아탄이라는 괴물도 등장한다. 그 모습을 묘사한 것을 보면 레비아탄은 신화에 나오는 용과 매우 흡사하다.

"입에서는 불꽃이 튀어나오고 콧구멍에서는 연기가 나오니 마치 갈대를 태우며 솥이 끓는 것 같다. 그 힘은 목덜미에 있으니 그 앞에서는 절망만 감돌 뿐이다. 피부는 매우 탄탄하며 움직이지 않는다. 가슴은 맷돌처럼 튼튼하다. 그것이 일어나면 용사라도 두려워 달아난다. 칼이 꽂혀도 소용없고 창이나 투창, 화살촉도 꽂히지 못한다. 그는 쇠를 지푸라기같이 여기고 창이 날아오는 소리를 우습게 여기며 아래쪽에는 날카로운 토기조각 같은 것이 달려 있고 그것이 지나갈 때 진흙바닥에 도리깨로 친 자국을 남긴다."

상상해 보자. 무엇이 연상되는가? 하마나 코뿔소로 해석하는 사람들도 있지만 대개 공룡과 용을 떠올릴 것이다.

과거부터 오늘날까지 세계 도처에서 수없이 목격되고 기록된 괴물들 중에는 호수에 출몰하는 괴물일 경우가 많다. 스코틀랜드의 네시, 노르웨이의 셀마, 미국의 챔프, 콩고의 모킬레 음베음베 등이 바로 그렇다. 이들을 직접 목격한 사람들은 괴물의 모습이 영화 〈쥬라기 공원〉에 나오는 목이 긴 초대형 초식 공룡과 흡사하고 몸집은 그보다 약간 작다고 말한다. 이 호수 괴물들은 물 속, 혹은 호수 밑 동굴에서 살고 있는 것으로 추정된다. 하지만 음파탐지기를 비롯한 각종 최신 장비들로 호수를 샅샅이 수색해도 잘 발견되지 않는다.

1995년 이래 터키의 밴 호수에서는 전설로만 전해오던 괴수 '밴 골루 카나바리'가 인근 주민들에게 계속 목격되어 화제가 됐다. 몸길이가 15m가 넘는 이 괴수는 등에 여러 개의 돌기가 돋아 있어 마치 플레시오사우루스를 연상시킨다. 터키 정부는 전문가들을 파견해 조사했지만 그 존재가 무엇인지 알아내지 못했다. 그리고 2년 뒤, 우날 코자크란 주민이 밴 호수의 괴수를 비디오카메라로 촬영하는 데 성공했다. 괴수의 존재를 믿지 않는 사람들은 이런 목격담이 개인의 과시욕이나 관광 촉진을 위해 조작된 것이라고 말하지만, 괴물이 목격된 지역은 일부 모험가들만 모여들 뿐 관광객들은 기피하는 지역이 되고 말았다. 결국 사실을 조작하는 데 이익이 없으니 괴수 목격담은 사실일 가능성도 무시할 수 없다. 사람들 중 일부는 괴수들이 사람들의 발길이 닿지 않는 외딴 곳이나 지구 속, 아니면 다른 차원에서 살다가 이따금씩 인간 세상을 방문하는 것이라고 주장하기도 한다.

사람을 잡아먹는 파이어소우

1673년 12월 20일, 개척가 루이스 졸리엣과 자크 마쿠에트 신부 일행은 미시시피 강을 거슬러 올라가고 있었다. 그리고 일리노이 강과 만나는 일리니 지역(오늘날의 일리노이 주 앨튼)의 절벽에서 다채롭게 채색된 동물 암각화를 발견했다. 무척 오래된 것으로 보이는 그림 속 거대한 짐승은 용을 연상시키기에 충분했는데 얼굴은 인간에다 눈은 빨간색이며 온몸은 단단하게 보이는 비늘로 덮여 있었다. 그리고 호랑이의 수염과 사슴뿔이 달려 있었다. 일행은 이 그림이 왜 그려졌는지 궁금하게 여겨 인근 일리니 부족을 찾아갔다. 원주민들은 그림 속 괴수가 200여 년 전 나타나 마을 사람들을 잡아먹었고, 이에 조상들이 후손에게 괴수의 위험을 경고하기 위해 벽화를 제작했다고 했다. 원주민들은 괴수를 '파이어소우'라 불렀는데 그림이 있는 절벽 너머 동굴에 잠들어 있으므로 절대 깨우면 안 된다고 말했다. 과거 괴물이 나타났을 때는 부족민들이 활을 쏘며 대항했지만 파이어소우의 비늘이 너무 단단해 모든 게 무용지물이었다고 한다. 몇 주 동안 파이어소우에게 시달리던 주민들은 괴수의 날개 밑에 비늘이 없는 것을 발견했다. 그래서 파이어소우를 유인해 날개 밑에 독화살을 집중적으로 쏘아 내쫓았다. 그 후 괴수는 더 이상 마을에 나타나지 않았고 부족민들은 괴수의 생사를 모른 채 그가 다시 나타날까봐 절벽에 그림을 그려놓고 동굴에 절대 접근하지 말라

일리노이 주 앨톤의 절벽에 있는 암각화

고 경고한 것이다.

이 이야기를 들은 루이스 일행은 혹시 파이어소우가 아직까지 동굴에 살아 있는 것은 아닐까 궁금해졌다. 그리고 만약 파이어소우가 죽었대도 그 유골을 찾아 박물관에 전시한다면 큰 가치가 있을 것이라 생각했다. 그래서 일행은 부족민들에게 총과 대포를 보여주며 만약 파이어소우가 살아 있어도 무기로 잡을 수 있다며 동굴로 안내해 줄 것을 요구했다. 추장은 반대했지만 일행은 몰래 부족 전사들을 설득해 절벽에 있는 동굴을 찾아갔다. 음침한 동굴 주변에는 짐승들의 뼈가 흩어져 있었다. 일행이 횃불을 들고 동굴에 들어가자 갑자기 깊숙한 곳에서 찢어지는 듯한 소리가 들렸다. 그 소리가 점점 가까이 다가오자 일행은 점점 겁이 났다. 그리고 뭔가가 크게 펄럭대는 소리가 점점 커지자 일행은 입구를 향해 일제히 달렸다. 그들을 쫓아 나온 것은 수백여 마리의 비행 괴수였다. 마치 익룡처럼 긴 얼굴에 날카로운 이빨을 가진 독수리 크기의 날짐승들이었다. 놀란 일행이 마을을 향해 달리자 동굴에서 나온 괴수들이 날카로운 소리를 내며 일행을 쫓았다. 총을 쏘며 도망가던 일행은 갑자기 들려온 큰 천둥소리에 일제히 하늘을 보았다. 하늘에는 집채만 한 몸집의 파이어소우가 날고 있었다. 그러다가 갑자기 무섭게 날아와 동행했던 전사 여러 명을 낚아채 하늘로 날아갔다.

루이스와 전사들이 마을로 돌아오자 파이어소우를 깨웠다는 사실이 금세 마을에 퍼졌다. 크게 화가 난 추장은 그들을 마을에서 추방시켰다. 하지만 루이스 일행은 포기하지 않고 포병대를 증원받아 일리니 부족 마을 주변에 설치했다. 그러고는 다시 파이어소우가 나타나기를 기다렸다.

그날 밤, 다시 나타난 파이어소우는 천둥소리를 내며 마을 쪽으로 접근했다가 주민들이 마을에 지펴놓은 불을 보고 다시 동굴 쪽으로 돌아갔다. 일행은 파이어소우와 익룡들이 불을 무서워하는 것이라고 짐작하고 마차에 불

을 붙여 동굴 앞까지 끌어다 놓고 대포로 동굴의 입구를 무너뜨렸다.

루이스는 고향인 세인트루이스로 돌아와 이 일을 주지사에게 보고했다. 그러나 주지사는 괴수 출몰 사건이 타 지역에 알려지면 일리노이 주 쪽으로는 아무도 이주하지 않을 것이라며 모든 일을 비밀에 부쳤다. 절벽에 있던 파이어소우의 그림은 훗날 일리니 마을에 도시가 조성되면서 없어졌는데, 현재 일리노이 주 앨톤에는 루이스가 신문에 남긴 괴수의 그림을 복원한 파이어소우의 그림이 있다. 하지만 파이어소우의 동굴 위치가 정확히 어디인지는 영원히 전설에 묻히고 말았다.

펜사콜라 해변에 출현한 초대형 바다 괴수

1962년 3월 24일, 미국 플로리다 주 펜사콜라 해변 포트 피큰스 수생물 보호 수역에서 에드워드 브라이언 맥클러리와 친구 네 명이 잠수를 하고 있었다. 해저에 가라앉아 있는 U.S.S. 매사추세츠호를 탐험하기 위해서였다. 그러나 갑자기 먹구름이 몰려오고 거세게 바람이 일기 시작했다. 폭풍이 불자 일행은 보트까지 맹렬히 헤엄쳤다. 그러다 갑자기 안개가 점점 짙어졌다. 버뮤다 삼각지대에서 배가 사라지기 전에 안개가 낀다는 말을 들은 그들은 얼른 보트에 올라탔다.

그때 먼 안개 속에서 갑자기 무언가 움직이는 소리가 들렸고 그와 함께 대형 물체가 보트를 향해 서서히 다가왔다. 이를 주시하던 일행은 괴물체가 거대한 괴수의 긴 목과 머리임을 알고는 소스라치게 놀랐다. 괴수는 목 길이만 3.6m가 넘었고 겉모습이 플레시오사우루스와 흡사했으며 밤색과 초록색을 띠었다. 얼굴은 바다거북 같았고 초록색 눈동자에 날카로운 이빨이 나 있었다. 괴수의 등에는 상어와 유사한 지느러미가 여러 개 있었는데 일행이 필사적으로 노를 저어 현장에서 벗어나려고 하자 괴수는 물살을 가르며 빠른 속도로 그들을 쫓아오기 시작했다. 공포에 질린 일행은 배가 보이자 보트에서 뛰어내려 전력을 다해 헤엄쳤다. 앞서서 헤엄치던 에드워드는 친구들의 비명을 듣고는 제정신이 아니었다. 그가 겨우 매사추세츠호의 돛대를 붙잡았을 때 그의 친구들은 모두 흔적조차 없었다. 에드워드는 친구들을 먹은 괴수가 언제 또 나타날지 경계하며 뜬눈으로 밤을 지새우고는 다음 날 구조됐다.

해상구조원에게 자신이 겪은 일을 진술한 그는 유사한 모습의 괴수가 1800년대부터 이미 수차례 목격됐다는 것을 알게 됐다. 괴수에게 잡아먹힌 줄 알았던 친구 중 한 명의 시신은 며칠 뒤 온전한 상

미국의 호수 괴물 챔프

태로 해안에 쓸려왔다. 그러나 다른 친구의 시신은 끝내 발견되지 않았다. 믿기 어려운 참사와 그에 대한 진술에 대해서는 아직 진위 논란이 있지만, 세계 도처에서 목격되는 다른 바다 괴수 목격담과 그의 진술은 거의 일치한다.

백두산의 천지에도 하드로사우루스같이 소머리를 가진 호수 괴물이 산다고 보도된 적이 있다. 사람의 발길이 미치지 않는 심해나 호수, 그리고 깊은 산 속에 전설 속의 괴물들이 지금도 살고 있는 것인가? 어떤 이들은 역사 속에 나타났다 사라진 괴물들은 다른 차원에서 잠시 왔다가 돌아가기 때문에 일시적으로 목격될 뿐 다시는 찾을 수 없다고 말한다.

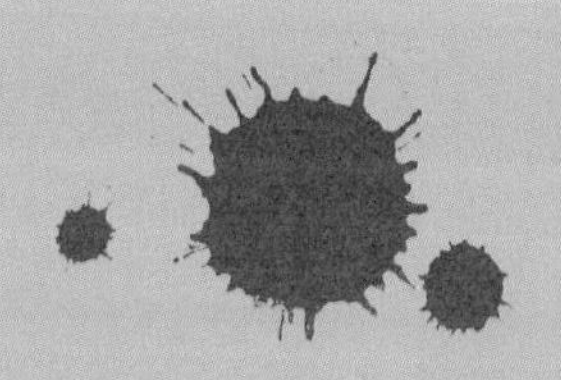

현재를 경고한 역사 속 예언

최근 지구 종말론이 다시 기승을 부리고 있다. 미국의 다니엘 핀치벡은 『2012년 마야 신 퀘잘코틀이 돌아온다(*The Return of Quetzalcoatl*)』는 책으로 종말론에 다시 불을 지폈다. 고대 마야인들이 남긴 달력의 끝은 2012년 12월 21일이고 미 항공우주국도 같은 해에 태양 폭풍이 지구를 강타하여 막대한 피해를 입힐 것이라고 예견했다. 2012년이 어떤 의미가 있는 특별한 해인가? 그렇다면 예언자들과 성경이 전하는 인류 심판의 날이 혹시 이 날과 일치하는 건 아닐까?

대전쟁을 예언한 체로키 부족의 전설

미국 체로키 인디언의 창조 신화에서는 '위대한 영혼'이라고 불리는 신이 인간을 창조했다고 전해진다. 전설에 따르면 현 인류가 창조되기 전 지구는 정화를 위해 시간이 멈추는 현상이 여러 번 발생했다. '위대한 영혼'은 모든 인간을 한 곳에 모아놓고 서로 화합하고 사이좋게 살라고 명령한 다음 인류를 적색, 황색, 흑색, 백색 등 네 종족으로 나누고 서로 다른 방향으로 보내 살게 했다. 신은 각 종족에게 예언이 담긴 점토판을 두 개씩 주면서 늘 신의 계시를 기억하고 지키라고 명했다. 점토판에는 '서로 사랑하라'는 내용이 적혀 있었다. 따라서 점토판은 평화를 상징하며, 이것이 파괴되면 인류는 큰 재난을 겪게 될 것이고 지구 전체가 인류와 함께 소멸될 것이라고 경고했다.

신은 이외에도 각 종족에게 지구를 다스릴 수 있는 권리를 한 가지씩 부여하여 서로 상부상조하도록 했다. 적색 사람들은 땅을 관리하고, 황색 사람들은 바람, 흑색 사람들은 물, 마지막으로 백색 사람들은 불을 관리하도록 했다. 그들이 맡은 바 책임을 다하며 서로 돕고 평화롭게 살기를 바라는 신의 뜻이었다.

오늘날까지 그 평화의 점토판은 존재하는데, 적색 사람들의 점토판은 미국 애리조나 주 호피 원주민 보호구역에 보존되고 있고 황색 사람들의 점토판은 티베트에 보존되어 있다고 한다. 또 흑색 사람들의 점토판은 케냐의 쿠쿠유 부족에게, 백색 사람들의 점토판은 스위스에 있다고 말한다.

또한 지구 정화를 위해 시간이 멈출 때는 몇 가지 징후가 나타난다고 하는데 첫 번째 징후는 인간이 하늘을 날게 되는

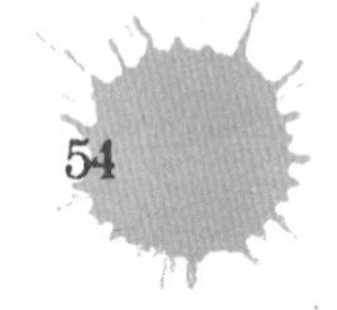

것이다. 1차 세계대전 당시 비행기가 날아다니고 전쟁이 끝난 후에는 비행기가 인류의 교통수단으로 실용화되자 땅의 관리자인 적색 인류는 미국 전역의 원주민 추장들을 급히 불러 회의를 열었다. 각 종족들은 자신의 관리 영역에 관한 재앙이 생기면 그것들을 해결할 수 있는 능력을 부여받았는데 적색 인류는 불을 관리하는 백색 인류를 주목했다.

불은 인간의 삶은 개선시키지만 그 대신 마음을 황폐하게 만들고 서로를 해칠 수도 있다. 따라서 과학이 발전된 인류가 사랑과 협력의 마음을 잃어 위험에 빠질 수 있다는 우려의 목소리가 높았다. 1920년 샌프란시스코에서 오늘날 UN의 전신인 '국제연맹' 회의가 열린다는 것을 알게 된 추장들은 평화와 사랑의 메시지를 전달하기 위해 적색 인류의 대표로 참가하겠다고 신청했으나 이들의 움직임을 부정적으로 판단한 회원국들의 거부로 무산되고 말았다.

두 번째 징후는 이전보다 더 처참하리라는 것을 감지한 인디언들은 16년 뒤 2차 세계대전이 발발하자 예언의 두 번째 단계가 현실화되고 있다고 판단했다. 2차 세계대전 이후 UN이라는 새로운 국제 연합기구가 만들어지자 추장들은 UN 본부를 직접 찾아가 간곡히 부탁했다. 발언권을 얻어 영적 메시지를 전달하기 위해서였다. 그러나 또다시 이들의 요청은 좌절되고 말았다.

오늘날 추장들은 3차 세계대전으로 예견되는 세 번째 징후가 나타날까봐 두려워한다. 그들은 인류가 사랑으로 협조하지 않으면 지구까지 영원히 소멸된다는 세 번째 징후가 올 것이라고 경고했다. 세 번째 징후는 인간의 도면이 발견되는 시기라고 하는데 최근 인간 게놈이 해독되면서 그 예언이 맞아떨어지고 있다. 이미 오래전 인간이 DNA를 이용해 동물을 만들어내고 현존하는 동물들의 특성을 변조해 새로운 동물을 창조하리라고 예언된 것이다. 그들은 이런 일이 우리 세대에는 별다른 피해를 주지 않지만 후손들에게는 치명적일 수 있다고 경고했다.

세 번째 징후가 나타나면 지구는 과연 어떻게 될 것인가? 세 번째 징후 이후의 내용은 점토판에조차 기록되지 않아 우리를 불안하게 한다.

나치가 불태운 스톰버거의 예언서

독일의 노스트라다무스로 불리는 마티아스 스톰버거는 18세기 라벤스타인 교외의 한 소작농 집안에서 태어났다. 그가 어떻게 미래를 예언하기 시작했는지는 알려지지 않았지만 그는 철도와 기차 등의 미래 기술과 함께 세 차례의 세계대전을 예언했다. 2차 세계대전 직전 나치 정부는 스톰버거의 예언서에 히틀러와 나치의 등장과 멸망이 기록됐다는 것을 알고 이를 모조리 수거하여 불태웠지만 나치 정권 이전 예언서의 일부가 해외로 반출되어 오늘날까지 그 일부가 전해지고 있다. 예언서의 내용은 다음과 같다.

"숲 외곽에 철도가 완성되고 철 괴물이 보이면 전쟁이 시작

되리라. 철로 만들어진 요새(탱크)끼리 싸울 것이고 첫 전쟁이 끝나고 20~30년이 채 지나지 않아 더 큰 전쟁이 발생해 수백만의 사람들이 죽게 될 것이다. 하늘에서 불이 떨어져 거대한 도시들이 파괴되리라. 이 전쟁 후 세 번째 참사가 다가온다. 이때 사람이 만든 무시무시한 무기들이 사용되는데 지구의 모든 나라들은 눈을 뜬 채 참사를 겪게 될 것이며 그들은 무슨 일인지 알지도 말하지도 못할 것이다.

그리고 모든 것이 달라지리라. 지구는 거대한 묘지가 될 것이며 수많은 나라가 멸망하리라. 사람들이 질병에 시달릴 것이나 누구도 그들을 돕지 못하리라. 이 고통이 지속되면서 세상은 끝을 맞이한다. 하늘과 땅은 불에 타고 모든 것이 끝나리라. 종말의 공포는 인류를 하찮은 존재로 만들 것이다."

스톰버거의 예언을 풀이한 일부 전문가들은 3차 세계대전에 대한 묘사로 보아 이는 1, 2차 세계대전과 같은 직접적 전쟁이 아닌 지구 온난화로 인한 기후 변동이나 원인 불명의 바이러스가 인류를 위협하는 형태로 진행되지 않을까 조심스럽게 예측하고 있다. 그렇다면 스톰버거를 비롯한 세계의 많은 예언가들이 공통적으로 세 개의 큰 전쟁을 예언하고 또 모두 비슷한 종말을 예언하는 것은 단순히 우연의 일치일까?

911 테러사건을 예언한 노스트라다무스

2001년 9월 11일 뉴욕의 세계무역센터와 워싱턴DC 펜타곤에 가해진 테러 보도 직후 인터넷에는 이 충격적인 사건과 관련된 노스트라다무스의 예언이 화제가 됐다. 그의 예언 중 1654년 쓰인 예언서에 있는 다음의 시들이 관심의 대상이 되었다.

"신의 도시에 거대한 벼락이 칠 것이다. 두 형제는 대혼란으로 인해 무너질 것이다. 요새가 버티는 동안 위대한 지도자는 굴복할 것이다."

여기서 신의 도시는 자유의 여신상이 있는 뉴욕으로, 두 형제는 WTC 쌍둥이 빌딩, 요새는 펜타곤으로 풀이되었다.

"새로운 도시에서 그가 사려 깊게 비난한다. 동물을 잡아먹는 새가 신에게 자신을 제물로 바친다. 승리를 한 후 잡힌 이들을 용서한다. 크레모나와 만투아가 큰 압제를 받을 것이다."

이 구절에서 새로운 도시란 뉴욕으로, 동물을 잡아먹는 새는 비행기가 없던 시대의 노스트라다무스가 묘사한 여객기라고 해석된다. 신에게 제물로 바친다는 구절은 WTC 빌딩으로, 110층에 이르는 건물을 신의 구조물로 여겨 건물에 비행기가 충돌한다는 의미로 해석된다. 승리 후의 용서는 테러와의 전쟁에서 생포한 포로들을 처형하지 않고 포로수용소에 수용한다는 뜻이고 크레모나와 만투아는 이라크와 아프가니스탄을 상징한다.

"지구의 중심으로부터 지구를 뒤흔드는 불이 일어나 새로운 도시에 있는 탑들을 흔들리게 한다. 두 개의 거대한 바위들은 오랫동안 전쟁을 할 것이고, 아레슈사와 라돈은 새로운 강의 색깔을 붉게 할 것이다."

이 시 또한 경제의 핵심부인 뉴욕의 월스트리트 가를 지구의 중심으로, WTC를 탑으로 지칭한다. 특히 두 개의 거대한 바위란 연합국과 테러를 일으킨 무리의 반목을 뜻하므로 아레슈사는 미국, 라돈은 빈 라덴으로 풀이된다.

그러나 노스트라다무스의 예언 가운데 가장 흥미로운 부분은 역시 'The Great King of Terror', 즉 테러의 대왕에 관한 구절이다. 그는 세 명의 적그리스도를 예언했는데 사람들은 그중 두 명이 나폴레옹과 히틀러라고 말한다. 그리고 이제 마지막 세 번째 적그리스도로 예언된 마부스(Mabus)가 누구인가에 모든 관심이 몰려 있다. 일부 음모론자들은 마부스가 미국의 조지 부시 대통령이라고 해석하기도 한다.

인류의 중대한 사건이 터질 때마다 노스트라다무스의 예언서에서 해답을 찾는 사람들이 많다. 아직

현실화되지 않은 부분이 많아 사건이 일어날 때부터 더욱 관심이 집중되는지 모르겠다. 세계에서 가장 유명한 예언자 노스트라다무스, 450년 전 그가 본 것은 과연 무엇이었을까?

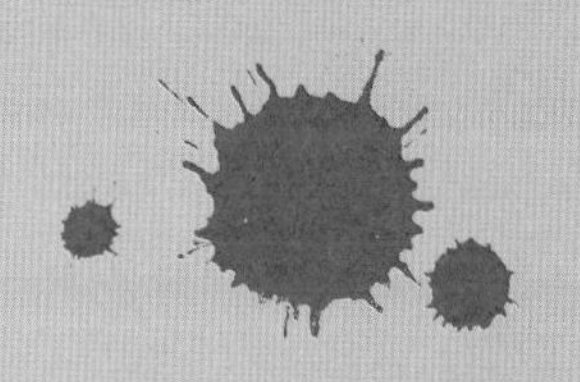

세계 7대 불가사의는 무엇인가

미스터리는 과연 언제부터 시작되었을까? 우리는 고대의 흔적들 속에서 그 시작을 발견한다. 전설로 전해내려오는 고대인들의 놀라운 건축물과 정교한 예술품 속에서 말이다. 이런 고대의 알 수 없는 수수께끼를 우리는 '불가사의'라고 부른다. 비밀로 남겨진 일곱 가지 불가사의는 우리를 미스터리의 세계로 초대한다.

고대 7대 불가사의

일명 고대 7대 불가사의로 불리는 경이로운 건축물들은 대부분 남아 있지 않다. 그러나 기록을 통해 일부의 존재를 확인할 수 있다.

첫 번째는 쿠푸왕의 대 피라미드(The Great Pyramid of

쿠푸왕의 대 피라미드

바빌론의 공중정원

Khufu)이다. 이 피라미드는 이집트 카이로의 기자 시에 남아 있는데, BC 2560년 제4왕조의 파라오였던 쿠푸가 자신의 무덤으로 축조했다. 기록을 보면 이 무덤은 2.5톤 무게의 돌 230만 개를 20년에 걸쳐 10만 명이 3개월씩 교대해 건설했다고 한다. 도대체 그 옛날, 그 무거운 돌을 어떻게 다듬고 그렇게 높이 쌓았을까? 그것도 단 20년 만에 말이다. 이해할 수 없는 축조술 때문에 어떤 사람들은 고대 이집트인들이 외계인의 도움을 받았거나 현대인이 모르는 획기적인 기술을 사용했을 것이라 주장한다.

두 번째는 바빌론의 공중정원(The Hanging Gardens of Babylon)이다. BC 500년경 신바빌로니아의 네부카드네자르 2세가 왕비 아미티스를 위하여 옛 바빌론 도시(현재 이라크 바그다드 남쪽 50km 부근)의 유프라테스 강가에 건설했던 정원이다. 이름 그대로 공중에 지어진 것은 아니고 높이 솟은

만리장성
길긴 길구나!
옛 선인들의
신기로움도
배우고
피라미드
세계의
불가사의도
만나고
엄마야
무시무시한
괴물도 만나고
전설도
알아보고
옛 위인들도
만나고
안녕
안! 치사하게
혼자
떠나냐
괴물딴지
미스터리사전

아프테미스 신전

건축물이라는 뜻이다. 넓이 60m², 높이 105m로 30층 건물 높이였고 꼭대기까지 계단식으로 쌓여 있었다. 꽃과 나무들이 무성하고 동물까지 사육했다고 하는데, 이 또한 신기하다. 비가 거의 오지 않는 지역인데 강에서 100m 높이까지 어떻게 물을 댈 수 있었을까? 안타깝게도 현재 공중정원은 남아 있지 않고 바빌론 왕궁의 폐허만 남아 영원한 수수께끼가 되었다.

세 번째는 아르테미스(Artemis) 신전이다. 고대 이오니아의 도시 에페수스의 리디아 왕 크로이소스(BC 560~BC 546)가 아테네의 파르테논 신전보다 더 크고 아름답게 건축하겠다며 만든 신전이다. 공사를 시작한 뒤 120년이 지나서야 완성됐다. 실제 아르테미스 신전은 파르테논 신전의 두 배 규모였다고 하는데 18m 높이의 기둥이 127개가 사용됐고, 전체 길이가 120m, 폭이 60m나 됐다. 자재도 고급품만 사용하여 가장 순도 높은 백색 대리석을 썼고, 중앙의 넓은 홀에는 네 방향마다 대리석 계단을 만들어 딛고 올라가게 했다. 규모와 화려함을 자랑한 이 당대 최고의 걸작은 '나쁜 일을 하려면 후세까지 남겨질 악행을 해야 한다'는 어처구니없는 이유로 누군가 지른 불에 훼손되고 말았다. 그 후 디노크라테스가 신전을 다시 재건하였으나 신전은 260년경 침입한 고트족에 의해 또다시 파괴되고 말았다.

제우스 신상

그리스 올림피아의 최고신이었던 제우스 신상(The Statue of Zeus at Olympia)도 고대 7대 불가사의 중 하나이다. 이전까지 땅의 신 크로노스와 여신 헤라를 숭배하던 그리스인들은 제우스를 숭상하기 시작한 BC 457년쯤 제우스 신전을 만들었다. 그리고 그 안에 피디아스가 만든 제우스 상을 설치했다. 이 제우스 신상은 파르테논의 아테네 여신상과 더불어 피디아스의 2대 걸작으로 꼽히는데, 피디아스는 8년여의 작업 끝에 이 신상을 완성했다고 전해진다. 그는 당시 제우스의 신성과 위엄, 그리고 너그러움까지 거의 완벽히 표현했다고 인정받았다. 제우스 신상은 높이 90cm, 폭 6.6m인 받침대 위에 세워진 12m 높이의 거상이었다. 그러나 이 걸작 역시 현재 남아 있지 않아 그 위용을 눈으로 확인할 수 없다.

다섯 번째 불가사의는 일명 로도스 항구의 거상(The Colossus of Rhodes)이다. 그리스 시대에 가장 유명했던 청동상으로 로도스 항구에 우뚝 선 태양신 헬리오스를 상징한다. 높이가 무려 36m나 되는 이 거대한 동상은 린도스(로도스 섬 동쪽에 있던 고대 도시의 이름)의 카리오스가 BC 280년경 건조했으나 BC 224년에 일어난 지진으로 붕괴되었다.

로도스 항구의 거상

할리카르나소스의 영묘

다음은 그리스 할리카르나소스의 영묘로도 불리는 마우솔로스 영묘(The Mausoleum at Halicarnassus)다. 이 영묘는 페르시아 제국 카리아의 총독 마우솔로스를 기념하기 위해 만들어졌다. 면적 29×35.6m에 높이가 50m인 이 건축물은 마우솔로스 생전에 착공되어 그가 죽자 왕비 아르테미시아에 의해 계속 축조되었다. 하지만 완성은 왕비가 죽은(BC 350) 뒤로 추측된다. 설계는 사티로스와 피테오스가 맡았고 사방의 장식조각은 각각 스코파스, 레오카레스, 티모테오스, 브리아크시스가 담당했다고 전해진다. 현재는 각 면의 조각들만 남아 런던 대영박물관에 소장되어 있다. 로마인은 이런 대규모의 분묘건축을 마우솔레움이라고 일컬었는데 마우솔레움은 특이한 모양과 복잡한 장식 때문에 고대 7대 불가사의로 꼽힌다.

마지막 불가사의는 알렉산드리아의 파로스 등대(The Lighthouse of Alexandria)이다. 1994년 가을 프랑스 해저 고고학 발굴 팀은 7m 깊이의 바다에서 등대의 잔해 수백 점을 발견했다. 오랫동안 수수께끼에 싸여 있던 파로스 등대의 신비가 조금씩 풀리기 시작한 것이다. 파로스 등대의 전망대에서는 수십 킬로미터나 떨어진 지중해와 그 너머 본토까지 볼 수 있었다고 전해진다. 7세기경 이집트를 정복했던 아랍의 기록에 따르면 등대에 지핀 불은 43km 정도 떨어진 바다에서도 볼 수 있었다고 한다. 맑은 날에는 콘스탄티노플까지도 반사경이 비쳤으며 이것으로 햇빛을 반사시키면 160km정도 떨어진 배도 태울 수 있었다고 하니 BC 280년경에 만들어진 이 등대의 엄청난 빛은 놀랍기만 하다.

알렉산드리아의 파로스 등대

고대 불가사의가 거의 현존하지 않는다는 사실은 우리를 매우 안타깝게 한다. 그러나 세계에는 눈으로 확인할 수 있는 불가사의들도 현존한다. 쿠푸왕의 피라미드와 파로스 등대를 포함한 현존하는 미스터리 건축물들은 새로운 '세계 7대 불가사의'라는 이름으로 우리의 호기심을 자극한다. 이집트 쿠푸왕의 피라미드, 로마의 콜로세움, 영국의 스톤헨지, 이탈리

콜로세움 (로마)
스톤헨지 (영국)
피사의 사탑 (이탈리아)
하기아 소피아 대성당 (이스탄불)
만리장성 (중국)

아 피사의 사탑, 중국의 만리장성, 이스탄불의 하기아 소피아 대 성당, 알렉산드리아의 파로스 등대가 그것이다.

세계인이 뽑는 세계 7대 불가사의

최근 세계 7대 불가사의가 전 세계 1억 명이 투표한 가운데 선정, 발표됐다. 선조들의 놀라운 건축술과 예술성을 인정받는 일이기에 나라마다 자국의 기념비적 건축물이 선정되기를 고대하고 있었다. 스위스 소재 민간단체인 '세계 신7대 불가사의 재단'은 발표하기 전 21개의 후보를 선정했는데, 그 후보들은 다음과 같다.

• 아크로폴리스(그리스): 아테네의 고지. 파르테논 신전이 있다.

- 알람브라 궁전(스페인): 에스파냐 그라나다의 이슬람 궁전.
- 앙코르와트(캄보디아): 캄보디아 서북부의 왕실 사원.
- 치첸이트사(멕시코): 멕시코 유카탄 반도. 마야문명의 도시.
- 브라질의 예수 거상(브라질): 리우데자네이루의 코르코바도산.
- 콜로세움(이탈리아): 이탈리아 로마의 검투경기장.
- 이스터 섬의 석상(칠레): 이스터 섬의 상징. 인면석상.
- 에펠탑(프랑스): 1889년 파리 만국박람회장에 세워진 철탑.
- 만리장성(중국): 중국 본토 북변. 몽골 경계에 축조된 성벽.
- 아야소피아(터키): 이스탄불. 537년에 건축된 비잔틴 성당.
- 기요미즈데라(일본): 798년 교토 히가시야마 절벽 끝에 지어진 사찰.

- 크렘린 궁전(러시아): 모스크바의 궁.
- 마추픽추(페루): 안데스 산맥. 고대 잉카제국의 성터.
- 노이슈반슈타인 성(독일): 바이에른 주 퓌센의 성(디즈니랜드 원형).
- 페트라(요르단): 요르단 남부의 고대 도시.
- 기자의 피라미드(이집트): 고대 이집트 제3~6대 왕조의 왕묘.
- 자유의 여신상(미국): 미국 뉴욕 리버티 섬의 여신상.
- 스톤헨지(영국): 영국 솔즈베리의 거석기념물.
- 오페라하우스(호주): 시드니의 오페라 극장.
- 타지마할(인도): 아그라의 이슬람교 묘당.
- 팀북투(말리): 나이저 강과 가까운 호숫가의 역사 도시.

21개의 후보 중 최종 결정된 '세계 신7대 불가사의'는 중국의 만리장성, 페루의 잉카 유적지 마추픽추, 브라질의 거대 예수상, 멕시코 치첸 이차의 마야 유적지, 로마의 콜로세움, 인도의 타지마할, 요르단의 고대 도시 페트라이다. 세상에는 에베레스트나 그랜드 캐니언, 빅토리아 폭포와 대산호 등 자연 그대로가 불가사의한 절경들도 많다. 그리고 살펴본 것처럼 인간의 위대한 작품들도 있다. 먼 훗날 불가사의로 남을 신비로운 것들이 지금 주변에 존재하는가? 세계인들은 오늘도 새로운 불가사의 창조에 도전하고 있다.

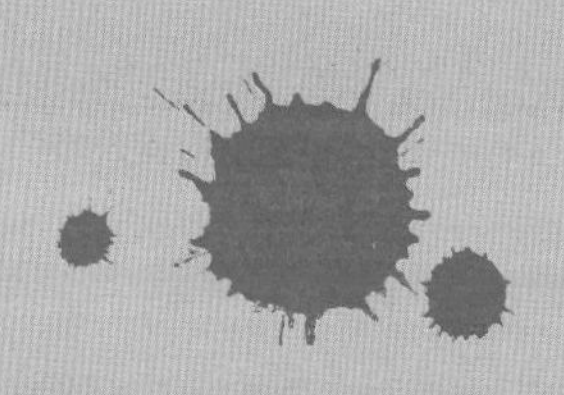

은폐된 고고학의 발자취

현 인류 이전, 지금보다 더 뛰어난 문명을 가진 인류가 지구에 살았을까? 근래 세계 도처에서 발견되는 고대 문명의 유물은 이런 의혹을 불러일으키기에 충분하다. 고대 이집트 벽화에 그려진 전구, 노트북 컴퓨터로 보이는 그리스의 유물, 캘리포니아에서 발견된 고대의 스파크 플러그, 콜롬비아 유적지에서 발견된 비행기 모양의 고대 장신구, 그리고 해저에서 발견된 미스터리한 구조물 등…. 수억 년에서 수만 년 전 인류 문명의 흔적들이 지금 우리가 알고 있는 역사를 의심하게 한다.

30억 년 된 합금 회전체

최근 토성의 위성 미마스가 영화 〈스타워즈〉의 데스 스타

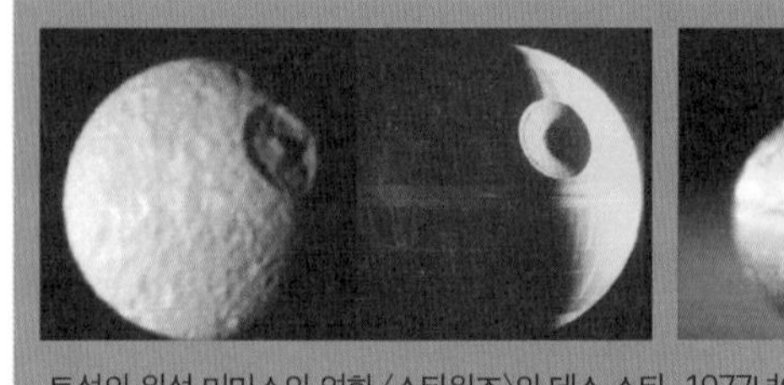
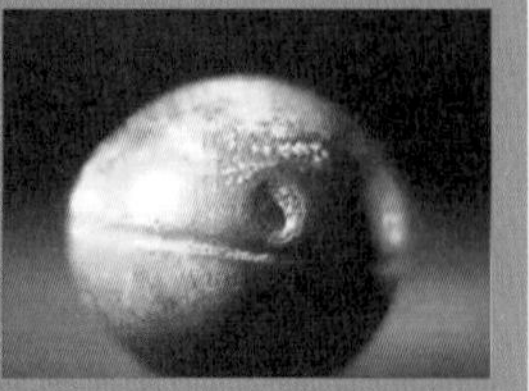

토성의 위성 미마스와 영화 〈스타워즈〉의 데스 스타, 1977년에 발견된 금속 구체 (왼쪽부터)

와 비슷하다는 뉴스가 화제가 됐다. 과거의 불명확한 토성 사진과 달리 2005년 1월 16일 미 항공우주국의 우주탐사선 카시니가 새로 촬영한 미마스는 위성 중앙 위쪽에 독특한 모양의 거대한 분화구가 있어 관심을 끈다.

그뿐만이 아니라 이들과 닮은 또 하나의 타원체가 지구에 존재한다. 일명 '금지된 고고학'으로 분류된 이 작은 금속물은 1977년 남아프리카공화국의 원더스톤 은광산에서 채굴된 퇴적암 속에서 발견됐다. 2백여 개의 작은 금속 타원체들을 동위원소 측정법으로 검사한 결과는 실로 놀라웠다. 연대가 무려 30억 년 전인 데다가 자연물이 아닌 고도의 문명에 의해 제조된 것으로 확인되면서 역사학자들을 논란과 충격에 빠뜨렸다.

현재 클레르크스도르프 박물관이 보존하는 이 괴물체는 지름 2.5cm부터 10cm까지 다양한 규격에 푸르스름한 빛과 흰 얼룩이 있다. 이 중에는 적도 부분에 세 개의 평행한 줄이 있고 한 모퉁이가 분화구같이 파여 마치 미마스나 데스 스타를 연상시키는 것도 있다. 0.6cm 두께인 니켈과 철 합금 표피 속에는 스펀지 같은 섬유물질이 들어 있어 가벼운 것들도 있다. 가벼운 구체를 절단하자 속에 있던 스펀지 같은 물체들은 공기 중에서 먼지처럼 사라졌다. 또 어떤 구체는 수평면에서 축을 중심으로 스스로 회전 운동을 하기도 했다. 하지만 무엇보다 논란이 된 것은 '이런 물질을 제조할 만한 지적 생명체가 과연 30억 년 전 지구에 존재했는가?'였다.

하지만 초고대 인류의 존재와 문명을 입증할 만한 유물들은 체계적이고 의도적으로 은폐되고 있다는 주장이 일고 있다. 과학자들은 운석의 동위원소 측정법을 사용해 지구의 나이를 약 46억 년으로 산정했고, 인류의 기원은 1만 년 전쯤으로 추산한 바 있다. 창조과학과 진화론에 근거한 지구과학 이론이 주류인 과학계에 이런 괴이한 유물의 출현은 당황할 수밖에 없는 이변이다. 결국 기존의 이론만 고집하는 편협하고 경직된 시각이 심오한 인류 문명의 진실을 차단하고 있는 것은 아닐까? 점차 인류의 기원과 지구사를 새롭게 이해하고 사실을 그대로 수용하는 과학으로 변해야 한다는 시대적 요구 또한 거세지고 있다. 이 타원 회전체들은 정말 과거의 문명인이 만든 기구일까? 그리고 지구 깊은 곳에는 이런 유적들이 얼마나 더 존재하는 것일까?

은폐된 역사의 흔적들

1976년, 영국의 고고학자 매리 리키 팀이 탄자니아 래톨리

에서 350만 년 된 인간 발자국 화석을 발견했다. 화산 지대에서 발견된 이 발자국들은 적어도 두 사람이 남긴 것이며 이는 고대인들이 걷다가 화산재를 밟아 형성된 것으로 추정된다. 함께 걷는 두 사람의 고대인은 쉽게 규명할 수 없었는데 진화론에 따르면 350만 년 전 두 발로 걷는 인간은 존재하지 않았기 때문이다. 이에 과학자들은 여러 의견을 제시했다. 두 발로 걸은 유인원의 발자국이 확실한지 조사한 결과 이 생명체가 분명 두 발로 걸었음을 인정했다. 그러나 인간의 발자국과 아주 흡사하지만 발 구조가 다른,

320만 년 전 유인원의 발자국이라고 결론지었다.

비슷한 사례가 또 있다. 1945년 7월, 멕시코시티 아칸바로의 블루마운틴 산에서 독일의 고고학자이자 실업가인 바르데마르 유루스루트가 3만 점 이상의 공룡 모양 점토를 발견했다. 1968년 해프굿 박사의 연대 측정 결과, 이것들은 BC 4530년에서 1110년 사이의 것으로 판명됐다. 이 공룡들은 화석을 통해 복원된 티라노사우루스와 플레시오사우루스, 스테고사우루스, 프테라노돈과 정확히 일치했다.

또 1966년 페루의 하비에 카브레라 박사는 한 원주민에게 무척 오래된 돌을 선물받았는데 돌 표면에 특이한 원시 물고기가 새겨져 있었다. 문양이 매우 정교하여 박사는 그에게 물어 발견 장소에 답사를 갔다. 그리고 그곳에서 1만 5천여 개의 돌들을 더 발견했다. 돌에는 모두 오래전 멸종된 생물들과 문명이 새겨져 있었다. 카브레

탄자니아에서 발견된 발자국

페루에서 발견된 이카의 돌

라 박사는 돌에 새겨진 각종 공룡을 보고 깜짝 놀랐다. 문양 속 공룡들이 사람을 태우고 있었던 것이다! 사람들은 공룡을 사냥하기도 하고, 천체망원경 같은 관측 장비로 하늘을 보기도 했다. 게다가 심장 수술과 제왕절개 수술을 하는 사람들의 모습도 그려져 있었다. 카브레라 박사는 불과 몇백만 년밖에 안 되는 역사를 가진 인간이 어떻게 수천만 년 전에 멸종한 공룡을 정확히 그렸는지 이해할 수 없었다. 그래서 공룡이 살았던 시기에 인간이 공존했거나, 공룡들 중 일부는 살아남아 인간과 동시대를 살았거나, 아니면 그 돌들이 진품이 아닐 가능성을 가정했다.

카브레라 박사는 돌들이 무척 단단하기 때문에 석기시대는 물론이고 청동기시대에도 돌에 그림을 새겨 넣는 것은 불가능하다고 믿었다. 그래서 돌의 성분을 분석한 결과 돌 표면에 있는 수만 년 전의 박테리아를 통해 돌이 진품임을 확인했다. 게다가 돌이 발견된 지점이 문제였다. 나즈카 라인은 세계에서 가장 미스터리한 지점 중 한 곳으로 손꼽히기 때문이다.

나즈카 라인은 고대 우주인들의 작품인가

페루의 남부 나즈카와 팔파 사이의 나즈카 사막 평원에는 우주인들이 만들었다고 알려진 나즈카 라인이 있다. 페루의 수도 리마에서 남쪽으로 400km 떨어진 이곳에는 3백여 개의 기하학적 도형이 있고, 하늘에서 보면 쉽게 알 수 있는 여러 사물을 묘사한 기이한 문양들이 새겨져 있다. 1920년대 나즈카 사막을 횡단하는 항로가 개설되면서 처음 목격된 이 그림들은 BC 200년에서 AD 600년 사이에 그려진 것으로 추정된다. 하지만 누가 왜 그렸는지는 여전히 미스터리로 남아 있다. 나즈카 라인과 유사한 문양은 칠레, 볼리비아, 이집트 등 여러 곳에서 발견되지만 규모나 숫자로 볼 때 나즈카 라인이 가장 신비롭다.

페루의 나즈카 라인

나즈카 라인에 있는 신기한 그림

나즈카 라인이 그려진 시기는 잉카 문명보다 더 오래됐을 가능성도 배제할 수 없다.

나즈카 라인에는 기하학적인 도안들뿐 아니라 각종 동·식물과 사람의 형상이 새겨져 있는데 특히 어떤 모습은 기이하게도 외계인의

모습을 떠올린다. 손을 표현한 듯 보이는 그림에서 손가락은 한쪽은 다섯 개지만 다른 한쪽은 네 개다. 손바닥에 비해 손가락이 무척 길어 오늘날 사람들이 목격한 외계인의 모습과도 일치한다. 학자들은 나즈카 라인을 그린 존재가 외계인의 형상을 비교적 상세히 그린 것으로 보아 자신의 자화상을 그렸을 수도 있다고 추측한다.

나즈카 라인이 왜 만들어졌는지에 대해 의견이 분분한데 1927년 페루의 의학박사이자 인류학자인 토리비오 메지아 세스페는 이곳이 잉카인들의 의식을 위해 만들어졌다고 주장했다. 하지만 그중 가장 흥미로운 주장은 스위스의 작가 에리크 본 다니켄의 견해다. 다니켄은 오래전 우주인들이 지구를 방문했고, 도착한 지점이 나즈카 고원이라고 주장했다. 외계인들은 이곳에 두 개의 활주로를 건설한 뒤 돌아갔는데, 그들을 신으로 생각한 나즈카인들은 갑자기 사라진 자신들의 신이 다시 돌아오기를 기다리며 그 소망을 그림으로 표현했다는 것이다. 다니켄의 이 견해는 우주인 출신 짐 우드만의 주장으로 신빙성이 높아졌다. 거대한 문양이 매우 정확히 묘사되어 있는 것에 주목한 우드만이 이것은 하늘을 나는 생명체에 의해서나 가능한 일이라며 외계인설을 옹호했던 것이다.

나즈카 문양은 여전히 미궁 속에 빠져 있다. 나즈카 문양의 의미는 무엇이며 이 문양의 주인이 정말 외계인이었는지, 그렇다면 그들은 왜 사라진 후 다시 돌아오지 않았는지, 남겨진 나즈카 문양은 여전히 비밀스런 모습으로 침묵하고 있다. 또 한 가지 의문점은 이런 중대한 발견들이 왜 세상에 알려지지 않았는가 하는 것이다. 혹시 의도적인 은폐와 조작으로 감춰진 것은 아닐까? 그렇다면 우리의 인류사는 과연 진실하다 말할 수 있을 것인가?

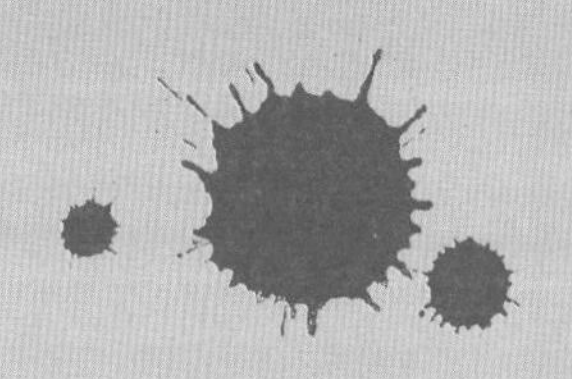

미스터리가 된 세계의 유물들

인도의 고대 신화에 등장하는 '비마나'는 왕과 신들이 타고 다녔던 기구이다. 비마나는 먼 거리도 순간 이동할 수 있었다고 하는데 이는 우리가 아는 비행체 중 UFO를 연상시킨다. 유물과 전설로 남겨진 문명의 흔적 속에는 이처럼 신비로운 사실들이 속속 등장한다.

피리 레이스 제독의 괴지도

1986년, 갑작스런 지진으로 터키의 콘스탄티노플 왕궁이 무너지자 이스탄불 대학의 고고학자 카샤이미는 대리석 복구 작업에 투입되었다. 그는 중세시대 터키의 장군들이 머물던 한 암실의 무너진 벽 속에서 정체를 알 수 없는 지도 한 장을 발견했다. 필사자의 이름은 피리 레이스로, 이 지도에는 남극

피리 레이스 제독의 지도

과 북극으로 나뉜 세계 속에 특히 남미와 남아프리카가 정확히 묘사되어 있었다. 카샤이미는 이를 정부에 보고했고 터키의 국방연구소는 4백여 년 전의 필사본임을 알아냈다.

그리고 피리 레이스가 1513년 터키 해군 제독이었다는 사실도 밝혀졌다. 고고학자들은 이 중세 지도에 지금은 존재하지 않는 여러 개의 대형 섬들의 위치가 표기돼 있는 사실에 의아해했다. 지도에 표시된 남극 지점의 빙하 속 지층을 초음파로 검사한 미국 과학자들은 지도에 그려진 남극이 적어도 1만4천 년 전의 모습임을 알아냈다. 이 소식이 알려지자 이집트 고고학자 햅굿 교수는 이집트에도 고대 알렉산드리아의 문명국이 만든 비슷한 지도가 존재한다고 발표했다. 고대 이집트의 피라미드 안에서 발견된 이 지도는 약 2천5백 년 전의 것으로 판명됐다.

터키에서 지도가 발견된 지 10년이 지난 1996년 미국은 우주왕복선 아틀란티스호를 띄워 지도에 명시된 지점들을 집중적으로 촬영했다. 조사 결과, 미 항공우주국은 플로리다 주와 이집트의 해저에서 정체불명의 유적지를 발견했다. 4년간의 협상 끝에 이집트 정부와 해당 지역을 함께 해저 탐사하기 시작한 미국은 2000년 6월 3일, 이집트 앞 바다에서 고대 알렉산드리아의 헤라클레이온과 메노우티스의 바다 속 유적지를 발굴했다. 플로리다 주 바다의 유적지는 탐사 중이지만 이는 철저히 베일에 가려져 외부에 알려지지 않고 있다. 플로리다 부근 해저에 아틀란티스가 있을 것이라는 추측 속에 많은 사람들이 아직도 죽음을 무릅쓰고 버뮤다 삼각지 근처를 탐색하는 것도 이런 이유 때문이다.

레이스 제독이 필사한 괴지도의 원본은 그 행방이 알려지지 않고 있다.

우주왕복선이 발견한 '아담의 다리'

1994년 4월 9일, 미국의 우주왕복선 인데버호는 인도양을 촬영하다가 이상한 구조물을 발견했다. 인도와 스리랑카 사이의 해저에서 연결선이 감지되었고, 이를 정밀 분석한 미 항공우주국은 연결선이 오래전에 인공적으로 만들어진 거대한 다리임을 밝혀냈다. 항공우주국은 이를 '아담의 다리'라고 명명하고 이에 관한 정보를 웹사이트에 공개했다. 그런데 고대 힌두교의 라마야나 신화 속에 이 다리가 정확히 묘사되어 화제가 되고 있다. 신화의 내용은 이렇다.

오래전 전능한 신 비슈누는 라메슈와람(현 인도) 왕국에 라마라는 이름의 왕자로 환생했다. 스리란칸(현 스리랑카)의 마귀왕 라바나를 제거하기 위해서였다. 라마는 시타라는 어여쁜 처녀와 결혼을 하게 됐는데 라마에게 반해 있던 스리란칸의 카마발리 공주는 이를 질투하여 나쁜 계략을 꾸미다 라마의 동생에게 발각되어 살해당했다.

여동생의 살해 소식에 라바나 왕은 분노하여 라마를 다른 장소로 유인한 후 그의 부인 시타를 납치했다. 라마는 곧바로 대군을 이끌고 전능한 힘으로 라메슈와람과 스리란칸 사이에 30km가 넘는 다리를 놓아 대군을 스리란칸으로 입성시키는 데 성공했다.

다른 신들의 도움으로 공중에서 벌어진 전투에서 라바나 왕을 제거한 라마는 시타를 구출했지만 그녀의 순결과 정숙에 의심을 품었다. 결국 시타는 자신의 결백을 증명하기 위해 불구덩이로 뛰어들었고, 불의 신 애그니의 보호로 순결을 입증받았다는 신화다.

이 신화 속의 전쟁

인도와 스리랑카 사이에 있는 '아담의 다리'

은 트레타 유가(지금으로부터 175만 년 전) 시대를 배경으로 한다. 그런데 최근 발견된 아담의 다리가 라마야나에 기술된 내용과 정확히 일치하는 시기에 발견되면서 많은 학자들은 신화의 내용이 사실일지도 모른다는 데 관심을 모았다. 허구라고만 생각했던 고대의 신화가 오래된 유물의 발견과 함께 실존의 역사 속으로 들어오고 있는 것이다. 우리가 알고 있는 신화, 그것이 그저 꾸며낸 일일 뿐이라는 사실마저 의심하게 된다.

이집트와 아즈텍은 동시대 문명이었나

1907년, 호주의 한 동굴에서 정체불명의 고대 암각화가 발견되었다. 시드니 북쪽 100km의 헌터밸리의 동굴이 그곳인데 캥거루 사냥꾼 로드니가 발견해 시드니 대학에 보고하면서 세상에 알려졌다. 고고학 전문가가 없던 시드니 대학은 영국 고고학자들을 초빙해 발견된 암각화를 조사하기 시작했다. 고고학팀은 1908년에 본격적으로 암벽에 새겨진 문양을 해독했다. 그들은 그려진 문양이 고대 이집트의 문양이라는 사실에 놀랐다. 어떻게 고대 이집트인들이 지구 반대쪽에 있는 호주에 그들의 문양을 새길 수 있었는지는 아직도 밝혀지지 않았다.

또 비슷한 사례가 있다. 2000년 11월 22일, 영국의 아나노바 뉴스는 고대 이집트 유적지에서 출토된 미라에서 원산지가 남미인 코카나무 잎 성분이 발견되었다고 보도했다. 독일 울름 대학의 병리학자 스베틀라나 발라바노바가 이를 분석했지만 역사학자들의 압력으로 분석 결과를 발표하지 못할 뻔했다는 것이 그 내용이었다. 콜롬비아와 페루, 볼리비아 등이 원산지인 코카나무는 북아프리카 지역에서는 재배된 적조차 없으므로 이 발견은 고대 이집트가 남미의 고대 문명과 교류했다는 설을 뒷받침하는 물증이지만 무슨 이유에서인지 학계에서는 이를 거론하거나 연구하지 않았다.

아즈텍과 이집트의 피라미드

고대 이집트인과 아즈텍인

고대 이집트와 같은 시기에 지구 반대쪽 남미에는 아즈텍 문명이 존재했다. 이 두 문명의 유적지와 유물에서는 비슷한 점이 많이 발견되고 있다. 두 곳에 모두 존재하는 초대형 피라미드 건축물과 주위의 석조 구조물에는 동일한 건축 기술이 사용됐다. 석조 건물의 표면과 내부에 석공들이 자신들의 역사와 신을 정성스레 새겨놓은 것도 닮은꼴이다. 또 대형 벽돌한 개를 L자형으로 배치한 뒤 다른 벽돌과 연결시켜 건물을 튼튼히 지탱하게 하는 기술을 사용한 흔적과 어떻게 움직였는지 도저히 알 수 없는 거석들을 활용한 점도 같다. 이집트의 벽화에는 항상 태양신 '라'를 상징하는 해가 주변을 비추는 형상이 그려져 있는데 아즈텍 벽화 역시 고대의 신 쿠엣잘코틀 주변에 태양이 있어 빛이 발산되는 유사한 그림이 있다.

왕을 피라미드 안에 미라로 안치해 놓은 점도 유사하다. 석상 등의 유물을 통해 본 복식 관습도 동일하며 머리 장식물의 문양도 흡사하다는 점이 발견됐다.

고대 이집트와 아즈텍 문명에서 어떻게 이토록 많은 공통점들이 존재할 수 있었을까? 또 고대 이집트 미라에서 발견된 코카나무 잎의 사연은 과연 무엇일까? 그리고 이 같은 고대 이집트와 아즈텍 문명 간 교류의 증거를 어째서 고고인류학과 역사학계는 덮어두려는 걸까?

도무지 해결되지 않는 질문들을 그저 오래된 유물에게 물을 뿐이다.

PART 2

오싹하고 괴이한 공포의 미스터리

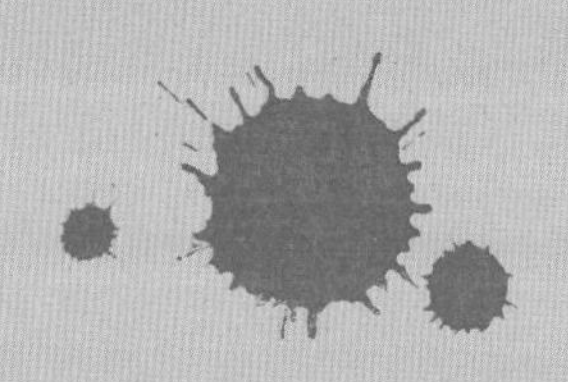

귀신 들린 물건을 팝니다

경매 사이트인 이베이(www.ebay.com)에는 귀신이 붙어 있다거나 신비한 효험을 발휘한다는 괴이한 물건들을 파는 사람들이 있다. 인형, 반지, 목걸이, 그림, 거울 등의 별난 물건들 가운데는 입찰자들이 몰려 쟁탈전을 벌이는 바람에 수백, 수천 달러가 넘는 고가에 낙찰되기도 한다. 게다가 놀라운 사실은 물건을 구입한 사람들 대부분이 '만족스럽다' '효험을 봤다' 는 등 긍정적인 상품평을 올린다는 점이다.

6천 달러를 벌게 해준 행운의 목걸이

2005년 6월 1일, 이베이에서는 행운을 가져다준다는 목걸이 부적이 8백 달러에 낙찰됐다. 이를 판 사람은 이름이 공개되지 않은 미국 청년인데 목걸이에 얽힌 사연이 특이했다.

포랑 스님에게 받았다는 행운의 은불상 목걸이

청년은 기독교 선교를 위해 세계를 돌아다니다 태국에서 불교사원 개축 공사를 돕게 되었다. 1년 반 동안 공사가 진행되면서 청년은 포랑 스님을 만나 친분을 쌓게 되었다. 둘은 유독 사이가 각별했는데 공사가 끝나고 청년이 미국으로 돌아온 지 두 달이 지나지 않아 포랑 스님이 위독하다는 편지를 받게 되었다. 그는 즉시 태국으로 갔다. 스님은 주위의 권유에도 불구하고 입원을 거부한 상태였고 청년은 어쩔 수 없이 혼자 스님을 간호했다. 포랑 스님이 오직 청년의 간호만 원했기 때문이다.

며칠째 간호했지만 스님의 상태는 나아질 기미가 없었다. 얼마 후 스님은 죽음이 가까워졌음을 느꼈는지 청년에게 고맙다는 말과 함께 간직하고 있던 물건을 주었다. 종이에 고이 싸인 물건은 바로 은불상 목걸이였다.

다음 날 아침 포랑 스님은 입적했고, 친구이자 스승이었던 그의 죽음은 청년에게 큰 슬픔을 안겨줬다.

미국으로 돌아와 우울한 날을 보내던 청년은 몇 개월 후 어머니와 함께 라스베이거스로 여행을 떠나게 됐다. 그때도 청년은 포랑 스님이 준 목걸이를 항상 목에 걸고 다녔다. 그는 카지노에서 장난삼아 슬롯머신을 하다가 2천5백 달러라는 거액을 따게 되었다. 게임 세 번 만에 생긴 뜻밖의 행운에 기뻐하던 그는 문득 목걸이가 행운을 가져다주었다는 생각이 들었다. 그 후 주사위 던지기 등 다른 게임에서도 계속해서 돈을 따기 시작했다. 그리고 6천2백 달러 정도를 벌자 게임을 그만두었다고 한다.

청년은 집에 돌아오자 무슨 이유에서인지 목걸이를 이베이에 내놓았다. 그리고 목걸이의 효험을 증명하기 위해 당첨 시 받은 카지노 증서와 포랑 스님과 함께 찍은 사진까지 사이트에 게재했다. 경매는 열흘간 진행되었고 행운의 목걸이는 8백 달러에 낙찰됐다. 그 목걸이를 구입한 사람에게도 청년과 같은 행운을 가져다줬을까?

귀신 붙은 어릿광대 인형을 팝니다

미국 켄터키 주 호스 케이브에 사는 '매직'이라는 아이디의 사람이 2007년 1월 1일, 귀신 붙은 어릿광대 인형을 이베이 사이트에 올렸다. 귀신이 붙어 있다는 이상한 물건들을 팔아온 그는 자신이 인형을 팔게 된 사연을 이렇게 전했다.

"저는 제 이웃인 사라 할머니와 오래전부터 친하게 지냈어요. 10년 전 처음 만났는데 할머니는 가족 없이 혼자 사셨죠. 할머니는 자신이 자연신을 섬기는 영국의 마교인 위칸 종교의 마녀라고 했어요. 저도 초현상에 관심이 많았기 때문에 우린 금세 친구가 됐죠. 그리고 할머니는 2006년 8월, 93세의 나이로 돌아가셨습니다. 할머니가 그립기는 하지만 제 옆에 항상 있다고 느끼니까 슬프지는 않아요. 할머니는 모든 재산을 제게 유산으로 남겨주셨습니다.

할머니와 저는 둘 다 귀신이 붙은 인형을 모으는 취미가 있었어요. 지금 저는 할머니의 인형까지 모두 갖게 되었어요. 그중 몇 개는 온라인 경매를 통해 팔았지요. 귀신 붙은 인형을 원치 않는 분이나 악령을 제어할 수 없는 분은 절대 이 인형을 사지 마세요.

이 광대 인형도 사라 할머니의 것인데 여기 붙은 악령은 정말로 사악합니다. 그 악한 기운이 너무 강해 저도 더는 갖고 있을 수 없습니다. 아직까지는 아무도 해치지 않았지만 앞으로의 일은 보장할 수 없어요.

이 악령은 동물을 무척 싫어합니다. 특히 개를 싫어하는데 주변에 개가 있으면 흥분해서 화를 냅니다. 개들도 이 귀신을 싫어해요. 인형 근처에 가면 경계하듯 짖어댑니다. 인형을 처음 받았을 때 하얀 천에 둘둘 말아 뒷방 옷장에 넣어뒀습니다. 어느 날 천을 풀었더니 인형의 배에서 끔찍한 악취가 났어요. 그때부터 인형은 움직이기 시작했고 소리도 냈습니다. 사진을 찍으려고 하면 사악한 미소를 지었고요. 생각만 해도 소름끼쳐요. 이 인형은 귀신보다 기가 센 사람만이 다룰 수 있을 것입니다. 배송할 때는 흰 천에 싸서 보내겠습니다. 그럼 부디 새로운 주인에게 행운을!"

그 인형은 치열한 경합 끝에 결국 낙찰되었다. 구입자는 누구이며 무슨 이유로 악령 붙은 인형을 사산 것일까?

마귀가 붙은 공포의 곰인형 바론

2006년 5월 5일에는 마귀가 붙은 곰인형이 경매에 나왔다. 판매자는 인형에 얽힌 사연을 다음과 같이 소개했다.

"어렸을 때 큰 곰인형이 있었어요. 난 그것을 바론이라고 부르며 친구처럼 지냈죠. 그런데 어느 날 바론을 잃어버리고 말았어요. 바론을 찾기 위해 지나칠 정도로 애를 쓰는 저를 걱정한 식구들은 정신과 상담을 받게도 하고 성직자들에게 데려가기도 했어요. 그러고는 점차 커가면서 그 사실을 잊게 되었습니다.

그런데 2주 전 사업차 클리블랜드를 방문했을 때 주차장 맞은편에 작은 골동품점이 눈에 띄었어요. 이상한 기운에 끌려 그 가게로 갔고 창으로 들여다보니 어두운 구석에서 뭔가 움직이는 것 같더라고요. 자세히 보니 바론과 똑같이 생긴 곰인형이 구석에 있었죠. 다음 날 같은 건물에 갈 일이 있었는데 골동품점 앞에 그 인형이 앉아 있었어요. 인형은 가격표도 없었고 털은 군데군데 빠져 매우 낡고 지저분한 상태였죠. 그런데 제가 바론을 잃어버렸을 때처럼 그 인형도 한쪽 눈이 없었어요. 바론이라 확신한 저는 인형을 갖고 집으로 돌아와 보관해 두었던 눈을 달아줬어요.

그날 밤 무척 깊은 지하에서 누군가에게 쫓기는 꿈을 꿨어요. 다음 날 아침 문득 바론이 있던 가게가 생각났어요. 그곳에 가서 어떻게 바론을 찾았는지 물어보고 싶었죠. 나중에 다시 그 동네에 갈 일이 있었는데 가게가 있던 곳에는 벽돌로 쌓인 벽밖에 없었어요. 분명히 같은 곳이었는데 말이지요. 저는 옆의 커피숍에 가서 골동품점이 어떻게 됐느냐고 물었는데 커피숍 종업원 말로는 그런 가게는 원래부터 없었다는 거예요!

바론을 집에 데려온 뒤 집에서 이상한 소리가 들려왔어요. 밤에는 누군가 벽을 긁는 소리도 들렸죠. 어떤 날은 자고 일어나면 얼굴에 긁힌 자국이 남기도 했고, 때론 잠을 잘 때 누군가 침대로 뛰어드는 듯한 느낌에 놀라기도 여러 번이었습니다.

어느 날 저는 바론이 있는 방에서 부스럭거리는 소리를 들었어요. 최근 일어난 일들이 왠지 바론과 무관하지 않을 것 같았어요. 저는 바론에게 그런 행동을 멈추지 않으면 나무를 잘게 부수는 기계에 넣어버리겠다고 큰 소리로 경고했습니다. 바론에게 그 말을 할 때 온몸에 소름이 끼쳤고 나도 모르게 눈물이 흘렀습니다.

어느 날 바론을 세탁하려고 욕실에 갔는데 우연히 세탁기 안 물에 비친 제 얼굴을 봤어요. 그때 갑자기 물속에서 이상한 목소리가 들리기 시작했죠. 전 공포에 질려 세탁기 문을 닫고 무거운 콘크리트 블록을 올려놓은 뒤 세탁기를 돌려버렸습니다. 세탁기가 5분 정도 돌아가자 집 전체가 정전이 됐어요. 다음 날 아침 전기공을 불렀는데 수리하러 지하실에 내려간 그는 곧바로 도로 뛰어 올라왔어요. 그러고는 다시는 오지 않겠다며 황급히 돌아갔습니다. 지하실에 내려가보니 큰 짐승의 숨소리 같은 것이 들렸죠. 그리고 햇빛이 안 드는 어두운 한쪽 구석에서 바론의 새빨간 눈이 저를 향하고 있었어요. 전 하얗게 질려 위층으로 뛰어 올라왔습니다. 누군가 쫓아오는 소리가 들렸어요. 돌아보니 지하실에서 바론이 두 발로 일어나 손에 칼을 든 채 올라오고 있었어요. 저는 소리를 지르며 지하실 문을 잠가버렸습니다.

그 후 전 심령술사들의 도움으로 집에서 귀신을 쫓는 의식을 치렀어요. 다행히 그 뒤로 바론은 더는 저를 괴롭히지 않았습니다. 지금 바론은 상자에 단단히 갇힌 채 누군가에게 갈

날만 기다리고 있습니다. 저는 바론을 팔고 싶어요. 바론의 사악한 영혼을 제거해 줄 사람을 찾고 있습니다. 제발 도와주세요. 저는 다시 평화를 찾고 싶어요."

인터넷 경매에서 벌어지는 이런 거래에 대해 초현상 전문가들은 영혼이 붙은 물건은 구입하지 말아야 한다고 충고한다. 마녀나 영매에 의해 원치 않게 물건 안에 갇히게 된 영혼은 어차피 외부 사람들을 돕더라도 다시 풀려날 수 없음을 알고 있으므로 오히려 주인에게 해코지할 가능성이 많기 때문이다. 또한 전문가들은 물건에 상주하는 귀신이나 정령이 물건 밖으로 풀려 나오면 반드시 자신을 학대하고 악용한 주인을 해한다고 경고한다.

지금도 경매에서는 귀신 붙은 물건들이 계속 팔리고 있다. 이 물건들은 정말 마녀나 영매에 의해 봉인된 영혼의 감옥일까? 아니면 알라딘의 램프처럼 인간들의 소원을 들어주고 행운을 가져다주는 보물일까?

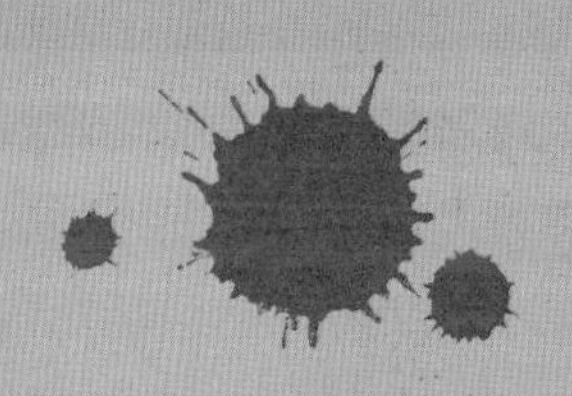

그곳에 가면 귀신을 체험한다

푸르스름한 달빛 아래 안개가 자욱한 밤, 음산한 기운이 감도는 인적 드문 곳에 스산하게 서 있는 집 한 채. 머리를 산발한 처녀 귀신이 출몰하곤 하는 이런 흉가는 우리나라의 얘기만이 아니다. 세계 어디든 흉가는 존재하며, 다양한 형태로 귀신이 나타난다. 집기를 던지고 소란을 피우는 폴터가이스트, 한이 맺혀 독을 품고 날아드는 살인마 귀신에, 고전음악을 즐기는 낭만적인 귀신까지…. 귀신을 만나는 그곳, 흉가로 떠나보자.

귀신이 출몰하는 흉가, 민닉 마노

미국 뉴욕의 에버릴 파크에는 흉가 민닉 마노가 있다. 1805년에 중세풍으로 건축됐고, 많은 침실에다 뒤뜰에는 수영장까지

미국 뉴욕의 흉가, 민닉 마노

갖춘 대저택인데 현재까지 주인이 열세 번이나 바뀌었다. 특이한 게 있다면 한때 도살장으로 사용됐던 헛간과 인근에 자리한 애완동물 묘지 정도였다.

그런데 이 집의 새 주인 글랜에게 기이한 체험이 시작됐다. 글랜과 그의 가족들은 이따금씩 새벽 3시쯤 모차르트 음악 소리에 잠을 깼다. 그의 집에는 모차르트 CD나 테이프가 없으며 라디오도 클래식 채널에 맞춰져 있지 않았다. 같은 일이 반복되자 글랜은 집에 있는 모든 음향기기의 전원을 뽑아버렸다. 그런가 하면 애완 고양이도 이상한 행동을 하기 시작했다. 가끔 아무도 없는 식당 쪽을 바라보며 엉덩이를 추켜올리고 크게 놀란 듯 털을 세웠다. 어느 때는 소파 밑에 숨거나 글랜의 무릎에 올라앉아 몸을 떨기도 했다. 가족들이 아무도 올라가지 않는 다락방에서는 누군가 걸어다니는 발걸음 소리가 들렸고 한밤중에는 심지어 말소리까지 흘러나왔다.

글랜 가족은 집을 구입하기 전 귀신에 대한 소문을 들었지만 이를 믿지 않았다. 주위의 경고도 무시하고 집을 구입했는데 실제로 체험하고 나자 귀신의 존재를 믿게 되었다. 예전 주인이었던 민닉은 귀신을 물리치기 위해 영매를 부르기도 했는데, 그에 따르면 1800년대 옷차림의 귀신들이 음산한 미소를 지으며 집주인을 환영한다고 했다.

할로윈 아침, 초현상 조사팀이 민닉 마노를 방문했다. 그들은 적외선 카메라와 탐지 장비를 실내 여러 곳에 장치해 놓았다. 촬영 결과, 동그란 혼불로 추정되는 불빛과 기이한 남녀의 얼굴이 나왔다. 특히 적외선 카메라에는 이상한 불빛들이 이동했고 실내 온도가 현격한 차이를 보이는 장소 등이 포착됐다. 조사팀은 글랜 가족에게 엑소시즘을 권했지만 그들은 함께 살고 있는 귀신들이 가족들에게 악의적이지 않으며 생활하는 데 장애가 되거나 위협을 끼치지 않는다며 사양했다.

나이트클럽에 나타나는 녹아웃 귀신

한때 권투선수들의 트레이닝 장소였던 영국의 록키스 나이트클럽에는 해괴한 귀신이 상주한다. 손님과 종업원들에게 펀치를 날리거나 술병, 유리잔 등 기물을 부수는 이 유령의 별명은 '녹아웃 귀신'이다.

과거 권투선수였던 것으로 알려진 녹아웃 귀신은 17년 전, 체육관 건물이 나이트클럽이 된 후 밤마다 계속되는 요란한 음악 소리와 조명에 화가 난 듯 행패를 부리기 시작했다. 그래서 많은 종업원들이 술집을 나가버렸고, 엑소시즘도 여러 번 해왔지만 별 효과가 없었다.

녹아웃 귀신에 관련된 이야기 중 가장 유명한 일화가 있다. 나이트클럽에 평소보다 유난히 손님이 많았던 밤이었다. 클럽에서 일을 하던 웨이터가 갑자기 뒤로 자빠지며 기절했다. 주변 사람들이 놀라 얼굴에 물을 뿌리자 그는 벌떡 일어났는데, 허공을 주시하며 무슨 말을 하려다가 밖으로 뛰쳐나갔다. 이후 그는 가게에 다시 나타나지 않았다. 그의 친구에 따르면 그 웨이터는 빈 테이블을 정리하던 중 어둠 속에서 한 남자가 나타나 그를 가로막았다고 한다. 사내의 몸은 실체가 불투명했다. 녹아웃 귀신임을 알고 온몸에 소름이 돋은 순간, 갑자기 유령이 어퍼컷을 날렸다. 순간 웨이터는 고통을 느끼지는 않았지만 힘이 빠지면서 넘어져 정신을 잃었다는 것이다.

또 어느 날은 아무도 없는 테이블이 갑자기 천천히 흔들리더니 술병과 유리잔들이 저절로 밀리거나 넘어지기도 했다. 현장의 폴터가이스트 현상을 목격한 사람은 한두 명이 아니었다. 이 광경을 본 손님들은 귀신에게 맞을까봐 황급히 클럽을 떠났다. 결국 귀신은 녹아웃시킬 상대를 찾지 못해 분한 듯 주방문을 세게 가격하고 사라졌다고 한다.

옛 권투센터의 관계자들은 녹아웃 귀신의 정체에 대해, 첫 데뷔전에서 승리하고 클럽에서 축하 파티를 하다가 시합 도중

맞은 충격으로 쓰러져 젊은 나이에 요절한 비운의 권투선수일 것이라고 전했다. 청년은 죽어서도 자신의 영혼이 이곳에 머물기를 바랐지만 나이트클럽이 되자 화가 난 것 같다고 추측했다. 섬뜩한 귀신의 존재에도 불구하고 나이트클럽은 폴터가이스트 현상을 체험하고 싶거나 귀신의 어퍼컷이 궁금한 손님들로 오늘도 문전성시를 이룬다.

메이코 차장의 혼불

미국 브런즈윅 카운티의 메이코 건널목 부근에 나타나는 열차 차장의 혼불, 일명 메이코 라이트는 한 장소에서 반복되는 초현상으로 유명하다. 1980년쯤 철로가 철거되기 전까지 이 현상은 계속됐는데 이 혼불은 1867년 열차 충돌사고로 숨졌던 차장 조 볼드윈의 것이다. 당시 노스캐롤라이나에는 애틀랜틱 코스트 라인 열차의 역들이 건설됐는데 그중 하나가 오늘날 '메이코' 라고 불리는 파머스 턴아웃 역이었다.

열차 충돌사고가 일어났던 날, 조 볼드윈은 열차의 마지막 칸 플랫폼에서 근무하고 있었다. 늘 그렇듯 전후방을 관찰하던 그는 자신이 탄 객차의 속도가 점점 떨어지자 원인을 확인하기 위해 기차의 앞쪽으로 갔다. 객차는 이미 기관차와 분리되어 있었고 후방에서는 다른 열차가 빠른 속도로 다가오고 있었다. 조는 충돌 위험을 알리기 위해 램프를 흔들며 뒤차에 신호를 보냈지만 끝내 두 열차는 충돌하고 말았다. 목격자들에 따르면 조는 기차에서 뛰어내리거나 피하지 않고 끝까지 사고를 막으려 했지만 결국 목이 잘리며 즉사했다고 한다.

늦은 밤에 촬영된 메이코 차장의 혼불

끔찍한 열차사고 후 메이코 역에서는 조가

흔들던 램프 같은 혼불이 나타나기 시작했다. 주민들은 조가 자신의 머리를 찾아 돌아다니는 것이라며 공포에 떨었다. 그 불빛은 정말 억울하게 죽은 조의 영혼일까? 아니면 사람들의 이야기가 환상을 만들어낸 것일까?

귀신이 출몰하는 홍콩의 투엔문 고속도로

홍콩의 투엔문 고속도로는 교통사고가 빈번해 많은 사람들이 목숨을 잃은 곳으로 악명이 높다. 이곳에서 발생한 사고들은 그 원인이 기이한데 전방에 갑자기 사람이 나타나 급히 핸들을 꺾다가 차가 뒤집히거나, 달리던 차가 갑자기 제어되지 않아 방향을 잃고 가드레일과 충돌하는 사고가 대부분이다. 사람들은 도로에 상주하는 귀신 때문에 사고가 계속된다고 믿었다.

실제로 투엔문 고속도로에서 귀신을 목격했다는 사람들은 수백 명도 넘는데, 이런 괴현상이 시작된 것은 1978년부터였다. 그 해 고속도로를 지나던 한 처녀가 뺑소니차에 치여 숨지는 사건이 발생했다. 처녀는 새벽까지 공장에서 야근을 하고 집으로 돌아가던 중 과속 차량에 치였고, 운전자가 그대로 도주해 아까운 목숨을 잃고 말았다. 뺑소니차는

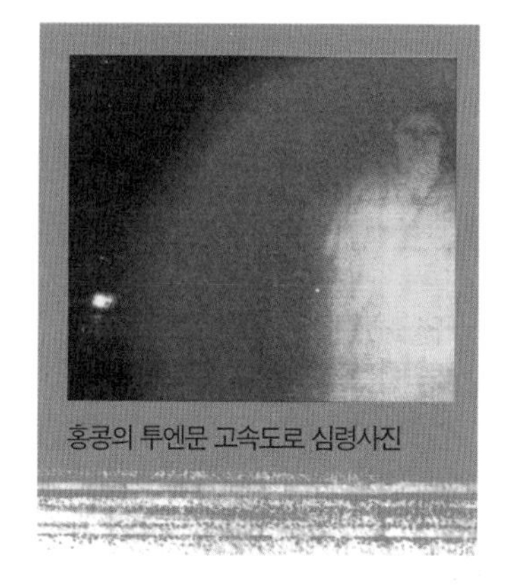
홍콩의 투엔문 고속도로 심령사진

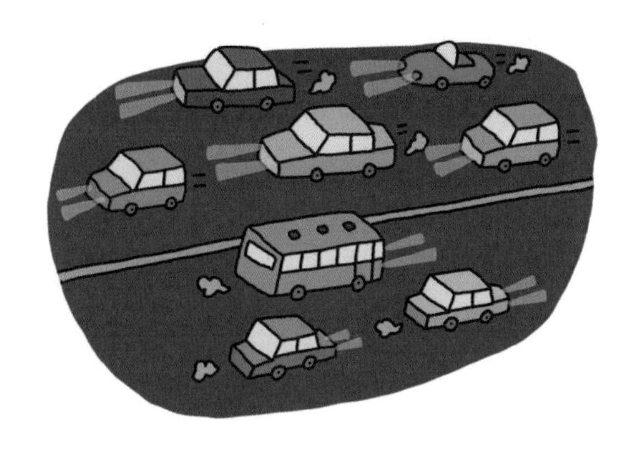

끝내 잡히지 않았고 사건은 영구 미결로 남았다.

이후 투엔문 고속도로에서는 밤만 되면 달리는 차 앞에 운전자를 노려보는 피투성이 처녀 귀신이 나타나기 시작했다. 목격자들은 그녀가 귀신이 아니라 살아 있는 여인과 똑같으며 수의를 입고 있다고 말했다. 이렇게 그녀를 목격한 운전자들은 차가 전복되거나 다른 차들과 충돌해 죽거나 크게 다쳤다.

홍콩 교통청은 이곳에서 엑소시즘을 여러 차례 했지만 귀신은 아랑곳없이 계속 출몰했다. 정부 관계자들은 그녀의 영혼을 달래주어 어떻게든 사고를 막으려고 갖가지 방법을 강구하고 있지만, 안타깝게 죽은 젊은 처녀의 원한이 쉽게 사라지지 않을 것 같다. 지금도 투엔문 고속도로에서는 사고가 계속 발생하고 있다.

죽은 후 특정 장소를 배회하는 귀신들, 그들은 우리에게 무엇을 말하려고 하는 것일까? 혹시 전설에서처럼 원한 때문이라면 우리는 그 원혼을 어떻게 달래야 할까? 아니면 그 존재들은 차원만 다를 뿐 실제로 우리와 같은 공간에 있는 것은 아닐까?

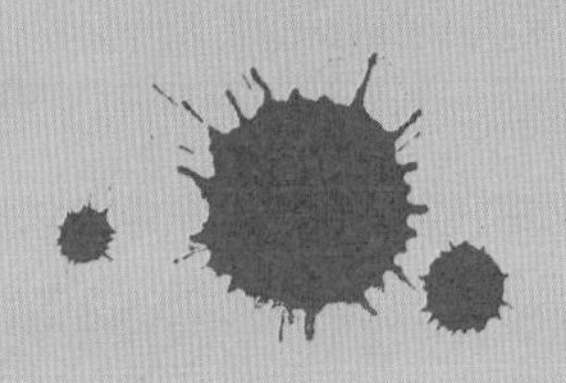

현대판 흡혈귀는 존재하는가

브람 스토커의 소설 『드라큘라』가 출판되자 세상에는 또 하나의 호러 캐릭터가 등장했다. 사실 사람이나 동물의 피를 빨아먹는 흡혈귀는 소설에 등장하기 전부터 이미 유럽 전역에서 전설로 떠돌던 공포의 존재였다. 살아 있는 사람의 피를 먹는 전설 속 괴수는 소설을 통해 드라큘라라는 이름을 얻어 우리의 공포를 자극한다.

중세 유럽에서 목격된 흡혈귀들

15세기 헝가리의 어느 성에서 있었던 일이다. 그 성의 군인들은 밤마다 공동묘지를 지켰다. 밤 사이 누군가가 묘지들을 파헤치자 성주가 범인을 잡기 위한 방책이었다. 그렇게 보초를 서던 어느 날 밤, 한 젊은 처녀가 묘지를 찾아왔다. 군인들은 그녀가 자신들을 위해 술을 가져오는 줄 알고 좋아했지만 그 처녀는 마치 군인들을 못 본 듯 초점 없는 눈으로 지나쳐 갔다. 그러고는 들고 온 바구니에서 작은 삽을 꺼내 무덤을 파기 시작했다. 처녀의 기이한 행동에 놀란 군인들은 그녀를 바로 체포했다. 그녀는 감옥에 갇힌 뒤에도 자신이 피를 먹는 흡혈귀라 주장했고 결국 음식을 거부하다가 굶어 죽고 말았다. 그런데 그녀가 죽은 뒤에도 묘지가 파헤쳐지는 일은 계속되었다. 주민들은 더욱 공포에 떨었고 성주는 야심한 밤 묘지 근처를 서성거리기만 해도 모조리 잡아 극형에 처했지만 그 괴이한 일은 몇 년 동안 계속 되었다고 한다.

같은 시기 독일에서는 실제 흡혈귀가 목격되는 사건이 있었다. 12세기 외부 침략으로 몰락했던 남부의 어느 고성에서 일어난 일이다. 먹구름이 자욱한 밤, 세 명의 농부가 성 근처에서 홀연히 사라졌다. 실종을 보고받은 왕의 기사들은 즉시 사건을 조사하기 시작했다. 그들은 고성 내부를 구석구석 둘러보았지만 아무 단서도 발견하지 못했다. 다만 2백여 년간 비어 있던 성의 내부가 마치 새 성처럼 깨끗이 관리돼 있는 것이 조금 의아할 뿐이었다. 조사를 마친 기사 일행은 지하에서 큰 술독을 발견하고 술을 마시다 잠이 들었다.

다음 날 아침 고성에 들렀던 주민들은 지하실에서 만취 상태로 잠든 기사들을 발견했다. 뭔가 이상한 느낌에 술독의 뚜껑을 열자 사람들은 모두 기겁하고 말았다. 거대한 술독 안에는 실종된 농부들의 시체가 절여져 있었던 것이다. 공포에 질린 주민들은 기사들을 깨웠고 깜짝 놀란 기사들은 고성을 구석구석 다시 순찰하기 시작했다.

깊은 밤 성의 꼭대기 방에 불이 켜진 것을 발견하고 기사들은 서둘러 올라가보았다. 문의 열쇠구멍을 통해 보니 고풍스런 옷을 입고 책상에 앉아 글을 쓰고 있는 사람이 있었다. 즉시 문을 부수고 방으로 들어간 순간 희한하게도 방에는 아무도 없었다. 대신 그가 앉아 있던 책상에는 사슴으로 추정되는 동물의 다리가 놓여 있었는데, 그 사체에는 송곳니로 물린 것 같은 상흔이 있었다.

방을 둘러보던 기사들은 섬뜩한 초상화와 마주하게 됐다. 예전 성주인 듯한 초상화의 주인공은 그들이 방금 전 보았던 그 사람과 같은 차림이었다. 성주의 초상화에서 흡혈귀가 나올지도 모른다는 생각에 기사들은 초상화를 밖으로 갖고 나와 불태웠다. 기사들을 더욱 두렵게 한 것은 초상화가 불에 타는 내내 그 속에서 들려오는 누군가의 비명소리였다. 이 일이 있고 나서 마을에는 흡혈귀가 다시는 나타나지 않았다고 한다. 그러나 그 성에는 어느 누구도 발걸음을 하지 않았고 결국 오늘날까지 버려져 있다.

시간이 흘러도 흡혈귀 목격담은 계속됐다. 1731년, 유고슬라비아의 벨그라드라는 작은 마을에서는 정체 모를 검은 옷의 신사가 나타나 처녀들을 살해하는 연쇄 살인사건이 발생했다. 괴신사를 직접 본 사람들은 그가 귀족들이 입는 좋은 옷을 입기는 했지만 지금은 입지 않는 이전 시대의 옷차림이었다고 했다. 살해당한 여인들의 시체에는 공통점이 있었다. 목과 어깨 등에 남은 날카로운 송곳니 자국과 피가 거의 남아 있지 않은 몸이었다. 공포가 확산되자 이듬해인 1732년 왕실의 명령을 받은 기사 알렉산더와 그 부하들이 사건을 수사했다.

한밤중 마을에 도착한 알렉산더 일행은 살해된 여인들의 시체가 1년이 지났는데도 부패하지 않은 것을 알고 문제의 시체를 모두 화장시키기로 결정했다. 화장이 시작되자 산 속에서 누군가 큰 고함을 지르는 소리가 들렸다. 알렉산더는 병사들을 이끌고 황급히 산으로 달려갔다. 하지만 마을 사람들이 지르는 비명소리에 바로 다시 기수를 돌려 마을로 돌아와야 했다. 마을 사람들은 하얗게 질려 흡혈귀가 나타나 한 여인의 시체를 들고 도주했다고 말했다. 알렉산더가 전력을 다해 그를 추적하는 동안 동이 터오기 시작했다.

공동묘지까지 쫓던 알렉산더는 방금 매장한 듯 부드러운 흙으로 덮인 무덤을 발견하고 그곳을 파헤쳤다. 무덤 속에는 신사의 시체가 있었다. 알렉산더는 송곳니를 확인하기 위해 시체의 입술을 들췄다. 그때 갑자기 시체가 눈을 뜨고 알렉산더의 손가락을 깨물었다. 너무 놀란 알렉산더는 흡혈귀를 관째 태우라고 지시했다. 관에 불이 붙자 흡혈귀는 갑자기 비명을 지르며 튀어나왔는데, 아침 햇빛에 몸이 드러나자 양초처럼 녹아내려 없어졌다. 알렉산더는 흡혈귀를 처치한 공으로 백작의 작위를 하사받았다.

하지만 이야기는 여기서 끝이 아니다. 전해지는 이야기에 따르면 알렉산더 백작은 왕가의 신붓감을 마다하고 어디선가 갑자기 나타난 미모의 여인과 결혼했다고 한다. 시간이 지나면서 알렉산더의 부하들은 그의 모습이 점차 변해간다는 사실을 알아챘다. 알렉산더의 송곳니와 손톱이 자라나자 사람들은 그가 손가락을 물린 뒤 흡혈귀가 됐다는 소문을 믿기 시작했다. 또한 그가 아내로 맞이한 여인은 흡혈귀가 화형 직전에 납치했던 여인과 얼굴이 매우 흡사했다. 사람들은 그녀를 흡혈귀의 모체로 의심했지만 끝내 진실은 밝혀지지 않았고, 알렉산더 부부의 행방 또한 영원히 묘연해졌다.

드라큘라 백작, 그는 누구였나

오랜 세월 유럽인을 공포로 몰아넣은 드라큘라 백작. 귀족이자 신사지만 날카로운 송곳니로 젊은 여성의 피를 빨아먹으며 억겁의 세월을 죽지 않고 산다는 그의 전설은 과연 사실일까?

지난 수백 년간 전 세계의 괴기소설과 할리우드의 영화를 통해 매번 다른 공포로 덧입혀져 온 드라큘라 백작은 사실 오래전 루마니아에 살았던 실존 인물이다. 블라드 드라큘라로 명성을 떨쳤던 드라큘라 백작은 왈라치아 지방(현재 루마니아의 남부)을 통치했던 성주였다. 그렇다면 한때 용맹스러운 장수이자 성주였던 그가 후세 사람들에게 흡혈귀로 기억된 이유는 무엇인가? 드라큘라 백작은 루마니아의 1400년대 역사 중 가장 잔인무도했던 장군이자 통치자였다.

드라큘라 백작의 실제 이름은 블라드 체페슈이다. 우리에게 친숙한 드라큘라라는 이름은 사실 '드라큘'이라 불리던 그의 아버지의 이름이었다. 이는 그의 아버지가 시지스먼드(유럽 남부 룩셈버그 왕국의 왕)에게 받았던 용(드라큘) 모양의 훈장을 자신의 이름에 붙인 것인데 여기서 드라큘이란 '지옥의 용'을 뜻한다.

블라드 체페슈 백작의 초상화

당시에는 오토만(현재의 터키)족과의 침략 전쟁이 한창이었고 드라큘 장군은 그의 아들 드라큘라가 27세 되던 해 전사했다. 드라큘라는 아버지의 주검 앞에서 자신의 피로 복수를 맹세했다. 아버지의 대를 이어 왈라치아의 성주가 된 그는 오토만 제국을 쳐들어갔다. 그는 몇 년간 계속되던 전쟁에서 대승을 거두었다. 복수의 대승 이후, 드라큘라의 성격은 점점 잔인해지기 시작했다. 그는 오토만의 포로들을 하나씩 긴 꼬챙이로 찌른 뒤 땅바닥에 곧게 세워 그들이 서서히 죽어가는 모습을 즐기며 식사를 했다. 어느 날은 이웃 나라의 장수들과 저녁식사를 하던 중 포로들에게 불을 지피라고 명하여 저녁식사를 기념하는 캠프파이어로 삼기도 했다.

그의 이런 잔인무도한 행동은 곧 유럽 전역으로 전해졌다. 그리고 1476년 드라큘라는 오토만족의 스파이였던 자신의 심복에게 암살당하는 비참한 최후를 맞는다.

이후 독일의 역사학자가 쓴 『피의 드라큘라 백작』이란 책은 삽시간에 독일 전체로 퍼졌다. 드라큘라 백작의 잔인했던 역사는 다른 언어로 번역되어 세계 각지로 흩어졌다. 시간이 지나 그의 이름과 행적은 브람 스토커라는 유명 소설가에 의해 불멸의 흡혈귀로 변색되었다. 그리고 1900년대 검은 망토를 두르고 밤하늘을 날아다니며 희생자를 노리는 공포영화의 주인공으로 형상화된 채 우리의 공포, 그 심연을 두드리기 시작했다.

런던 공동묘지에 상주하는 흡혈귀 왕

또 다른 전설로는 루마니아의 흡혈귀 왕 이야기가 있다. 최초의 흡혈귀였던 그는 흑마술을 통해 영생의 비법을 터득하고 둔갑술을 이용해 밤마다 동물들과 인간들의 피를 빨아먹으며 살았다. 그에게 물리는 사람들 중 일부는 흡혈귀가 되어 그의 노예로 영생했다.

1700년대 초, 흡혈귀 왕의 계속되는 악행을 보다 못한 노예 흡혈귀들이 반란을 일으켰다. 그리고 그를 흑마술로 봉인된 상자에 가두어 런던 하이게이트 공동묘지에 묻었다. 흡혈귀 왕은 밖으로 나올 수는 없었지만 마력이 강해 죽지 않고 살아 있었다. 노예 흡혈귀들이 관 속에서 잠을 자는 낮 시간에 그들의 심장에 말뚝을 박거나 머리를 자르면 죽었지만, 흡혈귀 왕에게는 어떤 방법도 통하지 않아 아무도 그를 해할

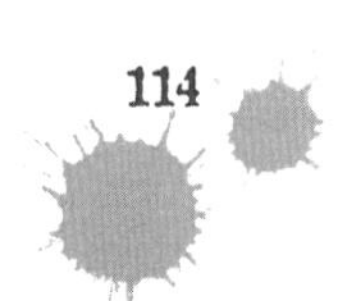

수 없었다.

자정이 되면 노예 흡혈귀들은 흡혈귀 왕을 찾아가 그가 가진 흑마술의 비법을 전수해 주면 꺼내주겠다고 설득했다. 하지만 흡혈귀 왕은 거절했다. 시간이 흐르자 노예 흡혈귀들은 그들이 늙지도, 죽지도 않는 사실을 알아챈 시민들의 제보로 흡혈귀 사냥꾼들에게 심장에 말뚝이 박혀 모두 죽고 말았다. 흡혈귀 왕의 위치를 알아낸 흡혈귀 사냥꾼들은 묘지 관리인에게 절대로 이 비밀을 발설하지 말라고 당부했다. 그러나 비밀은 소리 없이 사람들에게 퍼져나갔다. 자정만 되면 흡혈귀 왕에게 마법을 전수받으려는 신비주의 마법사들이 묘지에 찾아들었지만 모두 실패했다. 그리고 세월이 흘러 무덤의 위치가 어디인지조차 잊혀졌다. 흡혈귀 왕은 그가 갇힌 사실조차 아는 이 없이 계속 관 속에 갇혀 있을 수밖에 없었다.

그리고 200여 년이 지난 1960년대 후반, 런던의 마귀 신봉자들이 우연히 흡혈귀 왕의 묘지를 발견하게 되었다. 마귀 신봉자들은 관을 부수고 그가 밖으로 나오도록 도와주었다. 이후 런던에서는 두 눈에서 빨간 불이 번쩍이고 날카로운 송곳니를 가진 흡혈귀가 목격되기 시작했고 밤이 지나면 무덤가에는 죽은 동물의 사체가 즐비했다.

1970년 3월 13일 금요일, 흡혈귀 사냥꾼의 전통을 계승한 션 맨체스터와 데이비드 파란트가 수백여 명의 시민들과 함께 흡혈귀들을 소탕하기 위해 하이게이트를 찾아왔다. 당시 이 광경은 영국 ITV에 방영되기도 했다. 수백여 명의 시민들

이 공동묘지 출입을 막고 있던 경찰을 유인했고 혼란한 틈을 타 흡혈귀 사냥꾼들은 묘지 안으로 들어가는 데 성공했다. 전날 성수와 마늘을 묘지 주위에 뿌려놓은 션은 말뚝을 들고 흡혈귀 왕의 무덤으로 내려갔다. 션은 묘지 안 텅 빈 관 속에서 자신을 비웃듯 뒹굴고 있는 성수와 마늘을 발견했다. 그 후에도 션과 데이비드는 여러 차례 공동묘지에 잠입했다가 경찰에게 체포됐는데 아직도 흡혈귀 왕을 잡기 위한 그들의 시도는 계속되고 있다고 한다.

이토록 오랫동안 전해 내려오는 흡혈귀의 이야기는 과연 실제로 일어났던 사건일까? 만약 이 전설 같은 일이 사실이라면 최근 목격된 가축들의 피를 빨아먹는 흡혈 괴수 추파카브라도 혹시 새롭게 둔갑한 흡혈귀 왕이나 그의 노예 흡혈귀 무리 중 하나는 아닐는지….

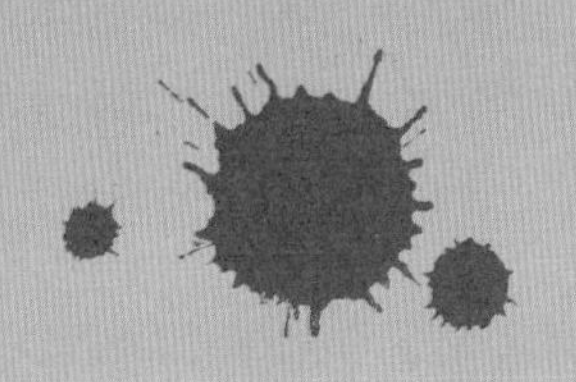

과학으로 귀신의 존재를 밝힌다

과학기술이 발전하면서 고성능 영상 촬영 장비도 대중화되었다. 이제 이런 첨단기술의 힘으로 심령사진들과 동영상이 무수히 제작되어 인터넷에 배포되고 있다. 각종 컴퓨터 소프트웨어와 디지털 장비, 적외선 촬영 등의 과학기술이 영혼의 존재를 확인하고 그들과 의사소통을 하는 등 심령과학 연구에 새 지평을 열어주고 있다.

죽은 육신을 떠나는 영혼이 촬영됐다?

영화 〈사랑과 영혼〉에서 주인공 샘은 죽은 뒤 다른 사람의 영혼이 육신을 떠나는 모습을 지켜보게 된다. 이 장면은 많은 사람들의 임사 체험을 토대로 재현된 것으로 눈앞에 하얀 터널이 등장하고 영혼은 그곳으로 빨려들어간다.

실제로 영혼이 육신을 떠나는 이 같은 장면이 인터넷에 등장해 많은 사람들의 관심을 끌고 있다.

1990년대 초, 독일의 일간지에 보도됐던 이 사진은 교육용으로 찍었던 수술 자료 중 하나이다. 환자는 캐린 피셔(32)로 프랑크푸르트의 홀리 병원에서 심장수술을 받는 중이었다. 교육자료 용도로 총 70여 장의 사진을 찍은 병원 소속 사진사 피터 발렌틴은 사진을 인화하다가 이상한 형상을 발견했다. 이 괴형상은 필름 원본에도 뚜렷하게 찍혔다. 피터는 문제의 사진

이 캐린의 심장이 멈춘 순간에 촬영됐다는 사실을 깨달았다. 캐린의 영혼이 죽은 육신에서 분리되는 모습이었다. 당시 수술실에 있던 10여 명의 의료진과 피터는 이런 형상을 보지 못했다. 그런데 사진 속에 그 순간이 포착된 것이다.

이에 대해 프랑크프루트의 마틴 뮬러 박사는 영혼이 실제로 있고 육신은 죽지만 영혼은 영원히 죽지 않는다며 이 사진이 중요한 증거가 될 수 있다고 말했다. 이 같은 사실이 알려지자 피터는 어느 성직자의 요청으로 캐린의 영혼 사진을 교황청에 보냈다. 사진을 본 교황 바오로 2세는 교황청에 사진 감정 리포트를 요청하여 사진이 진품으로 확인되면 세상에 공개하겠다고 했으나 무슨 이유에서인지 이 일은 실현되지 않았다.

유체 이탈한 영혼을 촬영한 초현상 연구가

사후세계와 영혼의 존재 및 EVP(Electronic Voice Phenomena, 전자 음성 현상) 분야에 흥미를 갖는 사람이라면 1979년에 있었던 '영혼과의 대화' 사건을 기억할 것이다. 미국 메타사이언스 재단이 제작한 '스피리콤'은 사후세계 영혼과의 의사소통을 위한 전자 통신 기기이다. 초현상 연구가인 윌리엄 오닐은 이 기계로 수년 전 사망한 항공우주국 물리학자와 영혼과의 대화를 했고 이것이 녹취되었던 놀라운 사건이 있었다.

메타사이언스 재단은 1971년 조지 W. 믹에 의해 설립되어 여러 혁신 기술과 특허를 보유한 기업이다. 조지는 평생 모은 재산으로 과학자들과 심령술사들, 그리고 다방면의 기술자들과 함께 영혼의 존재를 규명하는 데 여생을 보냈다. EVP 전자 음성 녹음 기술과 특수 암실 사진 촬영 기술 등을 개발한 그는 마침내 죽은 자와 육성으로 대화를 나눌 수 있는 기계, 즉 스피리콤을 제작해 세상을 놀라게 한 것이다. 조지는 라디오 주파수의 여러 진폭과 범위를 열세 가지 톤으로 분할하고 그 사이에 있는 다른 차원의 소리를 포착하여 분석하는 방법으로 스피리콤을 제작했다. 1979년 재단 소속의 연구원이었던 빌 오닐은 영혼과의 대화를 시도하던 중 1967년에 사망한 미 항공우주국의 뮬러 박사를 만났다. 그와 대화하면서 오닐은 여러 다른 차원의 존재와 영혼들에 관해 알게 되었다. 이후 그는 스피리콤을 통해 3년간 영혼들과 대화를 나누었고 그 내용을 녹음했다.

한편 메타사이언스 재단의 설립자인 조지는 영혼과 육체를 분리하는, 이른바 유체 이탈의 방법을 터득했다고도 한다. 세상에는 여러 차원이 존재하며 인간의 육신을 구성하고 있는 신체 조직의 원자들이 서로 다른 수백 개의 영혼들과 공유되고 있다고 주장한 그는 이 에너지들 중 한 개가 신체에서 분리될 수 있다고 했다. 그리고 유체 이탈을 할 때 분리되는 영혼과 육신이 은줄로 이어져 있는 것을 특수 기계로 촬영했다.

이후 조지는 세계를 돌며 영혼과의 대화를 녹음한 테이프를 나눠주고 스피리콤 장비 설명서와 기술 자료집 등을 세계 매체에 공개했다. 또 강연회를 통해 인간에게 영혼이 있고 우리가 사는 공간이 여러 차원의 세상과 공유된다는 사실을 세상에 알리려고 노력했다. 방 안 어느 곳에서 라디오를 켜도 전파를 잡을 수 있듯이 영혼의 세계도 서로 다른 주파수를 가진 채 항상 우리 주변에 존재한다는 것이다.

스피리콤 기술은 1980년대 초 미국 정부가 소유권을 가지고 과학자들에 의해 업그레이드되었다. 이를 통해 사후세계 및 다른 차원을 접촉하는 실험이 계속되고 있다.

영혼의 소리를 듣다

귀신을 보거나 소리를 듣는 방법 중에 EVP 녹음 방식이 가장 대중화되었다. 현재 인터넷에는 EVP를 통해 귀신의 목소리를 녹음한 사람들의 체험기가 다수 소개되고 있다. 녹음이 잘 되는 장소는 묘지나 흉가 등 귀신의 출몰이 잦은 곳들이며 시간도 낮보다는 밤에 더 잘 된다고 한다. 사람들은 유령들을 찾아 흉가나 묘지를 탐사하며 그들에게 사연을 질문하고 답변을 녹음했다. 녹취 내용은 컴퓨터로 분석된다. EVP 녹음은 그냥 들을 수 없고 특별한 소프트웨어를 거쳐 소리를 증폭해야 한다. 녹음되는 소리가 실제 사후세계의 소리인지, 다른 차원에서 오는 것인지는 확인할 수 없지만 많은 사람들이 영혼의 소리라는 것을 믿고 꾸준히 조사를 벌이고 있다.

녹음하는 방법은 다음과 같다. 우선 녹음기와 연결된 마이크를 라디오에서 1m가량 떨어진 곳에 놓는다. 그리고 라디오의 화이트 노이즈에 주파수를 맞춘다. 마이크에 인사를 하고 몇 가지 질문을 한 뒤 얼마 동안 기다렸다가 녹음된 내용을 컴퓨터로 옮긴다. 그리고 편집 프로그램을 통해 이 소리를 증폭시키는 것이다. 이때 음파 그래프 등을 확인하면 소리가 녹음됐는지 확인할 수 있는데 EVP 전문가들에 따르면 녹음이 성공적으로 끝나려면 몇 주, 때로는 몇 달이 걸릴 정도로 까다롭다고 한다.

그렇다면 귀신을 볼 수 있는 방법은 무엇인가? 가장 쉬운 방법은 귀신 출몰 장소에 인터넷 웹캠을 설치하는 것이다. 많은 네티즌들이 귀신을 목격했다는 소식이 끊이지 않는 윌라드 도서관 웹캠(www.libraryghost.com)이 좋은 예이다.

웹캠으로 귀신을 촬영하는 방법은 다음과 같다. TV 앞에 트라이포드를 세워 카메라를 고정시킨다. 그리고 카메라를 TV에 연결한 뒤 TV 화면을 촬영하는 것이다. 이렇게 촬영된 내용을 컴퓨터 편집 과정에서 프레임별로 분할한다.

과거 초현상 전문가들은 이미 귀신의 모습을 촬영하는 데 성공했다. 심령사진 가운데 가장 대표적인 네 장을 소개한다.

첫째, 갈색 여인의 사진이다. 1936년 영국 노퍽의 레인햄 홀 저택에서 촬영된 이 사진은 심령사진으로 가장 유명하다. 의문의 여인은 1700년대 초 레인햄 홀 저택에 살았던 도로시 타운센드 부인의 유령으로 알려졌는데, 이 유령은 지금도 밤마다 저택에 나타난다고 한다.

둘째, 튤립 계단 유령은 1966년 영국 그린위치 국립해양박물관의 튤립 계단에서 촬영되었다. 사진을 촬영한 캐나다의

갈색 여인의 심령 사진

튤립 계단 유령 사진

프레디 잭슨의 사진

SS 워터타운호의 유령 사진

은퇴한 성직자 랄프 하디는 촬영 당시 계단에는 아무도 없었다고 증언했다. 전문가에 의한 정밀 분석 결과 사진에는 어떠한 조작도 없다고 판명되었다. 국립해양박물관 관계자에 따르면 튤립 계단에서는 오래전부터 사진에 촬영된 것과 유사한 모습의 유령이 목격됐고 발소리도 들렸다고 한다.

셋째, 프레디 잭슨의 유령 사진으로 1차 세계대전 직후인

1919년 영국 군함 HMS 데덜러스 함상에서 촬영된 것이다. 비행기 수리공이었던 프레디 잭슨은 촬영 이틀 전 사고로 숨졌으나 사진에 함께 찍혔다.

넷째, SS 워터타운호의 유령은 1924년 파나마 운하에서 뉴욕으로 가던 화물선에서 촬영됐다. 사진의 주인공인 제임스 코트니와 마이클 미한은 그 배의 선원이었는데 갑작스런 사고로 숨져 수장됐고 그 후 사진에 유령으로 등장했다.

최근 EVP 녹음에 살해당한 피해자의 영혼이 접속되어 범인을 체포할 수 있었던 사건이 미국에서 실제로 있었다. 영혼을 사진에 담고 영혼이 하는 말을 녹음한다니 놀라운 기술이다. 아직은 상상하기 힘든 일이지만 우리가 사는 세계 이면에 함께 존재하는 무언가가 있다는 것이 일상을 섬뜩하게 한다.

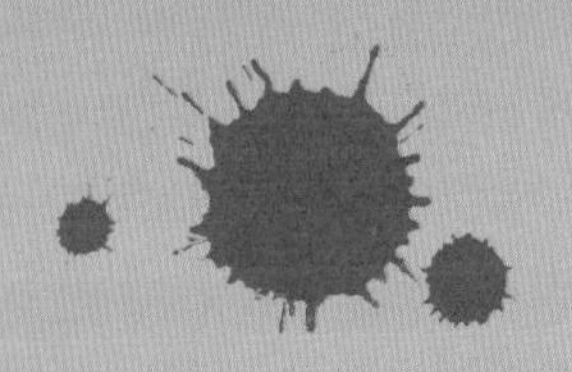

영혼을 불러내는 심령의식

이승의 사람들이 영혼과 대화를 나누는, 이른바 분신사바 같은 영혼접촉법은 과학적으로 증명될 수 없는 초현상 의식이다. 명칭은 다르지만 세계 곳곳에는 영혼과 접촉하는 많은 의식들이 존재한다. 아프리카의 부두와 웃칸, 우리나라의 무당과 구명시식, 북극 에스키모인들의 오로라를 통한 조상대화법 등 세계에 존재하는 의식들이 실제 귀신이 존재하고 그들과 대화도 가능하다는 가설을 뒷받침한다.

흑마술로 마귀를 부른 이스마

2004년 6월 3일, 우간다 부템바시 키보가에서 이스마라는 청년과 마술사 타무가 마귀를 부르는 의식을 거행했다. 이스마는 의식을 거행하기 몇 주 전 우연히 세루쿠마라는 노인으로부터 147년마다 세상에 나오는 마귀 마얌베가 다시 나타날 때가 됐다는 말을 들었다. 그는 마얌베가 자기를 부르는 사람의 소원을 들어준다는 말에 우간다 전역을 돌아다니며 은밀히 마술사를 찾아다녔다.

마귀의 힘을 빌려 부자가 되고 싶은 욕망에 들뜬 이스마는 마술사 타무를 만나 마귀를 불러달라고 요청했다. 타무는 스승에게 마귀를 부르는 방법을 전수받기는 했지만 실제로 마귀를 세상에 불러내면 커다란 재앙이 발생하기 때문에 절대로 안 된다고 했다. 그러나 이스마가 많은 사례를 약속하자 두려움을 누르고 마귀를 부르는 의식을 하기로 했다. 그날 밤 이스마와 함께 움막 안에서 마귀를 부르는 주문을 외우던 타무는 갑자기 촛불이 꺼지자 섬뜩함을 느꼈다. 타무가 계속해서 주문을 외우고 있는데 갑자기 이스마는 등 뒤에서 조그맣게 으르렁대는 소리를 들었다. 뒤를 돌아보니 약 85cm의 키에 머리에 뿔이 나고 팔이 매우 길며 온몸이 검은 괴물이 날카로운 이빨을 내보이며 으르렁대고 있었다. 그들에게서 진동하는 유황 냄새에 이스마는 바로 마귀임을 알 수 있었다.

이어 입에서 화염을 품으며 마귀가 다가오자 이스마는 공포에 떨었다. 하지만 마귀가 소원을 묻자 얼른 "부자가 되고 싶어!"라고 말했다. 그러자 마귀가 "소원을 들어줄 테니, 내일 해가 지기 전까지 처녀 3백 명과 소 9천 마리를 바쳐라!"고 말했다. 이스마가 불가능하다며 펄쩍 뛰자 마귀는 시뻘건 눈알을 부라리며 날카로운 손으로 목덜미를 잡고 세게 조여 고통스럽게 했다. 이스마는 마귀가 자신을 번쩍 들자 점점 더 숨이 막혀 몸부림을 치다가 "소원을 들어줄 수 없으면 사라져!" 하고 소리쳤다. 그 즉시 마귀는 웃으며 공기 중으로 사라졌고 이스마는 땅에 떨어졌다.

타무는 마귀를 부른 사람이 마귀를 풀어주면 마을에 재앙이 내린다고 소리쳤다. 그 말이 사실이었는지 다음 날 동네는

발칵 뒤집혔다. 학교의 어린 학생들에게 마귀가 붙는 괴현상이 발생해 임시 휴교했다. 이스마는 즉시 타무를 찾았지만 이미 그는 다른 곳으로 도망친 후였다. 집으로 돌아오던 이스마는 자신의 움막이 불타고 있는 것을 보았다. 이스마는 성난 주민들에게 몰매까지 맞았다. 그는 세루쿠마로부터 마얌베 전설을 듣고 마귀를 불렀는데, 나타난 마귀가 엉뚱한 요구를 하며 괴롭혀서 그냥 놓아주었다고 마을 사람들에게 실토했고 용서해 달라고 매달렸다.

그러자 사람들은 세루쿠마 노인은 이미 2년 전에 죽었다고 말했다. 이스마는 노인을 만났던 것은 사실이라고 주장했지만 사람들은 마귀에게 농락당한 이스마의 어리석음을 비난했다.

사후세계와의 교신에 성공한 스콜 실험

1993년 10월 28일, 영국 서퍽 주 스콜의 한 농가에서 사후세계와 접촉을 시도했다. 이곳은 귀신이 자주 출몰하는 장소로 유명한 17세기 농가로 초현상에 관심이 많았던 네 명이 귀신을 부르는 주문으로 실험을 시작했다.

이 실험은 5년에 걸쳐 시행되었다. 스콜 실험이라고 불리는 이 사건의 특징은 영혼의 존재가 일행에게 나타났고, 사진기에 찍혔으며, 그들의 목소리 또한 녹음됐다는 점이다. 실험 도중 일행은 다른 차원에서 온 영혼들로부터 귀금속류 물건들을 선물받기도 했다. 신기한 것은 아직 사용하지 않은 필름에도 영혼들의 형상이 담겨 있다는 점이었는데 그들의 실험

스콜 실험이 진행된 탁자

은 각 나라의 전문가들도 인정한 내용이어서 더욱 사실처럼 받아들여지고 있다.

이 실험에서 영혼을 부른 일행은 트랜스 상태에 빠진 다이애나를 통해 처음으로 '마누'라는 영혼과 만나게 된다. 그는 이승과 다른 세계 사이에 위치한 문을 지키는 문지기라고 했다. 마누는 자기가 다른 차원에 존재하는 수천이 넘는 마음을 대변하고 제어하는 일을 한다고도 말했다. 마누는 다른 차원과 접촉하는 이승의 사람들로 스콜 실험 관계자가 선택됐다며 무척 희귀한 처칠 크라운 은화를 일행에게 선물했다. 영국 조폐국이 주조한 것과 동일한 화폐였다.

그날 이후 마누와 계속 접촉한 일행은 마누로부터 그가 속한 차원에 살고 있는 과학자와 전문가들이 한때 지구에 살았다는 것을 알게 됐다. 마누는 일행을 도와 사후세계와의 교신 방법을 알려주며 그 존재를 증명할 것이라고 말했다. 일행이 마누와 만나는 동안 방 안에는 불덩이가 춤을 추며 기이한 종소리가 들렸고 테이블 위에 놓여 있던 물건들은 허공에 떠다녔다.

어느 날 일행은 마누의 요구로 거울과 비디오카메라를 사용해 다차원 문을 여는 실험을 진행했다. 그런데 갑자기 다차원 문에 정체불명의 사악한 존재들이 나타나 그들을 위협했다. 그들은 영혼이 아니라 미래의 지구에 사는 사람들이라고 했다. 말투와 태도가 불손했고 실험 팀에게 여러 가지 기계 설계 도면을 보여주면서 자신들이 세상에 합류할 수 있도록 도면의 기계를 완성해 다차원의 문을 건설하라고 협박했다. 스콜 팀은 실험을 계속 진행하다가는 돌이킬 수 없는 끔찍한 사고가 발생할 수 있다고 판단해 실험을 중단하기로 결정했다. 마지막으로 스콜 팀과 만난 마누도 그들을 떠나겠다며 앞으로 영적인 에너지를 다른 일에 사용하겠다는 말을 남겼다. 스콜 팀은 사후세계를 증명할 만한 충분한 자료를 확보했지만 앞으로의 일이 두려워 더는 실험을 진행하지 못했다.

귀신을 불러 병을 낫게 하는 심령치료

미국 텍사스 주 덴턴 시의 레위스빌 교회 한쪽 구석에서 열 명 남짓한 사람들이 촛불을 희미하게 밝힌 채 의식을 벌이고 있었다. 리더가 의자에 앉은 사람 앞에서 막대기를 전후좌우로 흔들었다. 이들은 노스텍사스 대학교(UNT) 교육대학의 젠 홀덴 교수와 대학원 연구생들, 그리고 한 환자였다. 환자는 외상 후 스트레스 장애(트라우마)를 겪고 있는 54세의 중년 여성이었다. 심리치료사 출신의 연구생 엘리 코벨리가 환자를 대상으로 망자와의 의사 소통을 유도하는 새로운 심리요법을 시술하는 과정이었다.

1988년 이래 UNT에 근무해 온 상담학 주임교수 젠 홀덴 박사는 유령이 사람을 괴롭히기만 하는 것이 아니라 정신 질

환으로 고통받는 사람을 치료해 줄 수 있다고 주장하며 상담의 범위를 초현상 영역까지 확대했다. 홀덴 교수는 미국의 심리치료 권위자인 엘렌 보트킨의 새 트라우마 치유법인 '망자와의 의사소통 유도(IADC)'를 연구하는 중이었다. 20년간 사후세계 체험자들을 상담하고 연구해 온 홀덴 교수는 지난 2000년 《임사연구 저널》에 실린 엘렌 보트킨 박사의 논문을 읽고 IADC에 관한 심리치료 기술을 처음 배웠다. 그리고 대학원생들과 함께 시카고에 가서 직접 보트킨 박사에게 치료술을 전수받았다.

보트킨 박사는 1995년 안구운동요법(EMDR)으로 베트남 참전용사 마이크의 심리장애를 치료하다가 우연히 IADC 기술을 발견했다. 미군 병사였던 마이크는 베트남 참전 당시 부대가 적에게 포위돼 전멸될 위기에서 전투를 벌이다 어린 베트콩을 사살했다. 이 사건 후 그는 소년의 모습이 뇌리에서 떠나지 않아 25년간 악몽에 시달리며 살아왔다. 그러다가 보트킨 박사의 EMDR 심리치료에 참여하게 되었다. 마이크는 치료 도중 자기가 죽였던 어린 베트콩을 만났다. 소년은 마이크에게 자신은 잘 지내고 있으며 마이크의 상황과 마음을 이해하니 죄의식을 갖지 말라고 따뜻하게 위로해 주었다. 이후 마이크의 악몽과 고통이 씻은 듯이 사라졌고 트라우마는 완치되었다. 이 결과에 착안한 보트킨은 EMDR보다 쉽고 완치가 빠른 심령치료술 IADC를 개발한 것이다.

홀덴 박사는 사랑하는 이를 떠나보내고 슬픔에 빠져 고통

받는 많은 사람들이 이 요법으로 도움을 받을 수 있다는 확신을 갖게 되었다. 그는 "이 기술은 이치에 맞는 과학적 원리가 적용되진 않지만, 현재까지 수천 명의 피실험자들이 망자와의 의사소통에 성공했다"며 오히려 이를 믿지 못하는 것이 더 비논리적이라고 주장했다.

사후세계의 존재와 임사체험을 공식적으로 최초 언급하여 큰 관심을 끈 임사 체험(NDE – Near Death Experience) 분

야의 최고 전문가인 레이몬드 문디 박사 역시 보트킨 박사의 이 기술이 50퍼센트 이상의 성공률을 보이자 새롭고 강력하고 신뢰할 수 있는 확실한 기술이라고 인정했다.

한편 문디 박사는 더욱 쉬운 망자와의 소통 방법을 인터넷에 공개해 주목을 끌었다. 그가 주장하는 망자 접촉 방식은 고전적인 거울 응시 방법으로 예언자 노스트라다무스가 미래를 예견하는 순간의 모습과 유사하다. 이는 반사 투영 방식으로 큰 거울을 앞에 놓고 망자의 사진이나 앨범, 사용했던 집기, 의류 등 이미지가 떠오를 만한 물품들을 가까이 놓고 거울 속을 깊이 응시하여 망자가 거울에 나타나기를 기다리는 것이다.

이외에도 음향으로 양쪽 뇌를 자극하는 방법, 트랜스 상태까지 육체적 고통을 가하는 방식, 기이한 약초나 특수한 약을 먹는 방식 등 사후세계에 접촉하는 다양한 방법을 과학자들이 연구하고 있다. 그러나 이 방법들 또한 세계 각지의 토속 원시 부족들의 접신 방법과 크게 다르지 않다. 또한 명상, 요가, 기 등 다양한 정신 수련 기술들과도 흡사한 점이 많다.

최근 미디어를 통해 심령술사들의 망자 접촉 사례나 초능력자들이 사후세계를 보고 귀신과 말하는 장면들이 보도돼 흥미와 호기심을 자극하는데, 보트킨 박사는 자신의 IADC 기술이 엉뚱한 목적으로 사용되는 것을 경계하며 개인적으로 실험하지 말라고 경고했다.

아직 과학적으로 규명되지 않은 인체의 신비 중 특히 두뇌 기능의 초과학적인 잠재능력을 놓고 과학자들의 연구가 한창이다. 이에 부응해 심령과학의 실체도 서서히 베일을 벗고 있다. 근래 과학자들의 연구 발표를 보면서 당장이라도 죽은 사람을 다시 만나 대화할 수 있다면 이 세상에 어떤 일이 벌어질지 상상하게 된다.

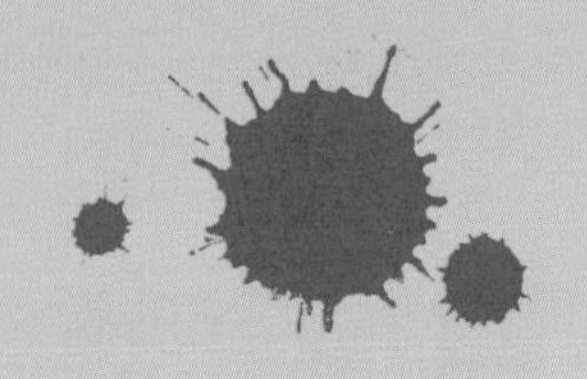

귀신 들린 사람들

다른 이의 영혼이 몸에 들어와 나를 움직이는데 그것을 막을 수 없다면 과연 어떤 기분일까? 세계 도처에서 보고된 사례들을 보면 이런 체험자는 일반인 중에도 많다. 〈엑소시스트〉라는 영화 역시 1949년 미국에서 일어난 실화인데, 현실에서도 퇴마사의 능력을 가진 성직자들이나 무속인들이 귀신 퇴치에 나서고 있다.

왓세카의 원더, 기이한 영혼 점유 사건

1877년, 미국 일리노이 주 왓세카 시에서 한 여학생의 몸에 다른 사람의 영혼이 들어오는 사건이 발생했다. 루란시 벤넘은 13세가 된 어느 날부터 잠을 자며 큰 소리로 잠꼬대를 하다 깨어나곤 했다. 루란시의 부모는 딸이 잠꼬대를 할 때 다른 사람의 목소리가 나는 것을 기이하게 여겼는데 정작 그녀는 잠에서 깨면 아무것도 기억하지 못했다. 더구나 괴상한 목소리의 주인공은 자신이 죽은 자의 영혼이라고 말해 주위를 섬뜩하게 했다. 루란시의 부모는 이 사연을 신문에 제보했고 도처에서 초현상에 관심 있는 사람들이 루란시를 찾아왔다.

루란시를 검진한 의사들은 그녀가 심한 정신병을 앓고 있는 것이라며 피오리아 주립 정신병원에 수용시키라고 조언했다. 그러나 어느 날 루란시를 찾아온 아사 로프가 정신병원에 맡기면 절대 안 된다고 충고했다. 자신의 딸 메리도 루란시와 비슷한 증상으로 정신병원에 보냈는데 1865년에 병원에서 숨졌다는 것이다.

당시 집 안에는 일리노이 주 의학박사 E. 윈체스터 스티븐스가 루란시와 대화를 시도하던 중이었는데 루란시가 갑자기 다른 여학생의 목소리로 아사를 불렀다. 그녀는 아사에게 아빠라고 부르며 자신이 메리라고 말했다. 아빠와 함께 집에 가고 싶다고 말하는 루란시에게 함께 있던 사람들이 메리에 대해 묻기 시작했다. 놀랍게도 루란시는 자신이 생전에 어디에서 살았고 어떤 특징이 있었으며 무엇 때문에 죽었는지 등 메리에 대한 이야기를 상세히 말했다.

다음 날 루란시의 집에 부인과 메리의 여동생을 함께 데려온 아사 로프는 루란시가 자기 가족들만 아는 애칭으로 자신들을 부르고, 가족들만의 과거사를 말하는 것을 듣고 그녀의 몸에 들어온 영혼이 죽은 딸 메리임을 다시 확인했다. 그는

1920년대 초 루란시 벤넘이 딸과 함께 촬영한 사진

메리에게 루란시의 몸에서 나오라고 했지만 메리는 이를 거부하고 자신을 집에 데려가달라고 애원했다. 루란시의 부모는 메리의 영혼이 가족과의 재회를 위해 딸의 몸을 빌린 것으로 생각했다. 그래서 메리를 도우면 딸도 정상으로 돌아오리라 기대하며 아사 로프에게 보냈다.

루란시의 육신을 통해 메리는 자신의 집으로 돌아가 가족들과 즐거운 시간을 보냈다. 그리고 3개월이 지난 어느 날 루란시는 메리가 이제 만족해하면서 자기 몸에서 완전히 떠났다며 자신도 집으로 돌아가고 싶다고 말했다. 메리의 가족들과 작별 후 집에 돌아온 루란시는 완전히 몸이 치유되었으며 더는 다른 이의 영혼이 빙의되는 증상을 보이지 않았다.

그 후 루란시는 1896년에 결혼하여 캔사스 주 롤린스 카운티로 이주했고 거기서 여생을 보냈다. 루란시 가족이 살던 집은 지금도 남아 있으며 왓세카 시 역사협회는 루란시와 메리의 빙의 사건을 시의 역사 유산으로 여겨 관련 정보를 보존하고 있다. 시립 묘지에는 이 사건과 관련된 루란시와 아사 로프

가족들의 묘소가 있어 지금까지 많은 방문객들이 찾아온다.

위저보드로 귀신을 불러낸 대학생 반투

1974년 봄, 말레이시아에 사는 대학생 반투는 영화에서 본 위저보드를 구해 친구와 실험해 보기로 했다. 친구와 함께 추를 잡고 있다가 추가 서서히 혼자 움직이자 반투는 친구에게 "네가 추를 움직이는 거야?" 하고 웃으며 물었다. 그때 갑자기 추가 거칠게 떨리며 'YES'라는 단어를 가리켰다. 두 사람은 추가 반응하는 것이 신기해 이름을 가르쳐줄 수 있는지 물었다. 하지만 추는 서서히 움직이다가 거칠게 떨며 'NO'라고 대답했다. 순간 닫혀 있던 창의 커튼이 펄럭거리는 것을 본 반투는 이상한 느낌에 추를 놓았다. 친구는 "끝낼 땐 영혼에게 잘 있으라는 인사를 꼭 해야 돼. 'Good Bye'에 맞춰야지"라고 말했지만 반투는 섬뜩한 느낌에 그냥 보드를 접어 옷장에 넣어버렸다.

그리고 며칠 후, 옷을 갈아입던 반투는 옷장 속에서 이상한 소리를 듣고 조심스레 문을 열어보았다. 옷장 문이 열리는 순간 위저보드가 바닥에 뒹굴며 쩍하고 반으로 갈라졌다. 반투는 보드 옆에 떨어진 추가 부들부들 떨리다가 보드의 'YES'를 가리키는 것을 보고 경악했다. 겁에 질린 반투는 부서진 보드를 보자기에 싸서 지하실에 보관했다. 그리고 그날부터 반투에게 기이한 일들이 일어났다.

반투가 글을 쓰고 있으면 펜을 잡은 손이 멋대로 움직이며 거칠게 떨리다가 종이를 찢고 책상 밑으로 펜을 던져버리는 일이 벌어졌다. 때로 길을 걸을 땐 뒤에서 누가 등을 밀어 길바닥에 넘어지기도 했고, 잠을 자다가도 누군가가 침대를 밀어 떨어뜨리고 바닥을 긁는 소리에 깨어나곤 했다. 계속되는 괴현상들에 반투는 동네 무속인을 찾아갔다. 사연을 들은 무속인이 갈라진 위저보드를 가져오라고 했다. 반투는 친구와 함께 위저보드를 가져갔고, 무속인은 둘에게 다시 추를 잡고

귀신을 불러냈다. 그리고 "내게서 떨어져!"라고 외치며 강제로 추를 움직여 'Good Bye'에 맞춘 뒤 위저보드를 태워버렸다.

귀신을 불러낸다는 위저보드

하지만 이후에도 반투는 계속 귀신에 시달렸다. 반투는 귀신에 대한 규칙과 충고를 무시한 행동이 얼마나 큰 화를 자초하는지를 깨닫고 후회했지만 소용없는 일이었다. 그의 체험담을 들은 많은 네티즌들 또한 위저보드가 가져올 수 있는 결과에 공포를 느끼면서도 호기심을 감추지 못했다.

교도소에 나타난 귀신을 물리친 엑소시스트

'엑소시즘'하면 영화 〈엑소시스트〉와 〈오멘〉을 떠올리게 된다. 이를 비롯해 여러 종류의 빙의 현상에 대한 에피소드가 인터넷 상에도 많이 공개되어 있다. 수많은 빙의 현상 가운데 특이한 경우들도 이따금씩 나타나고 있어 주목을 받기도 한다.

얼마 전 미국 로스앤젤레스의 산타클라라 카운티 감옥에서 한 천주교 신부에 의한 집단 엑소시즘이 벌어졌다. 사건은 살인과 성추행 등으로 수감된 히스패닉 갱단 멤버들이 모여앉아 위저보드를 가지고 영혼에게 질문을 하는 과정에서 일어났다. 29세의 살인범 말코스 바스퀘즈가 나무를 깎아 직접 만든 위저보드에는 'YES'와 'NO' 그리고 알파벳들이 나열되어 있었다. 바스퀘즈는 두 명의 다른 죄수와 함께 위저보드의 눈금이 움직이는 것을 보며 신기했다. 주위에는 20여 명의 죄수들이 모여들어 함께 구경하고 있었다. 세 명의 죄수들이 "질문을 해도 됩니까?"라고 묻자 눈금은 'YES'로 움직였고 "당신은 죽은 사람입니까?"라고 묻자 눈금은 또다시 'YES'를 가리켰다.

"당신은 어떻게 죽었나요?"라고 바스퀘즈가 묻자 눈금이 알파벳 사이를 움직이면서 M-U-R-D-E-R이라고 단어를 만들었다. 모두 놀란 가운데 구경하던 한 죄수가 "어? 살해당한 놈이네?"라고 빈정댔다. 그 순간 보드의 눈금이 빠른 속도로 떨리다가 바닥에 떨어져버렸다. 갑작스런 상황에 당황한 바스퀘즈와 죄수들은 모두 황급히 일어나 흩어졌다. 어느 누구도 끝낼 때는 귀신에게 작별 인사를 해야 하는 법칙을 기억하지 못했다. 그리고 귀신 소동이 발생한 것이다.

그날 밤 위저보드 사건을 구경했던 20여 명의 죄수들은 모두 잠을 자다가 귀신이 쇠창살 사이로 들어와 그들의 목을 조르는 악몽에 시달리기 시작했다. 정신은 멀쩡했지만 몸을 움직일 수 없는 가위눌림 현상을 경험한 죄수들은 하나같이 검고 투명한 물체가 자신의 가슴에 올라타 목을 조르는 광경을 목격했다고 진술했다.

위저보드를 만든 바스퀘즈는 다음 날 보드를 당장 부수라는 동료 죄수들의 협박에 보드를 태워버렸다. 그러나 귀신은

아랑곳없이 화장실과 침대, 샤워실 등에 밤낮을 안 가리고 나타나 감옥을 공포로 몰아넣었다. 그래서 결국 간수들이 협의하여 로스앤젤레스 성당의 엑소시스트 신부를 불러 귀신을 쫓는 의식을 치렀다. 엑소시즘 과정에서 성수로 안수 받은 죄수들은 그날 밤 비로소 귀신의 손아귀에서 벗어났음을 확인하고 기뻐했다고 한다.

'고스트 레이디'로 불리는 여교수

미국 펜실베니아 캘리포니아 대학의 기술과학 교수 레니 크루스는 지난 30년간 450건이 넘는 심령 현상을 연구해 온 초현상 전문가다. 그녀는 귀신이 나타나는 장소나 흉가, 심지어 공동묘지까지 밤에 찾아갈 정도로 담력이 세서 초현상 전문가들 사이에서 '고스트 레이디'로 불린다. 레니는 자신이 귀신을 직접 목격하고 나서 그때부터 미국 전역을 돌아다니며 귀신을 찾아다녔다.

1976년, 레니는 돌아가신 할머니의 흔들의자에서 밤마다 삐걱거리는 소리가 난다는 친구의 말을 듣고 조사에 나선 적이 있다. 할머니가 늦은 밤까지 흔들의자에서 책을 읽는 습관이 있었는데 돌아가신 후에도 밤에 종종 의자가 홀로 움직인다는 것이다. 레니는 영혼 현상을 직접 체험하기 위해 할머니가 생전에 쓰던 방에서 잠을 잤다. 하지만 밤새 아무 일도 일어나지 않자 그냥 집으로 돌아왔는데, 집에 와서 보니 자신의 주머니에 유리로 만든 작은 천사 장신구가 있었다.

레니는 친구가 오해할까봐 즉시 전화를 걸었다. 자신도 모르는 사이에 물건이 주머니에 있었다고 해명했는데 친구는 놀라운 이야기를 해주었다. 그 유리 천사는 이사 온 후 어머니가 장식장에 진열해 놓고 잠갔기 때문에 누구도 꺼낸 적이 없는 물건이라는 것이다. 친구는 아마 할머니의 영혼이 자신이 왔다 갔다는 것을 알려주려고 레니의 주머니에 넣은 것 같다고 말했다.

레니는 이 체험 이후 심령 현상을 믿게 되었고 그 후 2백여 건이 넘는 심령 현상을 조사해 왔다. 1989년, 처음 교수가 됐을 때 그녀는 학교 측에 자신이 심령 현상 연구가란 사실을 알리지 않았다. 다른 교직원이나 학생들이 자신을 이상한 눈으로 볼 수도 있다고 생각했기 때문이다.

하지만 캘리포니아 대학교에 귀신들이 자주 출몰하는 바람에 그녀의 특별한 능력은 자연스레 학교에 알려지게 됐다. 교내에서는 죽은 스틸 박사의 유령이 늦은 밤 여러 차례 목격되었다. 또 강당에는 이 학교 출신을 아들로 두었던 여인의 혼령이 상주하며 학생들을 자식처럼 보호해 준다는 소문이 돌기도 했다. 레니 교수는 그녀의 집에도 귀신이 상주한다고 말했다. 그 귀신의 이름은 어니로 자신뿐 아니라 자녀들과 이웃까지 모두 보았다고 한다.

그녀는 2000년 일리노이 주의 흉가를 탐사했던 일을 가장 무서운 체험으로 꼽았다. 그곳에는 안개 형태로 이 방 저 방을 돌아다니는 귀신이 있었다. 안개가 너무 짙어 바로 앞도 보이지 않던 어느 날, 밤 레니는 이곳을 촬영했다. 그녀는 지하실에서 귀신에게 자신을 소개한 뒤 곳곳을 탐사했는데 갑자기 누군가 그녀의 머리칼을 잡아당겼다. 레니가 존재를 밝히라고 하자 안개 속에서 차가운 손이 나타나 악수를 하고는 사라졌다고 한다.

세상에 출몰하는 귀신은 크게 두 가지 유형이다. 한 장소에만 나타나는 영이 있고 여러 장소에 출몰하는 영도 있다. 첫 번째 유형은 살인사건이나 자살 등 매우 강렬한 감정에 묶여서 사고 지점에 남아 당시 상황을 되풀이하는데 이는 사람들과 직접 관계가 없다. 어느 장소에 귀신이 상주한다면 그것은 특별한 이유가 있는데, 가령 메시지를 전해주기 원하거나 사랑하는 이들을 돌봐달라는 요청의 의미 등이라고 한다.

심령 현상은 반드시 그에 대한 전문가들과의 상담과 조언을 필요로 한다. 빙의 현상은 언제 누구에게라도 일어날 수 있는 우연이기 때문에 방심하면 안 된다. 주위의 혼령들이 지금, 당신의 몸을 노리고 있을지도 모른다.

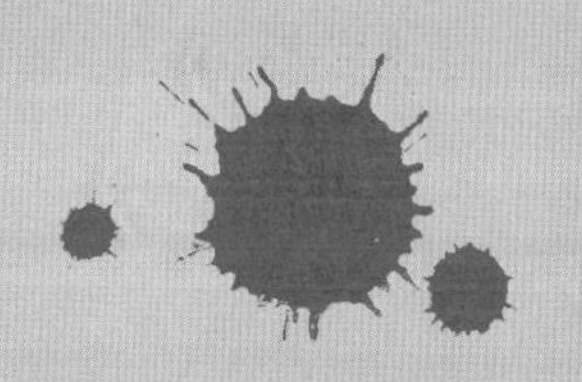

억울한 영혼이 살인마를 지목한다

미국과 유럽 등 여러 나라에서는 살인이나 실종에 관련된 미결사건들을 해결하기 위해 종종 영매를 수사에 동원한다. 영매가 피해자의 영혼과 대화를 하며 결정적인 단서를 알아내는 것이다. 물론 이 자체가 공식적인 증거가 되지는 않지만 이렇게 잡힌 단서로 범행의 물증을 확보할 수 있어 범인을 체포한 사례가 적지 않다고 한다.

살인마 체포에 나선 영매, 다이앤 라자러스

2006년 12월 20일, 영국 웨일스의 유명한 영매 다이앤 라자러스(40)는 다섯 명의 윤락녀들을 살해한 입스위치의 연쇄살인마를 직접 잡겠다고 선언했다.

다이앤은 이미 여러 건의 미결사건 수사에 참여한 적이 있

살인범을 잡은 영매 다이앤 라자러스

었다. 2002년에는 대학 강사였던 마크 그린 살해사건에 결정적 단서를 경찰에 제공해 범인들을 체포하는 데 도움을 줬다. 이때 다이앤은 마크의 영혼이 자신에게 범인에 대한 모든 정보를 주었다고 증언했다.

그녀는 1999년에 살해된 BBC뉴스 앵커우먼 질 댄도의 살인사건을 해결하는 데도 중요한 역할을 했다. 경찰 발표를 통해 알려진 바로는 질 댄도의 살인사건은 주민 2천5백 명을 조사하며 1년 넘게 수사했으나 미결로 남았는데 한 제보자가 질 댄도의 집에서 불과 800m 떨어진 지점에 사는 주민 베리 조지의 행동이 수상하다고 제보했고 다이앤은 그 사람을 보자마자 범인임을 알아차렸다고 한다. 결국 그를 심문한 결과 범인으로 밝혀졌다.

윤락녀 연쇄살인마에 대한 공표 이후 피살자의 영혼들로부터 메시지를 전달받은 다이앤은 범인이 종교적인 이유로 여인들을 살해했다고 밝혔다. 여덟 살 때부터 영혼들과 대화를 나눠온 그녀는 범행 현장에서 피해자 영혼의 도움을 받아 범인의 특성과 생김새를 알게 됐다. 다이앤은 범인에 대해 “그는 젊지만 정상적인 삶을 살지 못하는 인물이며 현재 미디어에 보도되고 있는 자신의 범행 수사 과정을 지켜보고 있습니다. 앞으로 희생자가 더 생길지도 모르지만 범인은 결국 DNA를 남겨 경찰에 체포될 것입니다"라고 말했다.

4일 후 영국 경찰은 범행 현장의 인근 주민 스티브 라이트의 집을 새벽 5시에 급습해 물증을 확보하고 그를 다섯 건의 일급 살인 혐의로 기소했다. 그는 범행을 완강히 부인했지만 2008년 1월로 재판 날짜가 잡혔다. 그가 용의자로 지목되고 집을 수색하기까지의 상세한 과정은 공개되지 않았지만 다이앤의 영적 증언이 얼마간 공헌했음은 틀림없다는 것이 여론이다.

자신을 살해한 남편을 고발한 부인의 영혼

1998년 4월 6일, 미국 앨라배마 주 레닛에서 보석 보증인으로 일하는 라드 스프래긴스는 이상한 악몽에 시달리다 잠에서 깼다. 며칠 전 이웃에 사는 시의원의 부인 샬럿 와이츠(49)가 숨진 채 발견된 사건이 있었는데, 그녀가 울면서 꿈에 나타난 것이다. 그는 그녀가 죽었다는 사실도 잊은 채 왜 우느냐고 물었다. 그녀는 살해당했다며 사건을 해결해 달라고 호소했다. 섬뜩한 느낌에 놀라며 일어난 라드는 다시 잠이 들었지만 계속 같은 꿈을 꾸었다.

조간신문에서 샬럿의 살인사건이 수사되고 있음을 본 라드는 문득 범인이 궁금해졌다. 불과 8천 명의 주민들이 사는 작은 마을에서 과연 누가 베리 와이츠 시장의 부인을 살해했는지 이해가 되지 않았다. 하지만 괜한 의심을 살까봐 샬럿에

관해 함구하던 라드는 그
날 밤 또 꿈에 나타난 샬럿
에게서 충격적인 이야기를 들었다. 그녀를 죽인 범인은 바로 남편인 시장이며 28년간 모은 재산 문제로 다투다가 자신을 죽였다는 것이다. 시장은 절대 자수하지 않을 것이므로 라드가 돕지 않으면 끝내 처벌받지 않을 것이라고 호소했다. 순간

잠에서 깬 라드는 꿈이 너무도 생생해 믿지 않을 수 없었지만 미친 사람 취급을 받는 건 아닌지 걱정됐다.

다음 날도 역시 샬럿이 꿈에 나타나자 라드는 자신이 어떻게 해야 할지를 물었다. 그러자 샬럿은 남편이 나중에 시장 선거에 재출마할 것이라며 라드도 출마하여 선거 유세장에서 그가 부인을 살해했다고 폭로하고 공개적으로 고발해 달라고 부탁했다. 심각한 상황에서 고민하던 라드는 샬럿의 말대로 나중에 시장이 재출마한다면 자신도 출마해 진실을 밝히기로 마음먹었다. 그날 이후 샬럿은 더는 꿈에 나타나지 않았다.

1999년 초, 베리가 정말 시장 선거에 재출마하자 라드는 꿈에 나타난 샬럿이 실제 그녀의 영혼임을 확신했다. 선거에 출마한 라드는 유세장에서 베리 와이츠가 부인을 살해했다고 폭로했고, 살해된 부인의 영혼이 베리를 범인으로 지목했다고 외쳤다. 주민들은 매우 놀랐다. 그런데 이상하게도 이 말을 들은 베리는 라드를 만나거나 고발하려 하지 않고 오히려 그를 피해다녔다.

이상하게 여긴 앨라배마 주 경찰국은 베리를 용의자로 주목하여 비밀리에 수사에 착수했고 그가 주 방위군 부대에 근무했던 당시 돈을 횡령한 사실을 밝혀내고 그를 체포했다. 2002년 재판에서 베리는 6개월 징역에 집행유예 5년을 선고받았지만 샬럿에 대한 살인 혐의는 증거 불충분으로 처벌받지 않았다. 샬럿이 죽은 지 8년이 된 2006년 2월 9일, 경찰은 베리 와이츠를 살인 혐의로 체포했다. 그동안 진행돼 온 수사 과정에서 확실한 물증이 발견되었던 것이다. 이 사실이 뉴스를 통해 보도되자 AP통신과 인터뷰한 샬럿의 동생 진 브라운은 이 모든 것이 라드의 용기 있는 행동 덕분이라며 정당한 심판에 대해 그에게 감사를 표했다.

컴퓨터를 통해 자신의 살인자를 지목한 귀신

2003년 1월 4일 밤, 미국 캘리포니아에 사는 샌디는 한 웹사이트에서 '죽은 사람의 목소리를 녹음하는 방법'이란 게시물을 보고 다운로드받았다. 작동법대로 녹음 볼륨을 높이고 조용한 방에서 녹음을 시작한 샌디는 몇 분이 지나도 아무런 소리가 들리지 않았는데 이상하게도 녹음 음량 그래프의 초록색 바가 혼자서 움직이는 것을 보았다.

녹음을 중지하고 재생시킨 샌디는 소스라치게 놀랐다. 거기에는 "내 목소리가 들리나요?"라고 울먹이는 여성의 목소리가 녹음되어 있었던 것이다.

너무 놀라 황급히 컴퓨터를 끈 샌디는 마음을 진정시키고 용기를 내어 다시 컴퓨터를 켰다. 그리고 녹음된 그녀의 목소리를 듣고 "당신 목소리가 들려요" 하고 대답했다. 순간 온 집 안의 전기가 일제히 흐려지는 현상이 나타났다. 샌디는 그녀에게 누구냐고 물은 뒤 프로그램을 다시 실행했다. 그러자 초록색 바가 거칠게 움직이더니 또 갑자기 멈추었다.

녹음된 내용을 들어보니 적어도 여덟 명은 되어 보이는 서로 다른 사람들이 고함을 지르고 있어 아무것도 알아들을 수 없었다.

샌디는 한 사람씩 차례로 말해 줄 것을 부탁했다. 그러자 녹음 그래프의 바가 천천히 움직였다. 처음에는 울먹이던 여인이 자신의 이름은 라시이며 남편에게 살해당했다고 말했다. 샌디는 사건에 대해 자세히 물어본 결과 라시가 자신의 집에서 불과 5km 떨어진 곳에 살았고 바로 며칠 전 살해당했다는 사실을 알게 되었다.

살해당한 라시 피터슨과 남편 스캇 피터슨

이튿날 아침 샌디는 라시 피터슨이라는 여인이 며칠 전 실종돼 경찰이 수사 중이라는 신문 기사를 보았다. 샌디는 라시의 유령을 불러내 자신이 최선을 다해 도와주겠다고 약속하고 경찰이 믿을 수 있는 구체적인 정보를 달라고 부탁했다. 그러자 라시는 남편이 자기 시신을 강에 버리려고 했을 때 보트에 작은 구멍이 있어 애를 먹었다고 말했다. 그녀는 샌디에게 보트에 구멍이 나 있는 지점까지 알려주고 자신이 살해당한 경위를 말하며 흐느꼈다.

라시는 자신이 남편의 복잡한 여자관계를 추궁하다 살해당했다며 남편과 불륜 관계인 여자의 사진이 옷장 두 번째 서랍 속 빨간 셔츠 밑에 있다는 말을 했다. 또한 그녀는 며칠 뒤

FBI가 수사에 착수하면 알려주라면서 자기 시신이 있는 지점까지 정확히 알려주었다. 샌디는 곧바로 경찰서로 달려가 이 같은 사실을 말했지만 경찰은 그녀를 정신병자 취급하더니 급기야 실종사건의 용의자로 지목하기까지 했다.

얼마 후 겨우 풀려난 샌디는 프로그램을 통해 라시와 대화하려고 했지만 실패했다. 그런데 그날 밤 FBI가 그녀에게 전화를 걸어왔다. 그들은 라시의 영혼이 알려준 사실들을 증언해 달라고 했다. 샌디는 FBI에게 라시의 시신이 있는 곳과 그녀의 남편이 남긴 보트의 증거, 다른 여자와의 불륜 증거 등에 대해 모두 말해주었다. 그리고 2003년 3월, 라시의 시신은 정확히 그녀가 지목한 곳에서 발견되었고 그녀의 남편도 체포되었다. 그 후 1년 이상 진행되며 세간의 주목을 받았던 피터슨 사건의 재판에서 남편 스캇은 모든 범행을 자백했고 결국 사형선고를 받았다.

어느 날 억울하게 죽은 원혼의 부름이 당신에게 찾아온다면 당신은 어떻게 하겠는가? 미궁에 빠진 수많은 미결사건의 원혼들이 EVP나 영매, 혹은 용기 있는 당신의 도움을 기다리고 있을지도 모른다.

내 남편이
날 죽였어~
잡아서 끝장을
내줘!

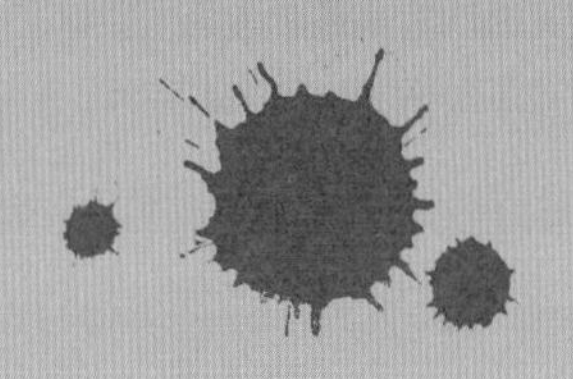

전 세계에서 가장 충격적인 살인마들

〈텍사스 전기톱 연쇄살인사건〉〈한니발〉 등 연쇄살인마를 주제로 한 영화는 흥미를 자극한다. 상상을 초월한 살인마들의 잔혹극이 인기를 끄는 이유는 무엇일까? 사이코패스, 사타니즘 등 살인의 동기와 방법도 제각각이다. 세상을 전율케 만든 역사상 가장 충격적인 연쇄살인 사건들을 소개한다.

사이코패스 살인마, 테드 번디

영화에서 살인마의 이미지는 대부분 한눈에도 악당처럼 보이는 각진 얼굴과 깊이 팬 주름, 불안정하고 음산한 분위기로 그려진다. 취향과 언행 또한 특이하고 폐쇄적이다. 이런 고정관념 때문에 수년 동안 수사선상에 오르지 않았던 최악의 사이코패스 살인마가 있다. 미국 역사상 가장 질 나쁜 연쇄살인마로 평가받는 테드 번디가 그 인물인데 그는 성격파탄 병리 현상을 보이는 정신병자였다. 사이코패스는 극단적인 반사회적 성격 장애자를 일컫는 말로 그 특징은 희생자에 대해 양심의 가책을 전혀 느끼지 않는다는 것이다. 연쇄살인범 대부분이 이런 사이코패스 성향을 갖고 있는데 이들은 희생자에 대한 아무런 연민이나 배려의 감정이 들지 않는다고 한다.

테드 번디는 잘생긴 외모에 높은 교육 수준, 그에 걸맞은 교양까지 갖춘 백인 남성이다. 그런 그가 20대 전후의 처녀들을 유인해 성폭행하고 목을 졸라 죽인 뒤 신체를 절단해 자신의 아파트에 진열하고 시체들과 잠을 자는 등 잔혹한 행각을 벌였다.

하지만 주변 사람들은 그의 정체를 전혀 눈치 채지 못했다. 그는 의심받지 않고 버젓이 사회 활동을 해왔다. 번디는 영원히 심판을 받지 않을 뻔했지만 1975년 8월 16일, 단순한 실수로 경찰의 검문을 받다가 차에서 발견된 수상한 도구 때문에 입건되었다.

유타 주는 수사 도중 콜로라도 주의 여인 실종사건 용의자와 번디의 인상착의가 흡사하다는 것을 발견했고 결국 번디는 납치와 살인 등의 죄목으로 기소되었다. 처음 그는 15년형을 선고받고 유타 형무소에 수감됐다. 법학도였던 그는 재판 과정에서 직접 자신의 무죄를 변론한 것으로도 유명한데 잘생긴 외모 덕에 여성 팬들이 생겨나 수천 장의 팬레터를 받았고 옛 직장 동료와 옥중 결혼까지 해 피해자 가족들을 분노케 했다.

재판이 계속되던 1977년 6월 7일, 번디는 캐린 캠벨 사건의 재판 도중 법원에서 탈출했다. 피킨 카운티 법원 도서관 2층 창문을 통해 도주한 그는 발목을 다쳐 멀리 도망가지 못하고 일주일 만에 잡혔다. 그는 이후에도 어디서 구했는지 톱으로 천장에 구멍을 내고 감옥을 탈출했다. 자동차로 도주하다 기차를 타고 플로리다에 도착한 번디는 또다시 두 명의 여인을 살해했고 플로리다 주립대학 기숙사에 침입해 여러 명에게 중상을 입혔다. 그의 마지막 피해자는 킴벌리 리치로 그녀 역시 납치를 당한 후 살해당했다. 2년간 도주 생활을 하던

테드 번디는 1978년 1월 15일, 훔친 차를 타고 가다 경찰에 검거돼 플로리다에서 저지른 여인들 살인혐의로 다시 재판을 받았다. 그는 또다시 직접 변론하며 무죄를 주장했다. 최종 선고가 지연되면서 재판이 계속되고 번디는 드디어 자신이 30명을 납치, 살해했다고 자백했다. 하지만 검찰은 최소 네 명의 피해자가 더 있을 것으로 추측했다. 이후 번디는 자신이 정신이상자라는 새로운 주장으로 항소했지만 연방대법원은 이를 기각했고, 결국 1989년 플로리다의 전기의자에서 사형당했다.

살인마 테드 번디

세기의 연쇄살인마, 조디악 킬러

19세기 말 영국 런던 경찰 앞으로 연쇄살인마인 잭 더 리퍼의 편지가 도착했다. 당시 수사관들은 범인의 조롱과 대담함에 치를 떨며 그를 잡으려고 했지만 증거를 찾지 못해 잭 더 리퍼의 범행은 영구 미결사건으로 남았다.

그런데 1960년대 말부터 1970년대 초반까지 미국에서 이와 유사한 사건이 발생했다. 조디악 킬러라고 불렸던 이 연쇄살인마는 주로 캘리포니아 주 북부에서 범행을 저질렀다. 검찰

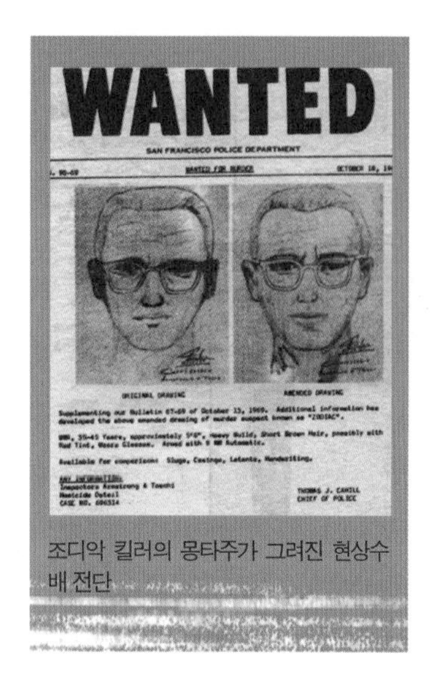

조디악 킬러의 몽타주가 그려진 현상수배 전단

은 조디악 킬러가 16세에서 29세 사이의 피해자 일곱 명을 무작위로 선택해 살해한 것으로 보고 수사를 진행했지만 총알을 제외한 어떤 물증도 현장에 남아 있지 않아 난항을 겪었다.

조디악 킬러의 첫 번째 범행은 1968년 12월 20일에 시작됐다. 그는 데이트를 즐기고 있던 커플을 살해했다. 1969년 7월 4일에는 골프코스 주차장에서 달린 엘리자베스 페린과 마이클 르노 메규를 총으로 쐈는데, 달린은 병원으로 후송 도중 사망했고 마이클은 극적으로 살아났다.

조디악 킬러는 1969년 8월 1일 《발레호 타임즈-헤럴드》와 샌프란시스코 《크로니클》과 《이그재미너》 신문사에 자필의 암호 편지를 보냈다. 그는 자신이 세 건의 살인을 저질렀다며 총 408개의 글자로 암호문을 적어 보냈는데, 만일 자신의 편지가 신문 1면에 실리지 않으면 주말에 수십여 명을 더 살해하겠다고 협박했다. 신문사들은 그의 말대로 이행하지 않았지만 주말에는 다행히 아무 일도 발생하지 않은 것을 확인했고 그의 편지를 신문에 공개했다.

그로부터 일주일 후, 도널드와 베티 하든이 조디악 킬러의 암호문을 해독했다. 암호문은 그가 앞으로 할 일에 대한 것이었다. 같은 해 9월 27일, 조디악 킬러는 시실리아 앤 쉐퍼드와 브라이언 캘빈 허트넬을 공격했는데, 시실리아는 숨졌고 여섯 번이나 칼에 찔렸던 브라이언은 극적으로 살아났다. 같은 해 10월 11일에는 폴 리 스타인이 조디악 킬러의 총에 맞고 숨졌다. 당시 이를 수사했던 경찰은 1963년 6월 4일에 자행된 커플 총격 살인과 유사점을 포착했지만 조디악 킬러의 소행인지는 밝히지 못했다.

1970년 3월 22일, 아기와 함께 괴한에게 납치됐던 주부가 범인의 차에서 극적으로 탈출한 뒤 경찰에게 현상수배 포스터의 조디악 킬러가 범인이라고 증언했다. 조디악 킬러는 1970년 마지막으로 여러 신문사에 편지를 보냈는데, 그가 8월 20일에 보낸 편지에는 열세 개의 글자로 짜인 자신의 이름을 공개했으나 문제의 암호는 지금까지도 풀리지 않고 있다. 그는 혐의를 받던 골든 게이트 파크 경찰서 폭파사건이 자신의 범행이 아니라며 대신 아이들이 타고 다니는 스쿨버스를 폭파하겠다고 위협하면서 폭탄 도형을 그려 보내 많은 주민들을 공포에 떨게 했다.

샌프란시스코 경찰국은 40여 년이 지난 지금까지 이 사건을 수사하고 있는데 그들은 조디악 킬러의 편지에서 DNA를 채취해 용의선상에 오른 사람들과 대조했지만 일치하는 DNA는 없었다. 이 사건은 아직도 미결로 남아 조디악 킬러는 전설적인 연쇄살인범이 됐다. 최근에는 데이비드 핀처 감독이 〈조디악〉이라는 영화를 만들어 다시 관심이 집중되고 있다. 조디악 킬러가 자신의 이야기를 영화로 본다면 어떤 생각을 할까?

공포의 4인조 여간호사

1989년 4월 7일, 오스트리아 비엔나의 라인츠 종합병원에서 네 명의 여성 간호사가 조직적으로 환자들을 살해한 사건이 발생했다. 체포된 범인은 발트라우드 바그너, 스테파니야 마이어, 일린 라이돌프, 마리아 그루버였다. 이들은 병원에서 발생한 200여 건에 가까운 환자의 미심쩍은 죽음에 대한 혐의로 연행되었다. 살인을 처음 시작한 바그너는 처음부터 살해하려 했던 것은 아니라고 주장했다. 1983년 근무 도중 77세의 할머니로부터 고통을 끝내달라는 간절한 부탁을 받고 의도적으로 모르핀을 과다 투여해 죽였는데, 이 과정에서 사람을 죽이는 희열을 느꼈다고 한다.

바그너는 함께 근무하던 동료 간호사 마이어(43)와 라이돌프(21), 그루버(19)와 공모해 야간 근무 시 환자들의 고통을 덜어준다며 살인을 저지르기 시작했는데 바그너는 동료들에게 모르핀으로 얼마나 쉽게 죽일 수 있는지를 가르쳤다. 바그너는 피해자를 고르고 죽이는 계획을 꾸미거나 부족한 모르핀을 빼돌리는 방식 외에 환자 폐에 물이 차게 해 죽이는 등 새로운 방법을 개발하며 살인을 리드했다. 그러다 이들은 환자의 고통과는 상관없이 쾌락을 느끼기 위해 살인을 저지르기 시작했다. 침대에 배설물을 그대로 싸거나 귀찮은 일로 호출을 하는 중환자는 바로 살해 대상자로 선택됐다. 처음에는 가끔씩 살인을 하다가 점차 늘어나 1987년에는 너무 많은 환자가 죽어 병원에 살인마가 있다는 소문이 돌기도 했다. 간호사 살인마들은 환자를 죽인 후 피해자에 대해 웃으며 이야기하다가 우연히 이를 듣게 된 의사의 신고로 수사를 받게 되었다. 6주에 걸친 수사 끝에 살인마들은 체포됐고 그들을 감독한 의사는 면허가 취소됐다.

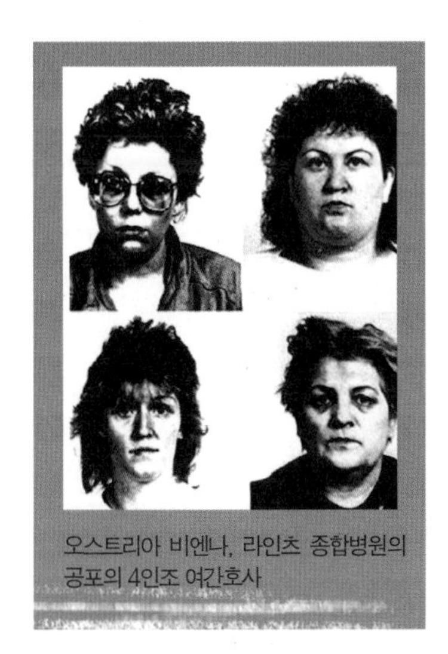
오스트리아 비엔나, 라인츠 종합병원의 공포의 4인조 여간호사

살인마들은 49건의 살인만 시인했지만 병원에서 이상 원인으로 사망한 환자는 2백여 명에 가까운 것으로 밝혀졌다. 체포 당시 혼자 39명을 살해했다던 바그너는 재판에서 열 명만 죽였다며 모두 환자의 고통을 끝내기 위한 안락사였다고 주장했다. 그러나 결국 바그너는 15건의 살인과 17건의 살인미수, 그리고 2건의 폭행 혐의로 종신형을 선고받았다. 공범 라이돌프 역시 종신형을 선고받았으며 마이어와 그루버는 각각 15년형을 선고받았다.

이 같은 간호사의 연쇄살인은 오스트리아뿐 아니라 다른 여러 나라에서도 발생했다. 2001년 헝가리에서는 24세 티메아 팔루디 간호사가 40명을 연쇄살인한 혐의로 체포됐고,

1998년 프랑스에서는 크리스틴 말레브르 간호사가 30건의 연쇄살인 혐의로 체포됐으며 체코공화국에서도 적어도 30건의 살인을 의심받은 41세의 간호사 루시 퀴리나 데 버크가 열세 명을 살해한 혐의로 체포됐다. 이런 사건이 계속 발생하자 곳곳에서는 병원에서 은밀히 자행될지 모를 두려움과 연쇄살인마의 존재에 대한 공포의 목소리가 높아지기도 했다.

경찰관 연쇄살인범, 안토니엣 프랭크

뉴올리언스 주 경찰관인 안토니엣 프랭크는 자신의 동료를 포함해 세 명을 살해하는 등 경찰국 사상 최악의 범죄를 저질렀다. 1971년생인 프랭크는 일찍부터 가정환경으로 인해 정신병 치료를 받았다. 그녀의 아버지는 집을 나갔고 오빠는 현상수배범이었다. 성인이 된 뒤 경찰관이 되기 위해 그녀는 정신병력을 숨겼는데, 경찰관 후보생 신원조사에서 이력서에 거짓 기재한 것이 발각됐지만 뉴올리언스 경찰국은 대수롭게 여기지 않고 그녀를 경찰관으로 채용했다.

어느 날 로저스 라케이즈라는 사람이 근무 중 거리에서 총을 맞고 병원으로 옮겨진 사건이 있었다. 이 사건을 수사하던 프랭크는 그를 조사하다가 연인 사이로 발전했다. 그로부터 3개월 뒤, 1995년 3월 4일 살인사건이 발생했다. 당시 프랭크는 낮에는 경찰관으로, 밤에는 베트남 식당의 경비원으로 일했다. 식당에 현금이 많은 것을 안 프랭크는 라케이즈와 함께 돈을 훔치고 강도로 위장할 생각이었다. 사건 당일 새벽, 식당 직원 차우 부는 근무 시간이 아닌데 프랭크가 정체불명의 남자와 함께 식당에 온 것을 보고 이상한 생각이 들어 돈을 식당의 전자레인지에 숨겼다.

프랭크는 경비원으로 일하면서 훔친 식당 열쇠를 이용해 라케이즈와 함께 식당 문을 열고 들어와 차우 부와 그녀의 남동생을 총으로 위협하다 살해했다. 그리고 함께 파트타임으로 일하던 경찰 동료 윌리엄스도 살해했는데, 이들은 식당에 다른 종업원들이 있는 것을 눈치 채지 못했다. 다른 종업원들은 총소리를 듣고 냉장고 안에 숨어 밖을 살피며 공포에 떨었다. 살인범들은 식당에서 서성이며 돈을 찾았으나 시간이 지체되자 현장을 떠났고 종업원 쿠옥이 즉시 911에 신고했다. 그런데 얼마 후 프랭크가 경찰관 복장으로 찾아와 무슨 일이 있었는지를 묻자 쿠옥은 충격을 받고 아무 말도 하지 못했다. 뉴올리언스 경찰국의 다른 수사관이 오자 목격자들은 프랭크를 범인으로 지목했고 그녀는 긴급 체포되었다.

만일 목격자가 없었다면 프랭크가 현장에서 수사하는 척하며 혹시 남아 있을지 모르는 증거를 인멸했을 것이며 사건은 미궁에 빠졌을 것이다. 수사관들은 프랭크가 이와 유사한 범행을 더 저질렀을 가능성이 있다고 보고 그녀의 과거 행적을 수사했다.

프랭크와 라케이즈는 재판에서 모든 혐의에 유죄가 입증돼 둘 다 사형을 구형받았다. 수사관들은 프랭크가 경찰관으로 일했을 때 미결된 여러 건의 강도 살인사건의 범인일 가능성을 제시했지만 증거 불충분으로 추가 기소하지 못했다.

사형선고 한 달 후 프랭크의 집 지하실에서 총상으로 숨졌다고 추정되는 시체가 발견됐는데 누구의 해골인지는 끝내 규명되지 않았다. 사건을 수사한 경찰은 그녀가 베트남 식당 사건 외에 많은 살인을 저질렀지만 스스로 증거를 인멸해온 것으로 결론 내렸다. 하지만 사형 집행을 기다리고 있는 프랭크는 최근 자신의 사형 판결에 대하여 대법원에 항소해 피해

자들의 가족과 뉴올리언스 경찰관들을 분노케 했다.

세계적으로 이런 끔찍한 살인은 계속 이어지고 있는데 이러한 연쇄살인마들은 머릿속으로 무슨 생각을 하고 있는 것일까? 피해자와 가족들이 겪어야 하는 고통을 전혀 생각하지 않는 걸까? 과연 단순한 정신병인가? 인간의 탈을 쓴 악마들인가?

PART 3

외계인의 실체가 드러나다 우주의 미스터리

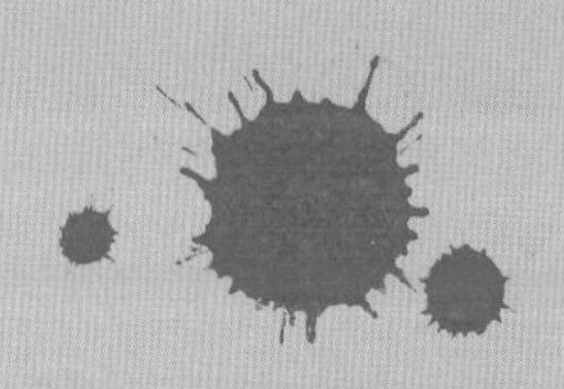

고대 유적에 등장한 UFO와 외계인

외계인은 인류가 존재하기 훨씬 전부터 지구와 인연이 있었던 것일까? 도곤족의 전설과 각 나라의 창조 신화, 신대륙 원주민의 유적에 남겨진 비밀스런 자취들…. 미스터리로 남겨졌던 외계인의 실체가 이제 서서히 드러나고 있다.

고대 문명의 창조신은 은하계 우주인들?

미국의 과학 저술가 로버트 템플의 저서 『시리우스 미스터리』에는 말리의 도곤족에게 전래되어 온 외계 생물체의 이야기가 상세히 기록되어 있다. BC 3200년경 이집트에서 서아프리카 말리로 이주한 도곤족의 전설에는 우주에서 온 생물체가 등장하는데 그들은 하반신이 물고기인 반신반어 모습을 하고 있다. 이 양서류는 인류에게 농업과 점성술 그리고 법률, 수학, 건축, 예술 등을 전수해 주었다고 한다.

도곤족에 의하면 우주인들의 고향은 개자리 별로 알려진 시리우스 성단이다. 지구로부터 8.6광년 떨어져 있는 시리우스 성단은 시리우스 B라는 작은 동반 행성을 갖고 있다. 이 사실은 1970년에 처음 확인됐는데 수천 년 전 도곤족의 전승 설화에 이미 시리우스 B가 등장해 놀라움을 더한다. 현재 수준의 광학 장비와 수학 지식이 없던 당시, 도곤족의 선조가 시리우스 B의 존재를 인식했다는 사실은 도저히 믿기 힘든 사실이다. 게다가 작고 무거운 시리우스 B가 하늘에서 가장 밝은 시리우스 A의 둘레를 50년의 공전주기로 돌며, 축을 중심으로 자전하고 있다는 사실도 정확히 맞아떨어진다. 이것

이 사실이라면 그들의 천문학 지식은 무려 4천 년 이상 앞선 것이며 이보다 더 나은 기술력을 가졌을 가능성도 있다고 예측할 수 있다.

고대 아시리아 문명 유물에 나오는 비행물체

오리온 성단 형상으로 배열된 피라미드

이에 연구가들은 도곤족의 선조들이 지구 이외의 다른 곳을 통해 천문학에 관한 지식을 전수받은 것이라 추측하고 있다. 도곤족은 전설 속에서 외계인을 '놈모스'라고 부르며 한 척의 방주를 타고 지상에 내려왔고 우레와 같은 소리를 내며 불을 일으킨다고 묘사했다.

놈모스는 외관이 부분적으로 물고기와 비슷하고 주로 바다에서 사는데 이는 고대 바빌로니아의 오안네스, 수메르의 엔키라는 전설 속의 종족과 상당히 흡사하다. 또 아시아 창조설화에 등장하는 태호복희의 아내 여와와 고대 이집트의 이시스 여신, 그리고 고대 인도의 비슈누와 그리스 신화에 나오는 반인반어 해신 트리톤 등을 연상시킨다. 인간과 양서류, 파충류의 잡종을 연구한 학자들은 이 신들이 오리온 성단과 시리우스 행성에서 온 외계 우주 생명체들과 관련돼 있다고 주장한다. 최근 오리온 성단과 시리우스의 배열 및 공전 궤적이 지구 곳곳에 남아 있는 고대 문명 유적지들의 배치와 일치한다는 것이 밝혀져 이 주장을 뒷받침하고 있다. 이집트의 기자 피라미드, 중국 서안 피라미드, 페루의 거대한 나즈카 라인 등이 바로 그것이다. 최근 밀교 신봉자와 신비주의자들이 폭로한 외계 문명 관련 자료 또한 외계인이 인류의 역사와 밀접한 관련이 있다는 사실에 힘을 더해 주고 있다.

결국 은하계의 수많은 행성들에 인간과는 다른 모습을 한 외계 문명이 존재하며, 이들은 인간보다 월등한 능력을 지니고 다차원의 초고도 문명을 이루었다는 것이다. 지구 생명체는 이들에 의해 창조되고 관리되어 왔으며 은하계의 세력 다툼 속에서 지구의 운명이 결정되었다고 주장하는 이들이 늘고 있다.

지난 22년간 미 육군의 비밀 조직에서 복무했던 클리포드 스톤은 1998년 그가 수집했던 57종의 각기 다른 외계 생명체들에 관해 발표했다. 그의 이야기에 따르면 현재 지구에 가장 많이 존재하는 종족은 오리온 성단에서 온 키가 큰 그레이인과 이들의 근로계층인 작은 그레이인이라는 것이다. 그 다음은 외계 행성에서 이주한 파충류로, 이들은 지구 초창기부터 현재까지 지구 밑에서 살고 있다고 한다.

최초로 외계인을 묘사한 그노시스 문서

1945년 12월 8일, 이집트 럭소에서 북서쪽으로 100km 떨어진 나그 하마디 동굴에서 양피지 문서가 발견되었다. 학자들은 이 문서가 1600년 전 고대 그노시스 종파가 기록한 교리집이라고 밝혔다. 4세기경 그노시스 종파는 로마제국이 종교학자들을 동원해 새로 기술한 성경이 사실을 왜곡했다며 인정하지 않았다. 그 이유로 국교에 도전하는 첫 이단자들로 낙인찍혀 엄청난 박해를 받았는데 온갖 협박과 고문을 당하다가 결국 서서히 밀교로 전락하고 말았다.

그노시스 문서

발견된 문서가 외계 생명체에 대해 기록한 최초의 문서라는 것이 알려지면서 전 세계를 놀라게 했다. 이 문서에 따르면 고대 그노시스 성직자들은 카발라 비술을 행하며 여러 가지 초능력을 발휘했는데 이 특별한 능력은 '시디스'라고 불렸다. 그들은 이 능력을 통해 영혼들과 대화를 나누기도 했고 인간의 5감을 뛰어넘어 자신들의 육신이 있지 않은 장소에서 벌어지는 일을 보고, 듣고, 느낄 수 있었다. 시디스를 이용하면 시간과 공간의 개념을 초월했고, 이를 사용했던 그노시스의 선지자들은 과거와 미래의 일을 정확히 예측할 수 있었다고 한다.

문서에는 그들이 시디스를 사용하는 과정에서 외계 존재와 접촉했다고 기술되어 있는데 지구인들에게 접촉해 온 외계인들은 먼 우주에서 온 것이 아니라 태양계에 살고 있으며 이름

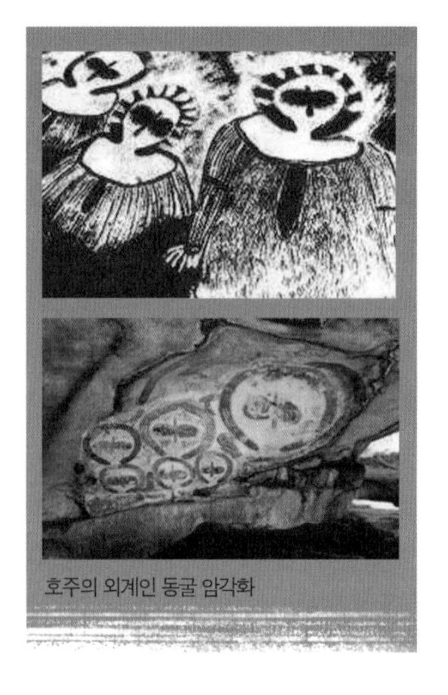
호주의 외계인 동굴 암각화

은 '아콘'이라고 불린다. 아콘은 지구가 생성되기 전부터 태양계에 존재한 생명체들로 지구가 형성되자 지구에 침입했다. 인간이 자연스럽고 정상적인 진화를 통해 우주의 영적 생명체로 성장하는 것을 방해했다는 것이다. 그래서 그들은 인류가 성숙하게 진화되지 않은 시점에 인간이 관리할 수 없는 월등한 과학기술을 전달하여 인간의 탐욕을 키우고 서로 반목하도록 조장했다. 그들이 최종적으로 원하는 것은 인류가 과학기술을 남용하다 끝내 자멸하는 것이라고 한다.

그노시스 문서에 등장하는 아콘은 신생아나 태아의 모습 또는 용, 파충류 등의 모습을 하고 있다. 이 또한 오늘날 목격된 외계인의 전형적인 형상과 흡사하다. 고대 선지자들은 인류가 뛰어난 생명체인 것을 극도로 시기한 아콘이 인류를 멸망시키려 하고 있으며, 우주의 여러 신들이 이런 악행을 감시하고 인류를 보호한다고 믿었다.

아콘은 거짓된 교리와 이데올로기를 전파해 인류가 고통스럽게 사는 것을 즐겼으며 그렇기 때문에 인간은 계속 윤회의 과정을 되풀이하며 자신의 진정한 모습은 영혼이라는 사실도 모른 채 살아왔다는 것이다. 이에 그노시스 성직자들에게 능력을 준 여신 소피아와 다른 여러 신들은 인간을 진정으로 위하고 자연적인 진화를 도와 우주적인 존재가 되도록 하고 있다. 인류가 서로 존중하고 사랑하며 인간의 본래 모습을 깨닫기를 바라기 때문에 과거 아틀란티스 문명 때나 대홍수 때처럼 인류가 한꺼번에 멸망하는 일은 더는 없을 것이라고 이 문서는 전한다.

그노시스 문서의 아콘과 고대 신화 속에 비슷한 형상으로 전해온 미지의 생명체들…. 그들은 과연 실재로 존재하는가? 그렇다면 그들을 둘러싼 인류의 비밀은 진정 외계에 있는 것일까? 인류의 문명 이전에 남겨진 이해 불가능한 초고도 문명의 흔적과 신화가 우리의 시선을 우주로 향하게 한다.

호주 원주민 신화에 등장하는 UFO와 외계인

호주에는 원주민들이 동굴에 남긴 암각화가 10만 종 이상 발견되었다. 고고학자들에 따르면 이는 원주민들이 4만 년 넘는 오랜 세월 동안 동굴 벽에 조상의 모습을 새기고 종교적으로 숭배해 왔기 때문이라고 한다.

호주 원주민들은 그들의 조상이 외계인이라고 믿는다. 창조 신화를 보면 그들의 조상은 날아다니는 카누를 타고 다녔으며 그 카누는 거대하고 빛이 나며 바다 위를 날아다녔다고 한다. 어느 날 붉은 달걀같이 생긴 거대한 카누 중 한 대가 지상에 추락했다. 카누에는 어른들과 아이들이 있었는데 어른들은 지구 대기에 적응하지 못해 모두 죽고 아이들은 지구 환경에 적응해 살기 시작했다. 아이들은 조상들을 기리며 동굴에 상형문자로 기록했다. 그들이 타고 온 달걀은 세월이 지나면서 부식되어 사라졌고, 하얗던 피부도 오랫동안 태양에 노출되어 오늘날처럼 짙게 변했다. 그들이 오늘날 호주 원주민들의 조상인 것이다.

호주 원주민들은 그들의 창조자가 오늘날 사람들이 삶을 살아가는 현실적인 세계 이외에 '꿈의 시대'라고 불렸던 세계도 함께 만들었다고 믿었다. 꿈의 시대는 오래전 지구의 거인들이 살았던 시기로, 현재 인간이 살고 있는 세상 이전의 세상이다. 그리고 그들의 조상이자 창조자들은 하늘과 땅을 오르내리며 살았다고 한다. 호주 원주민들이 남긴 암각화에는 이외에도 세계 전역에서 목격되는 커다란 머리에 아몬드형 큰 눈을 가진 그레이 외계인 등 다른 종류의 외계인도 그려져 있다.

아프리카 도곤족과 호주 원주민의 전설이 사실이라면 외계인들은 지금 지구의 어디쯤에 있는 것일까? 혹 주위에 우리와 똑같은 얼굴과 모습을 하는 수많은 이들 중에 외계 생물체가 있는 것은 아닐까?

올해 안에
장가가게
해 주세요~

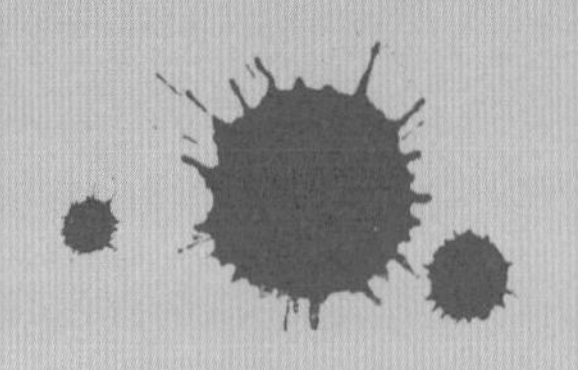

UFO를 목격한 사람들이 증가한다

19세기 말, 알 수 없는 비행물체가 목격되기 시작했다. 2차 세계대전 중에는 유럽과 태평양 상공에서 나타나 기이한 조명을 발산하는 정체불명의 금속 비행물체라는 의미의 '푸 파이터'로 불리기도 했다. 1947년 로즈웰 사건(뉴멕시코 주 로스웰에 UFO가 추락해 잔해와 외계인 사체가 수거된 사건) 이후 곳곳에서 본격적으로 목격되기 시작한 괴비행물체, 우리는 이를 UFO라 부른다. 이러한 미확인 비행물체들이 무엇 때문에 왔는지, 누가 조종하고 있는지 관심은 점점 증폭되지만 그 실체는 여전히 미궁 속을 헤매고 있다.

롱비치 상공에 나타난 산타클로스 UFO

미국 캘리포니아 주 스턴스에 사는 마이크는 2004년 12월

25일 밤 10시, 하늘에 떠 있는 정체불명의 물체를 목격했다. 이 비행물체는 이후 12월 25일에 나타나 선물로 보이는 기괴한 물질을 도심에 떨어뜨렸다고 해서 산타클로스 UFO라는 별칭을 얻게 되었다. 마이크는 롱비치의 성탄절 만찬에 참석했다가 집으로 돌아오던 중이었다. 사실 그는 2002년에도 운전을 하면서 UFO를 목격한 적이 있다. 처음 목격했던 UFO는 검은 삼각형 모양에 모서리마다 불이 켜져 있다.

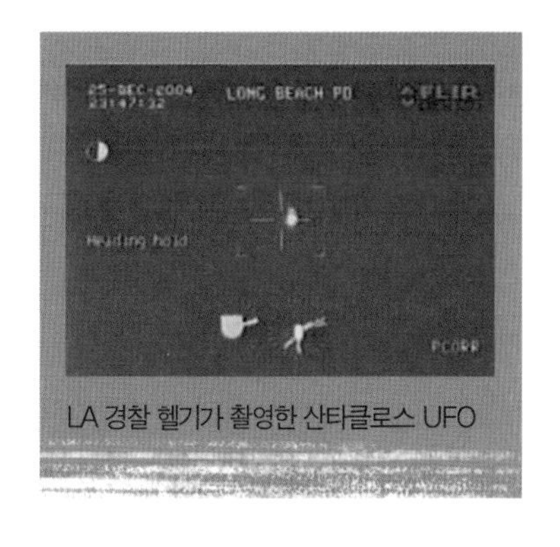

LA 경찰 헬기가 촬영한 산타클로스 UFO

그와 비슷한 모습의 UFO를 또다시 발견한 마이크는 12m 주택가 상공에 UFO가 떠 있는 것을 보고 차를 세웠다. UFO를 계속 주시했지만 주위는 그저 고요했다. 더 자세히 보기 위해 차를 몰자 그의 움직임과 생각을 감지한 듯 UFO는 금세 자취를 감춰버렸다. 그는 UFO가 나타난 지점이 민간 항공기만 다니는 롱비치 공항 근처라는 점에서 군용기는 아닐 것이라 생각했고, 즉시 UFO 신고센터에 제보했다.

그런데 사실 같은 밤 11시경 롱비치 경찰국에서도 UFO의 움직임을 감지했다. 육안으로 보이지 않고 레이더에도 잡히지 않던 비행물체가 적외선 카메라에 포착된 것이다. 멀리서 이를 촬영한 헬기 조종사들은 UFO가 지상으로 무언가를 계속 떨어뜨리고 있는 것을 발견했다. UFO에서 몇 분간 방출된 괴물체는 공기 중에서 산화하듯 없어졌다. 이 UFO 역시 경찰 헬기가 가까이 접근하자 기존의 어떤 비행물체와 비교할 수 없는 무척 빠른 속도로 구름 가운데 사라졌다.

호수 바닥에서 발견된 킨로스 사건 UFO

1953년 11월 23일 밤 11시 22분, 미국 미시간 주 킨로스 공군은 F-89 스콜피온 전투기를 출격시켰다. 기지 관제소 레이더에 정체불명의 괴비행물체가 포착됐기 때문이다. 필릭스 몬클라 중위와 레이더 장교인 로버트 윌슨 중위가 탑승한 전투기는 11시 55분경 갑자기 무전이 끊기고 사라졌다. 수페리어 호수 상공을 비행하는 UFO를 발견한 직후였다. 레이더 기록에서 전투기와 UFO가 하나로 겹쳐진 뒤 흔적도 없이 사라진 것이다.

기지 당국은 전투기가 추락했다고 추측하고 현장에 구조대를 급파했다. 그러나 호수 주변을 샅샅이 수색한 결과 비상시 탈출했을 조종사들은 물론이고 추락한 전투기의 잔해조차 발견할 수 없었다. 계속된 수색작전은 실종 전투기를 찾지 못한 채 끝내 실패했고, 이후 50여 년 동안 '킨로스 사건'은 미스터리로 남겨졌다. 당시 킨로스 사건을 수사했던 미 공군은 전투기가 캐나다 공군 수송기와 충돌했을 가능성을 제기한 바 있다. 그러나 캐나다는 그 지역을 비행한 수송기가 없다며 상반된 주장을 했다.

그리고 2005년 여름, 수중 탐사회사 그레이트 레이크 다이

브의 원격조종 잠수 탐사선이 76m 수심에 잠겨 있던 전투기를 발견하면서 주목을 받기 시작했다. 발견된 F-89 전투기는 요격을 당해 추락한 듯 보였는데, 놀랍게도 탐사선은 인근에서 원반형 UFO를 함께 발견했다. UFO의 외관은 전혀 손상되지 않았고 호수 바닥을 긁으며 추락한 것으로 보였다. 전투기 역시 상공에서 추락했는데도 불구하고 동체가 온전한 모습을 하고 있었는데, 촬영 화질이 선명하지 않아 조종사들의 유해는 확인할 수 없었다.

다이브 사는 UFO가 혹시 전투기의 잔여물이 아닌지 의심했지만 원형과 대조해 본 결과 전투기와 별개의 물체임을 밝혀냈다. 결국 UFO로 간주되어 이 사건은 캐나다 정부에 보고되었다. 정부는 다이브 사에 발견 지점의 GPS 좌표를 요구했지만 거절당했다. 결국 정부는 미 해양경비대를 비롯한 정부 관계자 없이 캐나다 수역에서 무단으로 탐사선을 띄우지 못하도록 조치했다. 다이브 사는 독자적으로 인양 작업을 하려다 시간이 지연되자 모든 내용을 인터넷에 공개했다.

UFO에 공격당한 브라질 콜라레스 섬

1977년 8월, 브라질 콜라레스 섬에서 35명의 주민들이 괴물체로부터 공격을 받은 사건이 발생했다. 놀랍게도 공격을 가한 것은 여러 대의 UFO로 그 크기와 생김새가 각양각색이었고 광선을 발사해 사람들을 공격했다. 이것은 가장 많은 사람들이 UFO에게 공격당하고 피해를 입은 사건으로 기록됐다.

브라질 동북부 아마존 강 유역에 위치한 콜라레스 섬은 주민, 2천여 명이 평화롭게 살고 있었다. 그 해 8월 초부터 섬 주민들은 밤마다 도깨비불 같은 작은 발광 물체를 목격하기 시작했다. 주민들은 그 정체가 궁금했지만 아무런 해도 끼치지 않아 대수롭지 않게 생각했다.

어부였던 마노엘 필호는 여느 때와 다름없이 고기를 잡으러 동료들과 함께 바다로 나갔는데 배에 도착하기 직전 우산처럼 생긴 UFO가 해변 4m 상공에 떠 있는 것을 보았다. UFO는 희뿌연 광채를 빛내며 마노엘 일행을 향해 조용히 다가왔다. 그러더니 UFO의 조명이 점점 흐려지다가 꺼졌다. 그리고 이내 UFO는 어부들 머리 위로 날아갔다. 일행은 UFO가 지나치게 가까웠던 것을 의식해 주민들에게 조심하라고 전했다. 같은 날 밤, 역시 섬 주민인 74세 노인 자카리아스 바라타도 UFO를 보았다. 그녀는 오렌지색 광채를 내는 UFO를 목격했는데 다음 날에는 파란색 UFO가 마을 축구장 상공을 날다가 숲을 향해 날아가는 것도 보았다.

마을의 이발사 칼로스 데 파울라 역시 늦은 밤 담배를 피우다 불덩이 같은 소형 UFO가 열린 문을 통해 집 안에 들어온 것을 보고 소스라치게 놀랐다. 문제의 불덩이는 칼로스의 몸을 마비시켰다. 그리고 그의 몸을 검사하듯 비행하다가 칼로스가 비명을 지르자 이내 공기 중으로 사라져버렸다. 그는 이웃들에게 문제의 비행물체가 자신의 동맥을 찾는 듯한 느낌을 받았다고 말했다. 이에 주민들은 UFO의 출현이 너무 잦아지자 불안한 마음에 문단속을 철저히 했다. 그날 이후 UFO는 밤마다 마을 상공에 나타나 서치라이트처럼 밝은 조명을 마을에 비췄고 주민들은 경찰과 군에 신고했지만 보호받지 못했다.

그러다가 10월, UFO가 주민들을 본격적으로 공격하기 시작했다. 10월 20일, 세 명의 여성이 가슴에 광선을 맞아 화상을 입었고, 29일에는 집에 숨어 있던 주민까지 창문을 통해 광선 습격을 받아 실신하는 사건이 발생했다. 주민들의 증언에 따르면 광선을 맞은 주민들은 UFO가 자신들의 피를 빨아들이는 것처럼 느꼈다고 한다. 광선을 맞자마자 몸의 핏줄이 살갗으로 올라오는 듯한 체험을 했다는 것이다. 그 후 주민들은 밤에 큰 횃불을 지피고 UFO가 나타나면 폭죽

을 터뜨리고 쇠그릇 등을 두드리며 마을을 경비했다. 하지만 오히려 UFO는 횃불이 있는 장소를 향해 더욱 무서운 공격을 가했다.

1977년 11월, 부상자는 35명으로 늘었고 피해자들은 공통적으로 극심한 두통과 멀미, 그리고 몸이 떨리는 증상을 경험했다. UFO의 광선을 맞은 피해자들의 상처에는 작은 구멍이 뚫려 있었는데 피해자들은 UFO가 피를 빼앗아간 것 같다고 말했다. 일부 주민은 방사능 오염 증세를 보이기도 했는데 피해자들 중에는 머리카락이 완전히 빠진 사람들과 심지어 몸에 구멍이 여덟 개나 있는 사람들도 있었다. 의료진이 한 피해자를 정밀 검사한 결과, 불과 하루 사이에 300ml의 피가 없어진 것을 확인했다.

사건 당시 어떤 이들은 공포에 질려 도주를 하다가 다치기도 했는데 이중 일부는 마을을 떠나 다시는 돌아오지 않았다. 주민들의 탄원을 접수한 브라질 정부는 공군 관계자들을 마을로 보내 조사했고, 조사팀은 네 시간 분량의 동영상과 UFO 사진 수백여 장을 촬영하는 데 성공했다. 헬리콥터를 타고 UFO를 쫓은 공군 병사들은 UFO가 밝은 광선을 발사하자 헬리콥터에 이상이 생기는 것을 느껴 바로 착륙했다. 군인들이 개입하자 UFO는 더는 마을에 나타나지 않았다. 이에 브라질 군은 여전히 경계를 늦추지 않고 만약의 충돌 사태에 대비하고 있다.

미국에서 근접 촬영된 선명한 UFO

2007년 5월 7일, 미국의 유명한 초현상 라디오 쇼 〈코스트 투 코스트 AM〉은 '차드'라는 청취자의 사진들을 공개했다. 2007년 4월 집 근처 숲 상공에 떠 있는 기이한 비행물체를 직접 촬영한 사진들이었다. 차드는 지난달 부인과 함께 공원을 산책하다 이상하게 생긴 커다란 UFO가 하늘에 떠 있는 것을 우연히 목격하고 부인의 휴대폰 카메라로 촬영했다. 며칠 뒤 이웃에 사는 친구와 함께 카메라를 가지고 다시 현장을 찾은 차드는 전에 본 것과 똑같은 모습의 UFO를 또 목격하고 근접 촬영하는 데 성공했다. 거의 소리 없이 떠 있던 UFO는 눈 깜빡할 사이에 시야에서 사라졌다.

그는 이 괴상한 UFO가 무엇이고 왜 이곳에 왔는지 궁금하게 여겨 전문가들에게 조언을 요청했다. 세상에 태어나서 처음으로 UFO를 목격한 그는 마음이 무척 혼란스럽다며 지금은 사진을 촬영한 지점을 공개하지 않는 것이 좋겠다고 말했다.

차드가 촬영한 무인 항공기

UFO 밑에 쓰인 기이한 문자

네티즌들은 만약 차드의 설명이 모두 사실이라면 이처럼 가까이 접근해 선명하게 UFO 선체를 촬영한 것은 처음이며 놀라운 사건이라고 말했다. 어떤 이들은 혹시 이 비행물체가 미 공군이 실험 중인 차세대 무중력 무인비행기(UAV, Unmamed Aerial Vehicle)가 아닌가 하는 의문을 제기하기도 했다.

차드가 사진을 공개한 이후, 미국 네바다 주 레이크 타오에서 동일한 모습의 UFO가 또 촬영돼 화제가 됐다. 이 UFO를 촬영한 익명의 여인은 다음과 같은 사연을 인터넷에 사진과 함께 공개했다.

2007년 5월 4일, 남편과 레이크 타오로 여행 가서 월요일까지 지낸 그녀는 토요일 오후 7시경 UFO를 목격했다. 자동차에 가서 스웨터를 가져오다 근처 나무 위를 비행하는 기이한 모습의 물체를 발견했는데 당시 이 물체는 느리게 회전하며 움직이고 있었다. 카메라로 촬영하고 싶었지만 카메라를 산장에 두고 와 휴대폰으로 촬영했는데 UFO가 지붕 뒤로 날아가버리자 남편에게 나와보라고 소리쳤다. 남편과 함께 집 뒤로 가본 여인은 UFO가 나무 뒤로 비행하는 것을 보았는데 차를 타고 UFO를 쫓아가려고 했으나 이미 사라지고 말았다. 그녀는 UFO가 거의 소음을 내지 않았지만 약간의 진동을 느꼈다고 말했다. UFO는 일직선으로 비행했으나 헬리콥터나 비행기처럼 날지는 않았다고 한다.

이 UFO는 2007년 5월 16일, 미국 캘리포니아 주 캐피톨라 상공에 또다시 출현했다. 약혼자의 집을 방문해 그녀의 부모와 함께 뒤뜰 식탁에 앉아서 저녁식사를 하던 라즈맨은 하늘

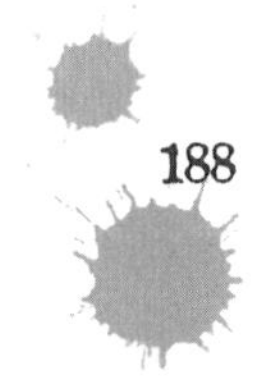

에 이상한 물체가 떠 있는 것을 발견했다. 당시 카메라를 가지고 있어서 여러 장의 사진을 촬영할 수 있었는데 괴비행물체가 지붕 뒤로 날아가자 이를 쫓아 집 앞으로 달려나갔다. UFO는 전신주 근처를 비행하다가 일순간에 하늘 높이 올라가는 것을 목격했다. 그는 UFO가 대기권으로 사라진 뒤 한동안 손이 떨렸다고 한다. 신문에 제보한 그는 신문사로부터 아무런 응답도 받지 못했고, 영어와 인도어에 능숙하지만 UFO 선체 밑에 쓰여진 글자들의 의미는 모르겠다고 말했다. 이 비행물체의 정체는 과연 무엇인가?

최근 브라질 레콘카보 바이아노의 사탕수수밭에 UFO 한 대가 추락했고 21일 새벽 324국도를 통해 살바도르에서 110km 거리인 페이라 데 산타나시로시로 특별 수송되던 것이 카메라에 포착됐다. 대형 화물 트럭에 비밀스럽게 실려가는 물체가 UFO가 맞다면 우리는 UFO의 미궁에서 한 발 더 빠져나갈 수 있을지도 모른다. 그러나 진위 논란이 거듭되는 가운데 브라질 당국은 공식 해명을 피하고 있어 사건의 진실이 언제쯤 밝혀질지는 알 수 없다.

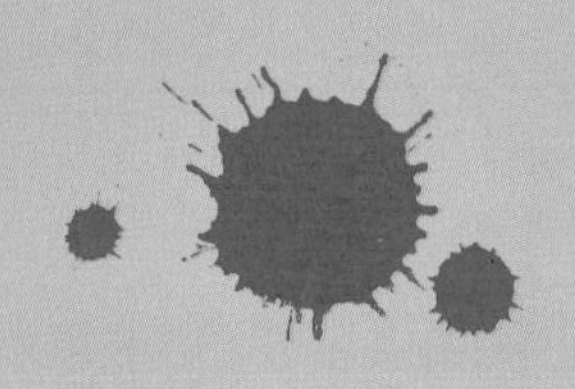

외계인을 만난 사람들

외계인을 만나거나 납치된 경험을 들어보면 서로 알지 못하는 사람들임에도 불구하고 증언 내용이 매우 유사하다는 것을 알 수 있다. 그 중에는 평소 외계인이나 UFO에 관심이 많은 사람들도 있지만 대다수의 사람들은 아무런 이유나 계기 없이 갑자기 외계인과 접촉했다. 그들은 정신적인 충격으로 일상생활을 제대로 하지 못한다고 호소하기도 한다.

별난 외계인에게 계속 납치된 블라디슬로프

폴란드 남서부 레그니카시에서 자영업을 하는 블라디슬로프는 2000년부터 특정한 외계 종족에게 수차례 납치를 당했다고 주장했다. 레그니차 UFO 연구 클럽의 그레제고르즈 도만스키는 최근 최면시술을 통해 그를 조사하게 됐고 이 과정에서 놀라운 사실들이 밝혀졌다. 엑스레이 촬영 결과 블라디슬로프의 두개골과 엄지손가락 피부 속에는 알 수 없는 단단한 물체들이 있었다. 또한 최면술로 납치 당시의 기억을 상세히 복원했다.

레그니카시에서 작은 가게를 운영하는 블라디슬로프는 가게에서 몇 킬로미터 떨어진 교외에서 매일 6시쯤 자동차로 출근한다. 납치는 늘 같은 패턴으로 진행됐는데 퇴근 시간에 맞춰 가게 문을 닫고 차를 타기 위해 밖으로 나오면 외계인들이 기다리다가 납치하는 것이다.

블라디슬로프가 하늘에 무언가 떠 있는 것을 느끼고 위를 보면 마을 전체보다 더 거대한 타원형의 UFO가 파란색 빛을 발사하며 그를 납치했다. 순간 시간이 멈춘 듯 아무도 그 광경을 목격하지 못했다. 그의 몸은 푸른빛에 휩싸이며 경련을 일으키고 마비된 채 상공의 UFO로 옮겨졌다.

그리고 푸른빛이 가득한 긴 통로를 지나 작은 방으로 이동하면 그와 키가 비슷한 외계인 두 명이 기다리고 있다. 외계인들은 머리부터 발끝까지 금속제 의상으로 가리고 장갑을 끼고 있었다. 그들은 블라디슬로프를 데리고 다른 방으로 갔는데 발에 바퀴가 달린 듯 자연스럽게 미끄러지며 이동했다. 블라디슬로프는 자신이 자기 의지로 걷는 것이 아니라 외계인들이 자신의 마음을 조종해 함께 걷고 있다고 느꼈다. 외계인들에게 이끌려 간 곳은 사방이 장비와 기계로 장치된 큰 타원형 방이었다.

그는 치과의 치료의자 같은 곳에 앉혀졌고 프로그램된 듯 의자가 위 아래로 작동하며 각종 검사가 시작되면서 외계인들이 분주해졌다. 검사를 받는 동안 블라디슬로프는 누군가 몸을 뚫는 것 같은 느낌을 받았다. 그리고 그때 형체는 없으나 "걱정 마시오. 당신은 괜찮을 것이오"라는 음성을 들었다. 외계인들은 홀로그램 영상으로 블라디슬로프에게 지구의 자연 생태계와 세계 정치, 그리고 인류가 지구에 왜 존재하는지 등에 관해 설명했는데 교육이 끝나면 그는 복도에 혼자 서 있게 된다. 그 순간 블라디슬로프는 집 옆 들판에 서 있는 자신을 발견하게 되고 긴 시간이 흘렀지만 전혀 그렇게 느끼지 못했다.

그는 2000년부터 2001년까지 2년간 거의 매주 납치를 당했는데 2003년은 한 달 간격으로 횟수가 줄더니 몇 해 전부터는 외계인이 나타나지 않는다고 말했다. 그는 자신의 몸에 이식된 소형 물체를 제거하면 외계인들이 싫어하거나 다시 나타날까봐 두렵다고 했다. 납치 체험 이후 그는 성격이 변했는데 UFO나 세상의 여러 가지 일들에 관심이 사라졌고 활달하고 정력적이던 성격은 온데간데없어졌다고 한다.

블라디슬로프는 1980년대 중반부터 시간을 뛰어넘는 경험을 하고 주변 가전기기들이 스스로 작동하는 등 초현상을 체험하고 수차례 UFO와 관련된 꿈을 꾸었다고 한다. 잠에서 깨어나면 몸에는 아무 상처도 없었지만 베개에 작은 핏방울이 떨어져 있기도 했다고 말했다.

블라디슬로프를 비롯한 외계인에게 납치된 여러 사례들을 연구하는 도만스키는 모든 외계인 종족들이 지구인들에게 평화롭고 호의적이지는 않으며, 일부는 인류에게 극도로 위험한 적대자일 수 있음을 경고했다.

외계인의 금속칩을 제거해 주는 로저 리어

미국 캘리포니아 주 다우전드 오크스에 독특한 외과의사 로저 리어가 있다. 리어 박사는 외계인들에게 납치됐던 피해자들의 몸에 몰래 삽입된 초소형 금속칩을 찾아 제거해 준다. 2006년, 그는 외계인이 간호사의 오른발 셋째 발가락에 삽입한 금속물체를 찾아 제거하는 수술을 했다. 피해자는 엑스레이를 통해 정체불명의 금속 물체를 발견했지만 도저히 정확한 위치를 찾을 수 없어 박사를 찾아온 것이다. 정밀한 단층촬영과 발가락에서 발신되는 전파를 탐지기와 전자기장 검사기로 검사하면서 위치를 확인한 박사는 길이가 6mm인 작은 금속 막대를 발가락에서 제거했다. 박사는 환자들의 몸에서 발견되는 이 금속칩들이 외계인에 의해 이식된 것이 분명하다며 이런 경우 피해자들은 수술을 받는 것이 좋다고 권한다.

2003년에 제거 수술을 받은 브렌다의 사연도 독특하다. 브렌다는 혼자 자고 있는 방 안에 괴상한 물체가 들어와 자신을 납치하는 꿈을 여러 차례 꾸었다. 잠을 자다가 가위에 눌린 듯 몸이 움직이지 않는 상태에서 깨어나 눈을 뜬 브렌다는 사마귀 같은 생물체가 자신의 목을 조르는 것을 보았다. 그녀는 무슨 짓이냐며 소리쳤고 괴생물체는 잠을 깨우려 하는 것이라고 대답했다. 처음에는 악몽이거나 가위에 눌린 것이라 생각했지만 다음 날 아침 목을 졸린 자국을 발견하자 혼란스러워졌다. 그 후 계속 반복되는 경험을 하던 그녀는 치과에서 치료를 받다가 입속에 있던 정체불명의 물체를 발견하게 되었다. 의사는 작은 쇠붙이 같다고 말했지만 그녀는 언제 어떻게 잇몸 안에 들어갔는지 알 수 없었다. 이후 브렌다는 리어 박사를 찾아가 그 쇠붙이를 제거했다.

그녀의 몸에서 빼낸 쇠붙이는 이전 환자들의 몸에서 나온 것과 비슷했는데 칩같이 생겼으며 외계의 나노기술로 만들었는지 배터리 없이 영구 작동하는 기계로 확인됐다. 이것은 현재 지구의 기술로는 만들 수 없는 것이다. 연구원들은 거의 무게를 느낄 수 없는 전자칩에서 계속해서 전파가 발신되는 것을 보고 전자칩의 제조 과정을 거꾸로 추적해 해독하기 시작했다. 과학자들은 피해자들의 몸에 칩이 삽입될 때 어떤 흉터나 고통도 없었던 점으로 보아 그들의 의술이 상당히 앞섰을 것이라고 짐작했다. 리어 박사와 일부 과학자들은 전자칩의 용도가 피해자들이 체험한 모든 것을 외계인에게 보고하고 그들의 지시를 받기 위한 것이라고 가정했다.

외계인과 관계를 맺었다고 주장한 피터 코우리

외계인에게 납치됐다고 주장하는 사람들 중에는 생식기와 관련된 생체실험을 당했다는 사람도 많다. 외계인들은 남성에게서는 정자를, 여성에게서는 난자나 태아를 가져가는 것으로 알려졌다. 호주의 한 남자는 여성 외계인에게 납치돼 강제 성추행을 당했다고 주장해 화제가 되었다. 피터 코우리라는 이 남자는 19년 동안 외계인들에게 여러 차례 생체실험을 당했다고 한다.

어느 날 그는 잠을 자다 몸이 갑자기 움직이지 않아 눈을 떴는데 주변에 여러 사람이 서 있는 것을 보고 소스라치게 놀랐다. 검고 큰 눈의 그 생명체들은 손에 긴 바늘을 들고 서 있

외계인을 만났다는 피터 코우리

었다. 그러다가 갑자기 피터의 머리 옆으로 바늘을 집어넣고는 그를 기절하게 만들었다. 얼마 후 정신을 차린 그는 가족들을 깨웠지만 아무리 깨워도 아무도 일어나지 않았다. 다행히 가족들은 몇 시간 후에 깨어났다고 한다.

1992년 7월 23일, 그는 자다가 인기척에 눈을 떴는데 벌거벗은 두 여인이 그의 옆에 앉아 있었다. 한 명은 파란 눈의 금발이었고 다른 한 명은 동양인이었다. 여인들은 얼굴이 길고 뾰족한 턱에 눈알이 보통 사람보다 두세 배는 컸고 공포영화에나 나올 만한 무서운 얼굴이었다. 금발 여인은 키가 2m가 넘는 거구였는데 피터의 머리를 자신의 가슴으로 끌어당겼다. 저항하던 피터가 여인의 유두를 물어 살점 일부가 찢어졌는데, 놀랍게도 여인은 피 한 방울 흘리지 않았으며 고통을 느끼지도 않는 것 같았다. 오히려 여인의 살점을 삼킨 그가 기침이 계속 나왔으며 고통스러웠다.

여인들이 사라진 후 피터는 기침을 멈추려고 물을 마신 후 화장실에서 소변을 봤는데 성기에 엄청난 고통이 느껴졌다. 그의 성기에는 금발 여인의 머리카락이 감겨 있었다. 그는 이를 전문가에게 가져가 DNA 검사를 맡겼다. 그 결과 머리카락은 금발인데도 아시아계로 무척 희귀한 몽골 유전자를 가진 것으로 판명됐다. 머리카락의 기둥이 희귀 아시아계 DNA인 데 반해 뿌리 부분은 바스크족이나 게일족 DNA를 포함하고 있었다. 이 결과에 대해 전문가들은 피터가 만난 인물이 고대 문명기 사람일 것으로 추측했다. 왜냐하면 바스크의 지방 신화에 피터가 묘사한 외모와 비슷한 '마리'라는 이름의 여신이 등장하고, 게일족에도 '투아타 데 다난'이라는 이름의 여신이 있었기 때문이다. 특히 투아타 데 다난은 하늘에서

날아온 사람들이란 의미로 의학과 통신 등을 가르쳐주거나 농부 및 양치기로 활동했다. 그들의 지도자는 에리우라는 여인이었는데 키가 장신이고 아름다운 금발에 파란 눈을 가졌다. 피터와 만난 여인과 흡사한 모습이었다. 그는 자신이 왜 이런 일을 겪었는지 알 수 없다고 했다. 오늘날 세계 곳곳에서 외계인과 접촉하는 사람들 역시 모두 그와 비슷한 상황이라 우리는 더욱 궁금해질 수밖에 없다.

최근 사람이나 동물의 몸에 전자칩을 이식하는 서비스가 현실화되고 있다. 이 같은 사실은 외계인과 인류의 과학기술 격차가 점차 좁혀지는 것을 의미하는 듯하다. 그러나 혹시 이런 기술들조차 그들이 우리에게 전수해 준 것은 아닐까? 철저히 그들에 의해 주도된 비밀스런 접촉의 기록이 이런 의문을 남길 뿐이다.

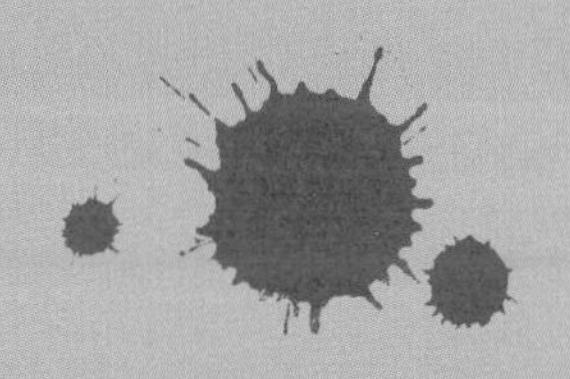

지구인을 납치하는 이유는 무엇인가

외계인들과 접촉했다는 경험담을 보면 대체로 두 가지로 나뉜다. 우선 긍정적이고 호의적인 만남인데 어떤 사람들은 외계인으로부터 초대받아 UFO를 타고 지구 곳곳과 우주를 여행하고 돌아오기도 한다. 반면 부정적이고 적대적 만남도 있는데 길을 가거나 잠을 자던 중 강제로 납치되어 생체실험을 당하는 끔찍한 체험을 하기도 한다.

우주 행성의 지구 통신원, 미첼 자매

1957년 5월 13일, 미국 미주리 주 세인트루이스의 한 커피숍에서 헬렌과 베티 미첼 자매는 외계인이라고 주장하는 두 남자를 만났다. 그들은 자신들이 현재 지구 대기권에 떠 있는 모선에서 내려온 외계인이고 엘렌과 젤라스 형제라고 소개했다. 또한 그들은 미첼 자매를 지난 8년간 지켜봤으며, 미첼 자매는 태어날 때부터 외계의 메시지를 지구에 전달할 메신저로 선택됐다고 했다. 처음에 헬렌과 베티는 이를 농담으로 여기고 웃었지만 이내 심각하게 받아들이기 시작했다. 왜냐하면 그들이 그 증거로 미첼 자매의 어린 시절 사건들을 상세히 말해주었기 때문이다. 가족들만이 알 수 있을 만한 이야기들을 듣자 자매는 그들을 믿을 수밖에 없었다.

엘렌 형제는 미첼 자매에게 우주 사회의 형제애에 관해 이

야기했고 두 시간여 동안 대화를 나누다가 곧 만나게 될 것이라는 말을 남기고 떠났다. 일주일 뒤 같은 곳에서 자매는 자신들을 기다리고 있는 엘렌 형제를 만났다. 그리고 지구 궤도에 떠 있는 모선과 통신하고 화성, 금성 등에 있는 다른 외계인들과 대화를 나눌 수 있는 교신기를 만드는 법을 배웠다. 이후 자매는 6개월간 교신기로 외계인들과 대화를 나눴다.

같은 해 11월 23일, 헬렌은 외계인들의 인도로 일리노이 숲에 착륙한 우주선에 탑승하게 된다. 3m 높이에 직경이 12m 되는 원형 우주선은 약 15분 만에 대기권에 머물던 모선에 도착했다. 헬렌은 모선의 함장으로부터 우주 평화에 관한 이야기를 듣고 집으로 돌아왔다. 몇 주 후 엘렌 형제는 헬렌에게 화성 의회가 미첼 자매와 대화를 나누고 싶어한다는 말을 전했다. 그녀들은 그곳에서 시그트라는 화성인을 만나 핵실험에 대한 긴급 메시지를 받았다. 시그트는 지구 과학자들이 인류 역사상 가장 위험한 물질을 만드는 모든 핵실험 활동을 중지할 것을 촉구했다. 그에 따르면 이미 지구의 모든 생물들은 방사능 잔여물에 오염되었고, 특히 인간의 신체 내부에는 일정량의 방사능 물질이 쌓여 있다는 것이다. 시그트는 지구 전체가 방사능에 오염되어 있어 환생을 해도 고통스럽게 살 수밖에 없을 것이라고 경고했다.

또한 미첼 자매는 지구를 찾아올 사악한 외계 종족에 관해서도 알게 되었다. 그들은 마주치는 인간들이나 동물을 무자비하게 해치거나 납치하여 생체실험을 할 것이라고 했다. 엘렌 형제는 이 사악한 외계인 부류가 마치 타락천사처럼 우주의 가장 높은 절대자의 명령을 거역해 지구 근처 루시퍼란 행성으로 유배된 종족이라고 설명했다. 외계인들의 말에 따르면 지구의 현 문명 또한 처음이 아니며 오래전 사악한 외계 종족은 루시퍼가 폭발하기 직전 탈출해서 지구를 찾아왔다는 것이다. 그들은 아틀란티스에 정착해 과거의 지구인에게 과학 문명을 전달했으며 고도의 과학 문명과 사악한 외계인의 사상에 빠져든 과거 지구인들은 더 이상 우주의 절대자인 신의 말을 듣지 않고 거짓 신을 믿으며 악행을 거듭했다. 지구는 엄청난 공해에 찌들었고 모든 인류가 타락하는 아비규환의 상황이 되자 절대자는 지구를 정화했다. 현재의 인류는 당시 사악한 외계인의 꾀임에 빠지지 않아 생존한 인간의 후손이라고 했다. 미첼 자매가 만난 외계인 트레곤은 그 사람이 성경에 등장하는 노아와 그 가족들이라고 말해 주었다.

그는 현재 인류가 또다시 아틀란티스의 전철을 밟고 있다고 우려했다. 수천 년 전 지구에서 사악한 외계인과 선한 외계인 사이에 전쟁이 일어났고 선한 외계인의 승리로 사악한 외계인은 먼 우주로 쫓겨갔다. 그랬던 그들이 이제 지구를 파멸로 몰아넣기 위해 다시 돌아온다는 것이다. 그들은 자신들의 부정되고 사악한 사상을 지구인에게 주입할 계획이라고 말했다. 먼저 과학기술을 전수해 주며 인류를 노예로 삼고 결국에는 인류가 자멸하게 만든다는 것이다. 엘렌 형제는 이 외계 종족이 지구 문명과 다시 접촉하기 시작했으므로 자신들

이 지구에 평화의 메시지를 전달하고 함께 방어해야만 물리칠 수 있다고 덧붙였다.

그들은 또 TV가 인류를 계몽하여 채식을 장려하고 진실을 교육하는 좋은 역할을 해야 한다고도 했다. 식생활에 대한 언급도 있었는데 미래에는 도살장이 없어질 것이라고 말했다. 그때가 오면 세상의 모든 질병은 완치되고 지구는 아름다운 세상이 될 것인데, 그러면 지구인들은 외계인들과 함께 우주도 여행하고 서로 도우며 풍요롭게 살 수 있다는 것이다.

외계인들과 이야기를 나누고 돌아온 미첼 자매는 이후 신문과 방송사에 그들의 메시지를 기고하고 세계를 돌아다니며 집회를 열었다. 그러던 어느 날 집에 찾아온 괴한들에게 협박을 받은 뒤 미첼 자매는 공개적인 활동을 중단했다. 프랑스로 떠나려고 했던 그들은 위협이 줄어들자 1950년대 후반부터 다시 미국 등지를 순회하며 외계의 메시지를 전했다. 그녀들은 스스로 아름다운 지구를 위한 메신저의 삶을 자처했다.

카리브 해에 추락한 UFO의 마이크로칩

2005년 10월 18일, 미국 미시간 주 디트로이트의 윌리엄 매첸은 동네 커피숍에서 흥미로운 이야기를 들었다. 외계인 동영상에 관한 이야기를 옆 테이블의 대학생들이 하고 있었다. 윌리엄은 그들의 대화에 이끌려 그것이 무슨 동영상이냐고 물어보았다. 학생들은 윌리엄에게 외계인 영상이 수록된 웹사이트 주소를 주었다. 집으로 돌아온 윌리엄은 바로 웹사이

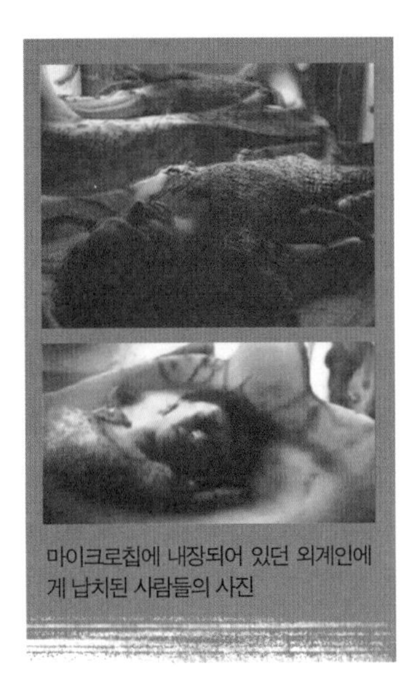
마이크로칩에 내장되어 있던 외계인에게 납치된 사람들의 사진

트를 찾아보았다. 거기에는 동영상과 편지 한 통이 링크되어 있었다. 동영상은 14초 정도의 짧은 분량이었지만 정체불명의 사람들이 테이블에 누워 있는 으스스한 분위기였다. 편지는 러시아어로 쓰여 있었는데 토론게시판에 이를 번역한 글이 올라와 있었다. 편지를 쓴 사람은 러시아의 전직 우주국 과학자로 내용은 다음과 같다.

"저는 러시아 우주국에서 22년간 근무한 과학자입니다. 저는 '케이바트 프로젝트'를 둘러싼 상급자와의 의견 충돌로 얼마 전 사직했습니다. 이 프로젝트는 인류의 안보를 위협할 만한 중요 사안입니다. 러시아 정부는 지구 생명체들의 미래를 바꿀 수 있는 놀라운 물적 증거 자료들을 보유하고 있습니다. 이 자료들은 타 정보와 달리 미국과 함께 공유되고 있습니다. 저는 과학자이자 한 시민으로서 진실을 밝히는 것이 의무라고 생각하기에 이를 공개합니다.

2000년, 시베리아 북부 카라 해에 UFO가 추락했습니다. 당시 그 잔해와 파편들이 수거됐는데 그 가운데 마이크로칩이 발견됐습니다. 마이크로칩의 데이터를 해독한 러시아 우주국은 칩 속의 영상에서 외계인들이 인간을 생체실험하는 장면을 발견했습니다.

현재 저는 생존의 위협을 받고 있습니다. 한때 동지였던 우주국은 이 정보를 은폐하려고 합니다. 국민들은 진실을 알 권리가 있습니다. 그들이 공개하지 않는다면 제가 직접 공개할 수 있는 방법을 찾겠습니다. 여건이 허락되면 그에 대한 영상 클립을 공개하도록 하겠습니다."

이름을 공개하지 않은 이 과학자가 만든 웹사이트는 이틀 후인 10월 20일에 감쪽같이 사라졌는데 그로부터 6일 후, 한 네티즌이 웹사이트를 추적해 그 과학자의 이메일을 찾아내 게시판에 올렸다. 윌리엄은 그 과학자에게 더 많은 정보를 알고 싶다는 메일을 보냈다. 그리고 보름 뒤 답장이 도착했다.

"매첸 씨, 지난해 저는 동료들과 함께 2000년에 추락한 UFO의 잔해에서 마이크로칩을 발견했고 그 안에 저장된 데이터를 해독하는 데 성공했습니다. 동영상의 외계인들은 창백하고 피부가 주름졌으며 손가락이 세 개뿐이었습니다. 그들은 현대 물리학, 생물학, 의학 지식으로는 이해할 수 없는 아주 끔찍한 수술법을 통해 인간을 실험했습니다. 러시아와 미국 정부 관계자들은 이 프로젝트를 비밀에 부쳤고, 보안을 유지하기 위해 프로젝트와 관련된 사람들을 해임했습니다. 안타깝게도 제 동료 중 한 명은 누군가에 의해 살해됐습니다. 저는 이 선택이 옳다고 생각합니다. 우리들은 이 디스크를 공개하고 압력을 넣어 러시아와 미국 정부가 모든 진실을 공식적으로 밝히기를 원하고 있습니다. 제 신분을 증명하기 위해 영상에서 빼낸 사진을 동봉합니다."

동봉된 사진을 본 윌리엄은 동영상이 촬영된 방과 일치함을 확인하고 이 편지를 토론방에 공개했다. 편지의 내용을 토대로 사실을 추적한 네티즌들은 2001년 4월, 실제로 러시아 우주국 과학자들이 반역죄로 누명을 써 체포된 사실을 알아냈다. 그리고 2002년 6월, 모스코바에서 러시아 우주국 과학자 150여 명이 벌인 가두시위가 연구비 인상 요구라고 보도됐다. 그리고 2004년 10월, 미 항공우주국의 션 오키프 국장도 사임했음을 밝혀냈다. 과연 정부와 과학자들 중 어느 쪽이 진실인가?

외계인 사냥꾼의 인간 납치 판별법

미국 텍사스 주 휴스톤의 데럴 심스(58)는 외계인 사냥꾼으로 알려진 UFO 연구가이다. 데럴은 라디오의 초현상 토크쇼에 여러 차례 출연해 외계인들의 인간 납치와 생체실험에 관한 정보를 공개해 화제가 됐다. 그 역시 어려서부터 열 차례나 외계인들에게 납치를 당했다고 한다.

미 육군에서 헌병장교로 복무 후 중앙정보국에서 근무하던 그는 외계인에 관련된 정보들이 은폐돼 있는 것을 발견하고 직접 진상 파악에 나서게 됐다. 그는 국가 안전보장 선서와 국가기밀 준수 서약에 위배되지 않는 범위 내에서 모든 정보를 공개하겠다고 말해 많은 사람들의 관심을 끌었다. 우선 그는 외계인에게 납치됐던 피해자들의 사례를 연구하며 몇 가지 공통된 사실을 알아내 리스트를 만들었는데 만약 의심 가는 상황이 있으면 체크리스트로 사용할 것을 권유했다. 외계인에 의해 피랍되면 전혀 기억할 수 없기 때문에 겪은 일에 대한 정보와 물적 증거를 수집할 수 있도록 스스로 훈련해야 한다는 것이다. 그는 아래와 같은 상황을 여러 번 경험했다면 자신도 모르게 외계인에게 납치됐을 확률이 높다고 말했다.

외계인 사냥꾼 데럴 심스

- 몸에 원인을 알 수 없는 상처나 멍, 화상 또는 긁힌 자국이 있다.
- 손톱과 발톱 밑에 닿은 적이 없는 오물이나 진흙이 끼어 있다.
- 정체를 알 수 없는 옷이나 보석을 착용하고 있거나, 모르는 사이 옷을 뒤집어 입고 있다.
- 깨끗한 옷을 입고 잤는데 깨어보니 옷이 더러워져 있다.
- 방 안에 잎사귀, 잡초, 잔디, 씨앗 등 엉뚱한 것들이 있다.
- 차를 도로 반대 방향으로 달리고 있거나 기억에 없는 먼 곳에 차가 있다. 연료는 가득 차 있고 모르는 사이에 시간이 많이 흘렀다.
- 엑스레이 촬영, 자기공명영상(MRI) 촬영, 컴퓨터 단층(CT)

촬영 등을 할 때 정체불명의 금속 물체나 수술 자국이 발견됐다.

- 계속 같은 꿈을 꾼다.

외계인의 납치에는 유전적인 요소가 작용해 가족들까지 납치되는 경우가 많다고 데럴은 말한다. 그리고 이런 경험이 반복되는 사람은 외계인에게 생체실험을 당했을 확률이 높으므로 최면요법을 통해 기억을 되찾고 정신적 외상을 치료해야 한다고 주장한다.

납치됐던 사람들 중 일부는 외계인들이 인간에게서 채취한 유전자를 통해 인큐베이터에서 아기 외계인들을 만드는 것을 목격하기도 했다. 그리고 '말셀리나'라고 불리는 외계인들로부터 인간 아기를 만들고 싶다는 말을 듣기도 했다. 그 후 그녀는 여러 번 임신했지만 자고 일어나면 태아가 몸에서 사라졌다고 주장했다.

또 파나마 시티의 팻 브라운은 외계인이 겉모습을 자유자재로 바꾸는 것을 목격했다고 한다. 그녀가 처음 외계인에게 납치됐을 때는 흉측한 외양 때문에 무서웠는데 갑자기 인간의 모습으로 변했다는 것이다. 외계인은 인간이 원하는 모습으로 언제든 변할 수 있다고 한다.

UFO를 목격하는 사람들은 많지만 직접 외계인과 만나고 그것을 기억하는 사람은 드물다. 그중 다수는 최면요법을 통해 기억을 되살리는 경우도 있고, 드물지만 일부는 갑자기 기

억해 내기도 한다. 외계인과의 대화 역시 일방적인데, 그들의 말을 듣기만 하거나 텔레파시로 의사를 전달받는 것이 고작이다. 대부분 인간을 납치한 외계인들은 아무 말 없이 생체실험만 한다. 하지만 일부 피랍자들은 외계인과 대화도 나눴다. 1989년에 외계인에게 납치된 로빈슨 가족은 외계인들이 그들의 기억을 지울 것이므로 아무 기억도 하지 못할 것이라고 하는 말을 들었다고 한다. 로빈슨 가족은 외계인들의 납치와 실험은 인간을 해치려는 것이 아니라 연구하기 위해서라고 주장했다. 다만 인간들이 생체실험을 기억해 다른 이에게 알리는 것을 두려워하는 것 같다고 추측했다.

SF영화나 소설에서처럼 외계인들이 인간의 생물학적인 약점을 찾으려고 하는 것인지 혹은 자신들이 지구 환경에 적응하고 생존하기 위해 유전자를 개량하는 것인지 궁금하다. 그리고 외계인을 만난 사람들의 증언은 사실인가? 왜 비슷한 증언이 계속 반복되는 것일까? 어떤 권력이 그것을 은폐하려고 해도 더는 막을 수 없을 만큼 외계인은 우리들 일상에 가까이 왔을 수도 있다. 이제 우리는 두려움이나 막연한 적대감을 넘어 그들과의 만남을 준비해야 하지 않을까?

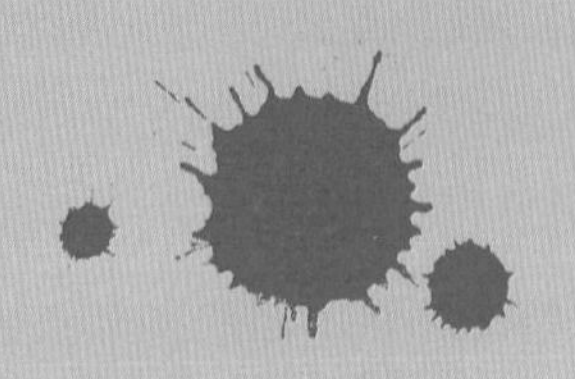

지구에 남긴 외계인의 메시지

세계 곳곳에서 크롭 서클, 또는 미스터리 서클이라 불리는 대형 문양이 계속 발견되고 있다. 농작물에 그려진 거대한 기하학적 문양에 대해 일부는 누군가가 만든 조형물일 뿐이라고 말한다. 그러나 이것들을 한 번이라도 본 사람들은 뭔가 석연치 않음을 느낄 수 있다. 그저 화제가 되기 위해 누군가 제작했다고 믿기에는 그 문양과 거대함이 너무 독특하기 때문이다. 일부 전문가들은 크롭 서클 다수가 외계인이 만든 것이며 여기에는 지구인에게 전하는 모종의 메시지가 포함되어 있다고 주장한다.

밀밭에 쓴 글에 화답한 크롭 서클

1991년 8월 2일, 영국 윌트셔 주의 밀크 힐 외곽 밀밭에서 정체불명의 크롭 서클들이 발견되었다. 이 보도를 접한 미국 청년 에리크 벡호드는 이 서클들을 조사하기 시작했다. 그러던 중 에리크 일행은 숙소 부근에서 새 서클이 발견됐다는 소식에 세밀한 조사에 착수했다. 에리크는 크롭 서클의 제작자와 목적을 확인하기 위해 양해를 구하고 밀밭에 '우리에게 말하세요'라는 메시지를 넣기로 했다. 나무판자와 로프 등을 이용해 온종일 밀밭을 누비며 선명한 글씨를 완성한 일행은 회답을 기다렸다.

영구 월트셔 주의 밀밭에 나타난 크롭 서클

3일째 되던 밤, 농장 주인이 뛰어와 새 서클이 생겨났다는 소식을 전해주었다. 에리크는 직접 달려가 정체 모를 글을 발견했다. 영국 크롭 서클 연구센터의 에드 파커는 가로 55m에 세로가 5m인 거대한 문양이 에리크의 요청에 대한 대답이라고 간주했고, 문양은 고대 헤브루 계열 언어로 추측하여 런던의 고고학 교수진에게 연구를 의뢰했다. 현장에 도착한 교수들은 문제의 글자가 고대 바빌론의 글자와 비슷하지만 뜻을 정확히 해독하기가 쉽지 않다고 했다. 판독하는 동안 에리크는 밀밭을 세심하게 관찰했는데 글을 쓰기 위해 눌린 줄기들이 단 한 개도 부러진 것이 없고 90도 각도로 정확히 휘어진 것을 발견하고는 인간의 장난이 아님을 확신하게 되었다.

열흘 후 교수들은 에리크에게 크롭 서클의 글자가 암호 형식이며 고대 라틴어로 해석하면 '오포노 아스토스', 즉 '교활한 재주를 반대한다'는 의미이거나 고대 헤브루어로 해석할 경우는 프타(이집트 신화의 창조신)와 이-엔키(수메리아 신화에 나오는 지혜의 신이자 인간에게 도움을 주는 신)의 의미라고 밝혔다. 이를 종합하여 학자들은 '나는 프타와 이-엔키타로 알려진 신'으로 최종 해석했고 더 정확한 의미는 현재까지도 규명되지 않은 채 미스터리로 남아 있다.

수박에 기이한 문양을 새겨놓은 외계인

2005년 9월 3일, 러시아 프리모르예의 작은 마을 예브세예프카에서 밝은 오렌지빛을 발산하며 상공을 비행하는 둥근 괴비행물체들이 목격됐다. 버스보다 좀 더 큰 이 물체들은 며칠간 나타났다가 사라지는 것을 반복했는데 근처 공항 당국은 신고를 받고 확인해 보았지만 어떤 비행물체도 관측할 수 없었다.

비행물체들은 하늘에 조용히 떠 있다가 기이한 행태로 움직이며 서로 레이저 광선을 교환하고 이따금 광선을 지상으로 발사해 주민들을 놀라게 했다. 그러다 대기권으로 사라졌는데 9월 7일 밤에 다시 나타났다.

손전등으로 비춰보던 농부 유리 갈라예프는 비행물체 중 하나가 자신의 손전등 신호에 똑같이 반응하자 그들이 인간들과 만나기를 원한다고 생각했다.

비행물체들이 또다시 사라지자 낙심한 그는 다음 날 아침 수박밭으로 일을 나갔다가 누군가 수박에 낙서를 해놓은 것을 발견했다. 전날까지 깨끗했던 수박 표면에 크롭 서클 문양이 그려진 것을 본 농부는 괴비행물체의 탑승객이 그려놓은 것이라고 추측했다. 그래서 그는 수박을 들고 생물학자이자 UFO 연구가인 발레리 드뷰크힐니를 찾아갔다. 곧 수박을 정밀 분석한 발레리는 수박의 표면에 생성된 문양이 곤충이나 곰팡이 등에 의해 자연적으로 생성된 것이 아니라는 결론을 내렸다. 벌레나 박테리아가 수박 표면에 손상을 줬다면 그처럼 완전한 대칭형 문양이 생성되기란 불가능하기 때문이다.

수박에 새겨진 크롭 서클 문양

프리모르예의 수박 사건이 알려지자 주민들은 3년 전 9월에 이미 이러한 정체불명 문양이 그려진 수박이 발견됐다는 것을 생각해 냈다. 학자들은 두 수박의 문양을 분석하고 동일인의 솜씨일 가능성이 높다는 결론을 내렸으나 그가 인간인지 외계인인지는 알아내지 못했다. 러시아 프리모르예 주민들은 UFO 관련 사건이 모두 9월에 나타난 것을 알아내고 해마다 9월이 되면 UFO가 나타나기를 기대한다.

UFO의 자국이 몸에 남은 스티븐 미찰락

1967년, 캐나다 마니토바 주 위니펙의 스티븐 미찰락은 5월 19일 빅토리아데이 연휴를 맞아 와이트쉘 주립공원으로 여행을 떠났다. 아마추어 지질학자이기도 한 그는 과거 와이트쉘 주립공원 팔콘 호수 부근에서 은이 함유된 석영 광맥이 여러 번 발견됐다는 사실을 알고 은맥을 발견하리라는 기대로 떠난 것이다. 이튿날 새벽 5시 30분에 팔콘 호수 숲에 들어간 그는 오전 9시경 새로운 석영 광맥을 찾는 데 성공했다. 기분이 좋아 숲을 계속 탐험하던 미찰락은 하늘에서 거위가 꽥꽥대는 듯한 소리를 듣고 하늘을 보았는데 상공에는 UFO가 두 대나 떠 있었다.

UFO는 처음에 빨간색 조명을 가진 시가형이었는데 가까이 다가오면서 디스크형으로 변했다. 그중 한 대는 불과 50m 떨어진 지점의 넓적한 바위 위에 착륙했고 다른 한 대는 순식간에 구름 뒤로 사라졌다. 착륙한 UFO는 증기가 빠지더니 조명이 붉은색에서 오렌지색으로 바뀌다 다시 회색으로 바뀌었다. 이때 UFO에서 강력한 광채가 발산되었는데 다행히 그는 석영 발굴 시 쓴 고글로 눈을 보호할 수 있었다. 그리고 김 빠지는 소리와 함께 주위에는 유황 냄새가 진동했다.

그는 몇 분간 UFO를 쳐다보며 이를 스케치했는데 30분 뒤 갑자기 UFO의 문이 열렸다. 그가 용기를 내어 UFO 가까이 접근하자 내부에서 두 명의 각기 다른 목소리가 들렸다. UFO를 미국의 비밀 항공기로 생각한 스티븐은 영어로 말을 걸었으나 아무런 대답이 없자 자신이 알고 있는 모든 언어를 총동원해 보았지만 아무 응답이 없었다. 순간 용기를 내 UFO에 다가가 안을 들여다보았다. 내부에는 아무도 없었고 각종 전자기기가 빛을 내고 있다. 그러다 UFO의 문이 닫히려고 하자 그는 무의식중에 UFO 표면에 손을 댔는데 끼고 있던 글러브가 순식간에 녹아내렸다. UFO는 갑자기 움직이며 강력한 증기를 분출했다. 이때 가슴에 불이 붙은 스티븐은 고통을 느끼고 옷을 벗어던졌다. UFO는 이내 이륙했고 자신이 벗어던진 옷이 잔디를 태우자 황급히 불을 껐다. 그 후 스티븐은 현기증과 오한에 시달렸다. 숙소로 돌아오는 동안 여러 번 구토를 한 후에도 계속 구토가 나 차를 멈출 수밖에 없었다.

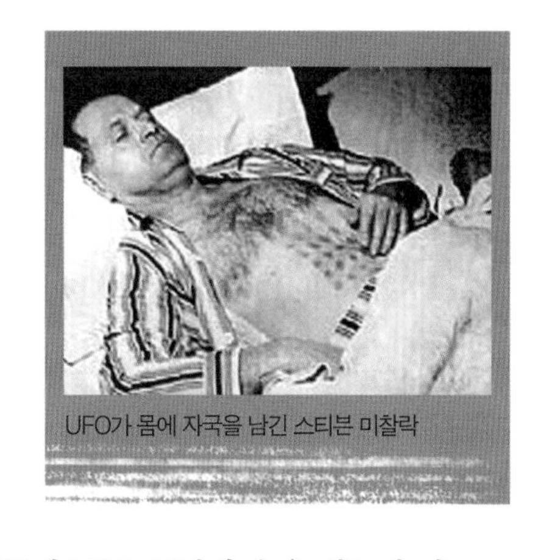
UFO가 몸에 자국을 남긴 스티븐 미찰락

그는 오후 4시경 위니펙 병원에서 27명의 의사에게 각종 검사와 치료를 받은 후에야 퇴원할 수 있었다. 그 후 스티븐은 UFO를 목격한 지점을 공군 관계자에게 말했다. 공군은 이곳에서 방사능 검사를 했는데 그 결과 이 지역이 방사능에 과다하게 노출되어 있음을 확인했다.

스티븐은 UFO가 몸에 자국을 남긴 유일무이한 사람으로 세계에 알려졌으며 83세까지 살다가 1999년에 죽었다.

세계 도처의 미스터리한 흔적들…. 건물 벽이나 유리창부터 고대 나즈카 유적까지 거대한 문양과 독특한 패턴 속에서 우리는 우리와 다른 어떤 존재를 감지한다. 캐나다 앨버타 산악에서 발견된 아이포드를 듣는 원주민 문양과 호주 마리에서 발견된 마리맨 등도 그런 예이다. 이것은 무엇에 대한 암시이고 그들이 말하고자 하는 것은 무엇일까?

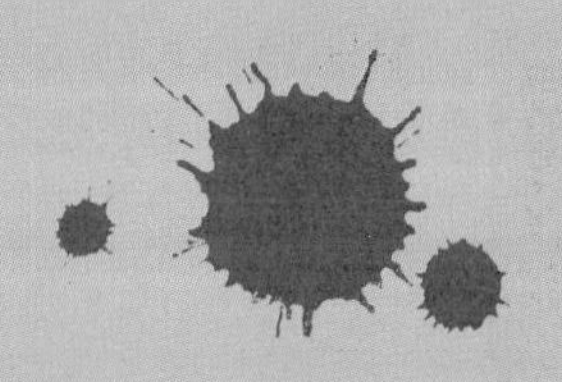

맨 인 블랙의 실체는 OSIR 부서

UFO나 외계인 관련 사건이 발생하면 검은 양복에 선글라스를 낀 비밀요원이 등장하는 영화 〈맨 인 블랙〉이 떠오른다. 그런데 이런 일이 그저 가상의 이야기가 아닐지도 모른다. 1947년 미국 뉴멕시코 주 로즈웰의 UFO 추락 이후 이런 종류의 사건이 벌어지면 어디선가 나타나 현장을 극비리에 수습하고 사라지는 정체불명의 수사관들이 있다. 현실 속의 맨 인 블랙, 과연 그들의 정체는 무엇인가?

베일 속에 가려진 OSIR 부서

미국 내 소속 기관이 어디인지, 수사관의 신분은 무엇인지 철저히 감춰졌던 맨 인 블랙의 존재와 부서명이 공개된 것은 1990년대 초반이다. 정식 명칭이 과학수사연구처(O.S.I.R. –

OSIR 부서의 상징

TV극 〈PSI Factor〉의 포스터

The Office of Scientific Investigation and Research)인 이 기관은 천문학과 지질학, 생물학, 심리학, 물리학, 동물학에 이르는 전 과학 분야를 섭렵한 수사와 연구, 그리고 실험을 담당하는 비밀 기관이다. 특히 기관 내 부서 중 과학적으로 설명할 수 없는 불가사의하고 초심리학적인 현상을 전담하는 부서가 바로 맨 인 블랙과 관련된 조직이다. 1940년대부터 활동한 것으로 추정되는 맨 인 블랙을 미국이 OSIR로 공식 인정한 적은 없지만, 1940년대 중반 '블랙 프로그램'이란 이름으로 창설된 부서가 바로 맨 인 블랙임은 공공연한 사실이었다.

OSIR이 비밀리에 활동한 지 오십 년이 된 1990년대 중반, 그들은 TV 시리즈 〈PSI Factor〉를 통해 그동안 OSIR이 다룬 특이한 초현상 관련 사건들을 세계에 공개하며 공식화하는 듯했다. 당시 멤버이자 저명한 학자인 데이빗 앨런, 더글라스 데이비스, 앨란 헨더슨 등을 자문위원으로 내세운 프로그램은 큰 인기를 끌었다. 프로그램에 출연한 OSIR 요원들은 정체불명의 생명체나 UFO, 영혼의 형태로 나타나는 귀신, 환생, 시간 여행 등 초현상 미스터리를 과학적으로 풀어주었다. 그러나 2000년에 돌연 대외 섭외 부서를 폐쇄하고 다시 과거처럼 비공개적으로 활동하기 시작했다.

발탁된 OSIR 요원은 모두 특별한 엘리트 출신이다. 그들이 매스컴과 영화 등을 통해 실체를 부분적으로 공개했는데도 그들이 다루는 사건의 내용 때문에 많은 사람들이 OSIR의 존재를 믿지 않았다. 오히려 그들이 지구를 통제하는 외계인 조직을 위해 진실을 은폐하고 사실을 왜곡하는 활동을 하는 집단이라는 음모론이 생겨나기도 했다.

최초의 UFO 관련 사고에 개입된 맨 인 블랙

1947년 6월 24일, 미국 워싱턴 주 레이니어 산 근처에서 아홉 대의 비행접시가 상공을 비행한다는 제보가 들어왔다. 당시 세계 뉴스에 보도되면서 이때 최초로 'UFO'라는 말이 사용됐다. 이 날은 UFO 연구 역사에 중요한 기점이 된 날이다. 그런데 이보다 3일 앞선 6월 21일에 발생했던 사건이 있었다. 그 내용은 다음과 같다.

1947년 6월 21일, 미국 워싱턴주 퓨젯 사운드의 해럴드는 상공에 나타난 여섯 대의 UFO를 아들과 함께 목격했다. 한 대의 UFO가 흔들거리며 비행했고 나머지 UFO들이 그것을 도우며 비행하고 있었다. UFO 편대에서 뜨거운 재가 떨어졌고 그로 인해 해럴드의 아들이 다쳤다. 현장에 있던 개는 그

자리에서 즉사했다. 해럴드 부자는 UFO가 떨어뜨린 재를 수거하여 병원으로 급히 달려가 치료를 받았다. 그리고 그들은 목격한 것을 모두 군 관계자에게 제보했다. 보고를 받고 해럴드를 찾아온 윌리엄 데이비슨 대위와 프랭크 브라운 중위는 UFO가 떨어뜨린 재를 인계받았다. 그런데 다음 날 해럴드의 집에 검은 양복에 검은 모자를 쓴 사람들이 찾아왔다. 해럴드는 그들에게 누구냐고 물었지만 그들은 대답하지 않았다. 맨

인 블랙으로 추정되는 이 사람들은 해럴드에게 그가 목격한 UFO에 관해 말해달라고 요청했다. 해럴드의 증언을 모두 듣고 난 후, 그들은 해럴드를 무섭게 노려보며 UFO 사건에 대해 발설하지 말라고 협박했다. 하지만 해럴드는 그들의 위협에도 불구하고 자신의 체험을 언론에 알리려고 했다. 그러자 그가 운영하는 벌목장이 어려워졌고 부인은 몹시 아팠으며 아들까지 실종되었다. 그제야 해럴드는 맨 인 블랙의 협박이 진짜였음을 깨달았다. 그 후 그는 사람들이 찾아와 UFO 사건에 대한 취재를 요청하면 모든 것이 거짓이라고 말했다. 얼마 후 해럴드는 다른 주에서 실종된 아들을 찾았는데 아들은 기억상실증에 걸린 상태였다.

같은 해 8월 1일, 워싱턴 주 키소에서는 군 비행기 사고가 발생했다. 귀대 중이던 B-25 폭격기의 왼쪽 엔진에 갑자기 불이 붙어 기체가 추락한 것이다. 이 사고로 두 명의 장교만이 극적으로 탈출해 생존했고 나머지 탑승자는 모두 사망했다. 흥미로운 점은 탑승 장교들이 UFO 관련 증빙 자료를 갖고 귀대 중이었다는 사실이다. 사고 당시 B-25 폭격기가 추락한 지점이나 수사의 어떤 과정도 공개되지 않은 채 사건은 미궁에 빠졌다. 그런데 60년이 지난 후 워싱턴 롱뷰의 짐 그리아가 B-25 폭격기의 잔해를 발견하면서 화제가 되었다. 짐은 10년간 이 사건을 추적해 왔는데, 사고 지점을 수색하다가 오래된 쇠붙이를 발견한 것이다. 이것은 60년 전 폭격기의 잔해로 확인되었고 이 소식은 뉴스를 통해 세계로 알려졌다.

UFO 연구가들은 이 사건이 재조명되면서 그동안 숨겨진 UFO 관련 비밀이 공개되는 것은 아닌지 기대하기도 했다.

기억을 지우는 장비가 실제로 존재한다?

최근 인터넷에서 기이한 동영상 한 편이 화제가 되었다. 영국 방송의 인기 쇼 〈트릭 오브 더 마인드〉를 진행하는 데런 브라운이 제작한 영상이었다. 마인드 컨트롤과 최면 분야의 전문가인 데런은 촬영팀과 함께 술집에 아케이드 게임기를 미리 설치해 놓고 이 게임을 즐기는 손님을 대상으로 인간 좀비 현상을 실험했다. 동영상 속의 청년은 〈웨이킹 데드〉 게임을 하며 스크린을 향해 열심히 사격을 하던 중이었다. 제작진이 청년에게 강한 섬광을 쏘자 그는 즉시 트랜스 상태에 빠졌다. 대기하던 스태프가 그를 카트에 눕혀 게임 화면과 동일하게 꾸민 건물 세트장으로 옮긴 후 강력한 소음으로 그를 깨웠다. 그리고 게임과 동일하게 좀비로 분한 연기자들을 세트에 투입해 그를 괴롭혔다. 비디오 게임과 현실의 경계에서 당황하던 청년은 잠시 머뭇거리다가 자신을 향해 다가오는 좀비들을 향해 총을 쏘기 시작했다. 총을 쏘는 동안 청년은 점점 흥분하며 포악하게 변했다. 제작진은 섬광을 이용해 청년을 다시 트랜스 상태로 돌려 그를 술집 게임기 앞에 옮겨놓고 깨웠다. 그는 주위의 친구들을 보며 게임이 재미있다며 안심했다.

영화 〈맨 인 블랙〉을 보면 UFO나 외계인과 조우하고 그들의 실체를 체험한 사람들의 기억을 지우기 위해 작은 은색 기구를 사용한다. 맨 인 블랙의 마인드 컨트롤 기구는 간단한 섬광을 순간적으로 투사해 상대방의 의식을 정지 상태로 만들고, 이전에 본 UFO나 외계인이 헛것이라는 최면을 건 뒤 의식을 환원시키면 상대방은 세뇌된 채 상황을 받아들이게 된다. 데런 브라운의 실험 동영상을 본 네티즌 중 일부는 영화에서 쓰인 마인드 컨트롤 기구가 실제로 개발돼 현재 사용되고 있을지도 모른다는 반응을 보였다.

1997년 12월, 일본에서 인기 만화 〈포켓몬〉을 TV로 시청하던 어린이들 중 618명이 같은 시점에서 발작을 일으키는 사건이 발생했다. 피카추와 포켓몬스터가 싸우는 장면으로 특정 색깔이 반복적으로 스크린에 방사되는 순간에 벌어진 일이었다. 이 발작 현상으로 일본에서는 그 같은 현상을 유발한 장면과 그 유사한 영상들을 게임과 영화 등에서 삭제했고 미국에서는 상영 자체가 금지됐다. 사건 당시 병원에서 치료받은 어린이들 가운데 일부는 감광성 발작으로 판명되었다. 일부에서는 앞서 언급한 데런 브라운의 실험에서 사용된 마인드 컨트롤 섬광이 1997년 포켓몬 사건에서 우연히 빚어진 마인드 컨트롤 광선 효과와 같은 원리가 아닐까 생각하기도 했다. 이에 대해 네티즌들은 '인간의 기억과 의식이 조종되는 장치'가 실재하는지 여부에 대해 열띤 토론을 벌였다.

맨 인 블랙을 목격한 사람들 중 일부는 그들의 눈이 보통 사람보다 몇 배는 크고 목소리는 기계음에 가깝다고 증언하기도 했다. 이 때문에 맨 인 블랙들이 OSIR이 아니라 자신들의 존재를 은폐하려는 외계인이라는 음모론까지 생겨났다. 그들은 지구를 지키는 숨은 공로자인가, 아니면 진실을 은폐하려는 권력자들인가?

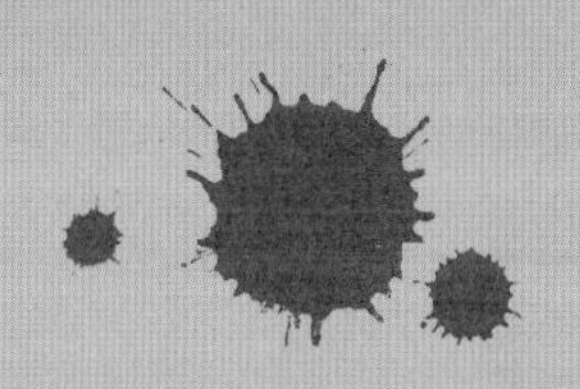

UFO를 공식적으로 인정하라

지구 온난화에 따른 기상 이변, 환경오염으로 인한 생태계의 파괴, 점점 고갈되어 가는 자원…. 많은 이들이 지구에 일어나는 일들을 불안해 한다. 인류가 살 수 있는 유일한 공간, 지구의 상태에 대한 전문가들의 의견은 상당 부분 부정적인 우려와 경고가 섞여 있다. 그런데 어떤 이들은 이에 대해 흥미로운 주장을 한다. 지구는 인간이 경영하는 것이 아니라 외계인들의 지배 아래 놓여 있어 지구인의 의사와 상관없는 방향대로 조종되고 있다는 것이다.

외계 기술과 UFO 자료를 해킹한 게리 맥키논

영국 BBC 뉴스는 미 국방성과 항공우주국 등 주요 국가 기관 컴퓨터 네트워크를 해킹한 혐의로 해커 게리 맥키논(40)

해커 게리 맥키논

이 체포됐다고 보도했다. 그리고 영국의 국립 첨단기술 범죄수사대에 의해 검거된 게리 맥키논과의 인터뷰를 방영했다. 게리는 정부가 은폐하고 있는 UFO 관련 자료를 찾기 위해 해킹했으며, 2001~2002년 동안 미국 정부의 핵심 전산망을 해킹하던 과정에서 UFO 사진들과 외계 기술에 관련된 자료들을 발견했다고 주장했다. 현재 미국 뉴저지와 버지니아 법원에 기소된 그는 미국에서 재판을 받을 경우 최고 60년 실형을 선고받을 위기에 처해 있다. 다음은 게리 맥키논과 BBC 뉴스의 앵커 스펜서 켈리의 인터뷰 내용이다.

"나는 미 육군과 해군, 공군, 국방성, 항공우주국 등 정부 핵심 전산망을 해킹한 혐의로 기소됐지만 사실은 정부에서 은폐하고 있는 신기술을 찾았다. '폭로 계획'이라는 그룹이 있다. 그들은 과거 정보국과 군에 근무했던 사람들인데 미국이 외계 기술을 은폐하고 있다는 사실을 알고 있다. 그들에 따르면 오늘날 발명되는 신기술이라는 것들도 외계의 기술을 분석해 해독하는 역공학(Reverse Engineering)이라는 방식을 통해 개발한 기술이라는 것이다. 현재 미국이 무중력 기술과 무한정 에너지를 방출하는 자유 에너지 기술(Free Energy Technology)을 개발했는데 그 같은 신기술들이 모두 외계 기술이다. 폭로 계획에 참가한 40명의 사람들 중에는 과거 미 항공우주국의 사진 전문가가 있다. 그는 존슨 스페이스 센터에서 근무하면서 미 항공우주국이 인공위성으로 촬영한 영상에서 UFO를 수정하고 삭제하는 필름 작업을 했다. 이 이야기를 듣고 호기심이 생겨 미 항공우주국의 컴퓨터를 해킹하게 됐다.

'원본'과 '필터링된 것'의 폴더가 있었는데 나는 그 폴더에서 사진을 꺼내 보는 데 성공했다. 사진 속에서 도저히 인간이 만들었다고 볼 수 없는 물체들을 보았다. 인공위성처럼 생긴 것이 대기권에 떠 있었다. 그 물체는 시가형 모양에 상하, 좌우, 모서리에 어떤 이음새나 연결 부분도 없어 인간이 만들었다고 믿기 힘들었다. 처음에는 나의 의도가 옳다고 생각했지만 지금은 후회가 된다. 나는 영국에서 재판을 받길원한다."

97개의 미국 정부 컴퓨터에 불법으로 접속했던 게리는 파일들을 열람하다 지구가 아닌 것으로 보이는 곳에서 일하는 장교들의 이름과 UFO로 추정되는 함선들의 이름을 발견했다. 그는 이것이 외계에서 근무 중인 우주함선과 관련된 리스트라고 주장했다.

BBC 측은 미 항공우주국에 게리 관련 사건의 조작과 중대 군사 자료 해킹 문제에 대해 취재하려고 했지만 미 항공우주국은 이에 대한 논의를 거부하고 모든 사실을 부정했다. 게리의 말은 진실인가? 앞으로 그의 행보와 재판 결과에 따라 세계인의 이목이 집중되고 있다.

멕시코 군 당국이 공식 인정한 UFO 필름

2004년 5월 12일, 멕시코 공군은 UFO 관련 동영상을 공개했다. 그 해 3월 캄파체 연안 상공에서 마약 운반을 감시하던 공군 정찰기가 촬영한 것이다. 국방부 당국은 공군 조종사가 촬영한 비디오를 공식적으로 확인하고 UFO들의 존재를 인정했다. UFO에 대해 공식적으로 인정한 국가는 멕시코가 최초였다. 동영상은 UFO를 처음 포착한 레이더 장교 게르만 마린 중위가 "우리 혼자만이 아니군요! 너무 신기합니다!"라고 외치면서 시작된다. 캄파체 상공에 출현한 UFO들은 모두 열한 대로 편대비행을 하며 빠르게 이동 중이었다. 처음에는 UFO를 전혀 인식하지 못했는데, 이상 물체 세 대가 레이더에 갑자기 포착돼 그 지역을 적외선 카메라로 스캔해 보니 레이더에 포착된 세 대의 UFO 외에 여덟 대가 더 있었다. 조종사에 따르면 UFO들은 육안으로는 보이지 않았으며 적외선 카메라를 통해서만 촬영되었다고 한다. 정찰기를 지휘하던 마그달레노 카스타논 소령은 UFO들이 정찰기의 존재를 감지했음을 느꼈다.

UFO 주위에서 아무 소음이 들리지 않는 것으로 보아 UFO들은 무중력 비행을 하는 듯했다. 직접 UFO를 추격했던 카스타논 소령은 UFO가 순식간에 먼 지점을 날아다니며 정찰기 주변으로 일순간에 이동하기도 해 무척 긴장했다고 한다.

캄파체에서 촬영된 UFO에 대해 일부 군사 전문가들은 미 공군의 무중력 항공기라고 주장했는데 그 이유는 2003년 이라크 전쟁 당시 이라크 상공을 정찰했던 프레데터 무인 항공기도 이와 유사한 UFO 편대를 촬영했기 때문이다. 이에 미 공군 당국은 공식적으로 이것이 크루즈 미사일이라고 발표했다. 그러나 군사 전문가들은 절대 크루즈 미사일이 아니라고 반박했다. 왜냐하면 크루즈 미사일은 이들처럼 초고속으로 비행하지 않으며, 목표물에 저공으로 접근하고 피격 시 폭발 위험이 있어 절대로 여러 대가 집단을 이루며 비행할 수 없기 때문이라고 말했다.

지구에 나타나는 그레이 외계인

외계인과 만나는 정부 인사

네티즌들은 비디오에 포착된 미확인 비행물체들이 외계의 UFO인지 아니면 미공개 첨단 항공기인지에 대해 열띤 토론을 벌였다. 이라크의 비행물체와 멕시코의 UFO, 과연 이들은 외계인의 우주선이었을까? 이들의 정체는 무엇인가?

UFO와 외계인의 존재 비밀이 곧 밝혀진다?

1996년, 정치가이자 자문가인 스티븐 베셋은 정부가 외계인의 존재를 규명할 수 있는 여러 사건의 진실을 공개하도록 하기 위해 '패러다임 리서치 그룹(PRG)'을 창설했다. PRG는 정부가 로즈웰 사건이 발생한 지 60년이 지난 2007년, UFO와 관련된 모든 비밀을 진실하게 공개해 줄 것을 요청했다. 이들은 지난 3년간 UFO와 외계인에 관련된 정보의 공개가 세계적으로 진전되고 있다며 외계의 실체가 밝혀질 때가 임박한 것으로 믿었다.

2004년 5월, 멕시코 국방부는 국방장관의 승인 아래 멕시코시티에서 기자회견을 열었다. 그들은 공군이 촬영한 UFO 동영상을 민간 조사 기관에 공개했다. 같은 해 7월, 뉴멕시코 주지사이며 현재 미 대통령 입후보자인 빌 리처드슨은 "미국 정부가 알고 있는 UFO 관련 정보를 공개한다면 모든 사람들을 도울 것이다. 정보를 완벽히 공개하고 최선의 과학적 조사를 통해 1947년 7월의 비밀이 밝혀질 것이다. 미국인들은 사실이 영화와 다르다 해도 이를 받아들일 수 있을 것이다"라고 말했다.

2005년 5월에는 브라질 공군이 부통령과 국방장관의 승인을 받아 UFO 파일을 공개하고 민간단체들과 함께 UFO 조사 작업에 착수했다. 또한 2005년 9월, 캐나다의 폴 헬리어 전 국방장관은 공개석상에서 UFO의 존재를 공식적으로 시인하기도 했다. 같은 시기 아폴로호의 우주인 브라이언 오레리 박사는 그의 저서 『숨겨진 진실, 금지된 지식』의 서문에서 로즈웰 근처 UFO 추락 사고가 60년 동안 풍선 추락 사고로 은폐되어 왔음을 공개적으로 시인했다. 오레리 박사는 로즈웰 사건 당시 추락한 외계인을 통해 미국이 무중력기술과 마이크로 전자기술, 무한 에너지 등의 신기술을 습득했다고 말했다.

2006년 11월, 마침내 시카고의 UFO 사건이 은폐되지 않고 세계 뉴스에 그대로 보도됐다. 이 날 UFO는 오헤어 국제공항에서 유나이티드 항공사 직원들에게 목격됐다. 2007년 3월에는 프랑스 정부가 1천6백건의 UFO 관련 기밀문서들을 웹사이트를 통해 일반에 공개했고, 영국 정부 역시 3년 동안

미국에서 촬영된 UFO

정부가 연구하고 기밀 처리한 UFO 자료들을 공개했다. 또한 미국 아리조나 주 전임 주지사 시밍턴은 피닉스 시에 출현한 UFO 목격담을 CNN과의 인터뷰를 통해 공개했다. 그는 UFO의 조명이 매우 화려하고 황홀했으며 매우 거대했다고 말했다.

지난 60년간 진실공방이 이어졌던 미국 '로스웰 UFO 추락 사건'이 당시 군 관계자였던 미군 공보장교 월터 하우스의 유언 공개로 새로운 국면을 맞이하고 있다. 하우트의 유언에 따르면 당시 외계인 사체를 목격했으며 한 번도 본 적이 없는 얇은 금속 재질의 비행접시 파편을 관찰했다고 주장했다. 그의 말이 사실이라면 외계인의 존재 자체를 더는 부인하기 어려운 것이다. 그러나 아직 미국 정부의 UFO와 외계인 관련 핵심 정보는 발표되지 않았다. UFO와 관련해 진실을 촉구하는 요구에 미국 정부가 어떻게 반응할지 귀추가 주목된다.

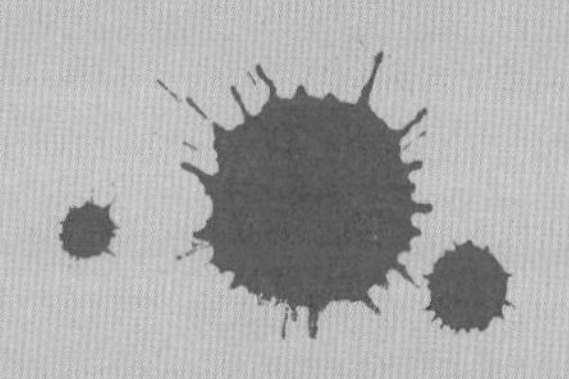

우주에 다른 생명체가 존재하는가

몇 해 전 외신은 미국이 과거 중단했던 달 탐사를 재개하고 2015~2020년 사이에 달에 영구적 유인 기지를 건설할 계획이라고 보도했다. 우주의 생명체가 인간뿐이며 지구에서만 생존할 수 있다는 가정이 사실이 아닐 수도 있는 가능성이 점점 높아지고 있다. 우리는 은연중에 외계 생명체에 대한 호기심과 기대감을 갖고 있다. 이런 의미에서 달에 건설될 기지는 우주의 다른 생명체 유무를 탐구하는 데 좋은 자원이 될 것이다. 그리고 아직 미지에 가려진 우주와 행성의 진실에도 한걸음 더 가까워질 것이다.

달은 누가 만들었는가?

영국 작가 크리스토퍼 나이트와 로버트 로마스는 『누가 달을 만들었나?(*Who Built the Moon?*)』라는 책에서 달이 인공적으로 누군가의 의해 제조된 것이라는 도발적인 구상으로 세계인의 관심을 끌었다. 크리스토퍼는 달이 다른 행성들처럼 내부가 단단한 고체로 채워진 것이 아니고 내부가 비어 있거나 밀도가 다른 행성들과 달리 낮다고 주장했다. 이로 인해 달을 탐험하러 갔던 우주선들이 큰 어려움을 겪는다는 것이다. 그는 달의 구성 물질이 40~60억 년 전 지구의 태평양에서 떨어져나간 것이라고 덧붙였다.

"크기가 태양의 400분의 1인 달은 지구와 태양 사이의 거리보다 정확히 4백 배 가까이에 위치하고 있어 지구에서 볼 때 태양과 달의 크기가 똑같다. 그리고 우리가 개기일식이라 부르는 현상은 우주에서 가장 훌륭하고 완벽한 일치를 연출하며 태양이 지평선에서 뜨고 지는 지점과 똑같은 곳에서 달이 거울처럼 정반대로 뜨고 진다. 일례로 해가 여름철 하지 때 떠오르는 지점에서 겨울철 동지 때는 달이 정확히 그곳에서 뜬다. 왜 이처럼 달이 해를 똑같이 모방하는지 논리적인 이유가 없으며 이는 단지 지구에 서 있는 인간에게만 의미심장한 일이다. 이와 같은 자료를 바탕으로 달이 자연적으로 생성되지 않고 누군가에 의해 인공적으로 만들어졌다고 추측해 볼 수 있다."

영국 옥스퍼드 대학교의 공학부 알렉산더 톰 교수도 비슷한 주장을 펼쳤다. 그는 거석을 통해 석기시대 인류가 고도의 측정기술을 보유한 사실을 규명했다. 영국의 스톤헨지 등 세

계의 여러 거석 구조물들이 지구와 태양, 달 사이에서 수학적으로 밀접한 관계를 지녔으며 시간의 근거를 규정하고 부피와 무게 등을 계량하는 데 사용됐다는 것이다. 크리스토퍼는 이에 대해 누가 고대 인류에게 그 같은 기술을 전해 주었는지 알 수 없다고 말했다. 그는 달에 기이한 점이 많아 인류가 이런 지식을 갖는 데 결정적 역할을 했을 수도 있다고 생각한다. 그는 만약 달이 없었으면 태양계의 금성처럼 지구에도 생명체가 존재하지 못했을 것으로 보고 있다. 그는 달의 제조에 대해서는 알 수 없지만 누군가 인위적으로 만들었다는 것은 분명하다고 믿고 있다. 달이 인류를 비롯한 지구의 모든 생명체들을 위해 만들어진 것으로 생각하지만 신, 외계인, 또는 인류 중 하나일 가능성을 점친다. 이중 신과 외계인은 아직 과학적으로 증명되지 않았기 때문에 크리스토퍼는 인류가 만들었다는 설이 가장 신빙성이 높다고 했다. 그는 언젠가 타임머신이 발명되어 시간을 초월해 누가 달을 만들었는지 확인할 수 있기를 바라고 있다.

달에 영혼을 통제하는 모노리스가 있다

2001년 2월 8일, 휴스턴 기지에서 우주로 발사되는 아틀란티스호의 장관을 지켜보던 사람들 중 일부는 로켓이 내뿜은 가스 기둥으로부터 멀리 지평선 가까이에 떠오르는 달까지 곧게 뻗은 원뿔 모양의 직사광선을 목격했다. 나사의 기술자 팻 멕클렉큰은 이 광경을 사진에 담았고 당시 《보스턴글로브》지 등은 이 현상을 보도했다. 이 광경은 이후 미 항공우주국의 다른 동영상들과 함께 많은 논란과 추측을 불러일으켰는데 특히 달 궤도를 돌면서 촬영한 달 표면 VRML 입체영상 중 발견된 11.2km 높이의 거대한 인공적 콜로소스와 돔 형태의 인공 구조물에 대한 영상은 휴스턴의 사진과 함께 네티즌의 뜨거운 관심을 받았다. 이 가운데 루머밀 뉴스의 레이엘렌 A. 러스바처가 쓴 〈영혼을 캐치하는 장치인가?〉라는 글이 가장 인기와 관심을 끌었다. 이 글은 과거 군 특수직에 복무하다 은퇴한 후 외계 관련 비밀을 발설해 유명해진 파일럿 존 리어와의 대담에서 등장한 기이한 이야기이다.

헝가리의 명문가인 이스터헤스지스 가문은 자신들의 선조가 시리우스 행성에서 지구로 이주한 외계인들이며 이들은 시리우스별에서 영혼을 태양계의 영혼 집결소인 '솔'에 집단 이동시킨다고 믿는다. 솔에서 대기하던 영혼은 달을 통해 광선으로 지구에 보내져 인간으로 태어났다고 주장한다. 달에 있는 영혼 수용 장치는 솔에서 받은 개별 영혼을 광선으로 지구에 송출하는 역할을 하는 것이다. 또한 지구에서의 체류 일정이 끝나는 외계의 영혼들을 회수하여 태양계의 솔을 통해 원래의 우주로 돌려보낸다고 한다.

1969년, 아폴로 11호가 인류 최초로 달에 착륙하기도 전에 제작된 스탠리 큐브릭 감독의 SF 영화 〈2001: 스페이스 오디세이〉에는 광선을 우주로 발사하는 거대한 인공 구조물이 티코 분화구에 존재한다. 이 모노리스는 인류의 생성과 인간 지혜의 비밀을 간직한 '신의 기계'로 인식된다. 극중 디스커버리호의 과학자들은 인류 생성의 비밀을 밝히기 위해 목성의 모노리스를 찾아나선다. 이들은 결국 목성 궤도에서 모노리스를 찾아 스타케이트를 통해 우주로 이동하여 아기로 다시 태어난다. 영화 밖 현실에서도 티코 분화구에는 달 기지가 있어 미 항공우주국의 달 탐사선 서베이 7호가 실제로 착륙했고, 이후 미 항공우주국의 목성 탐사선 이름은 디스커버리호가 되었다. 이런 배경을 아는 일부 사람들은 아틀란티스호 발사 시 목격된 광선을 보며 달의 모노리스가 현재 가동되고 있는 영혼 수용 시스템일지 모른다고 주장하기도 한다.

아폴로 11호의 닐 암스트롱 등 세 명의 우주인들이 최초로 달에 착륙했을 때도 음모론이 등장했다. 달 탐험이 갑작스럽게 중단되자 마지막 탐사 때 우주인들은 외계인과 만났으며 그들에게 달 탐험에 대한 경고를 받았는지도 모른다는 설도 나돌았다. 그동안 외계인 기지설과 외계인 실존 등 많은 가설을 만들어낸 달 탐험이 다시 재개된다는 데, 영혼을 관리하는 외계 시스템인 모노리스가 달에 있다는 주장은 우리의 흥미를 더욱 자극한다.

화성과 라디오 전파를 주고받은 사람

1924년 미국의 매사추세츠, 120년 만에 화성이 지구에 5천 6백만 킬로미터 미만으로 가까이 접근한다는 사실을 알게 됐다. 천문학자들은 화성에 지구보다 발달된 문명이 있다고 가정하고 강력한 라디오 전파를 화성에 보냈다. 그리고 회신을 기다렸다. 이 실험은 엠헐스트 대학의 천문학 교수인 데이브 펙 타드에 의해 주도되었다. 실험은 매 시간마다 5분씩 각 라디오 전파가 다른 전파에 방해받지 않도록 다른 라디오 전파 송수신을 하루 동안 통제해야 가능했다. 그러나 정부가 이를 승인해 주지 않아 불안정한 상태에서 실험을 시작할 수밖에 없었다.

8월 21일 저녁, 화성을 향해 전파를 보내고 회신을 기다리던 데이브 교수는 갑작스레 이상한 전파음이 수신되자 깜짝 놀랐다. 곧이어 라디오 안테나가 화성 쪽을 향할 때만 잡음이 생기는 것을 알아챈 그는 수신된 잡음을 필름으로 옮긴 뒤 사진으로 현상해 보았다. 화성으로부터 전달된 전파는 자신이 발신한 전파의 모습과 비슷하나 조금씩 다른 패턴을 띠고 있었고 화성인들의 회신이라는 확신을 가졌다

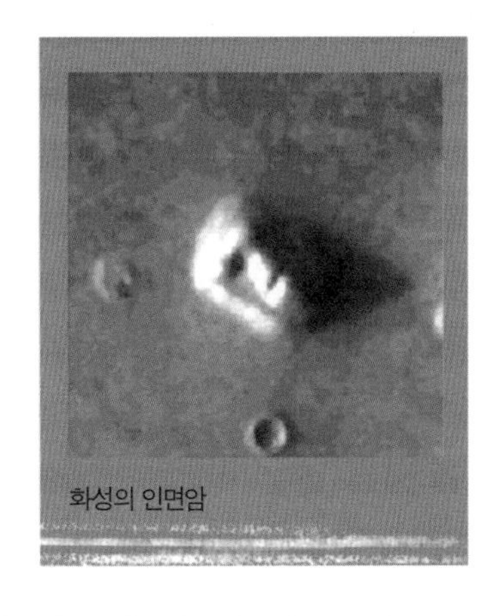
화성의 인면암

이후 29시간 동안 계속되다 갑자기 끊긴 화성의 전파 메시지는 수많은 학자들에 의해 분석되었다. 이틀 후 화성은 지구로부터 다시 멀어졌고 같은 실험은 2044년이 되어야 가능하다는 사실에 많은 학자들이 안타까워했다.

'미스터리한 점과 기호는 진정 화성인이 보냈는가'라는 제목의 기사로 1924년 세계 신문에 보도된 데이브 교수의 실험은 큰 관심을 끌었다. 화성에서 보내온 전파를 해독하지 못한 채 잊혀져가던 데이브의 연구는 13년 뒤 1937년 신형 라디오 망원경이 제작되면서부터 재개되었다. 이를 이용한 새로운 연구는 대학과 학자들의 비공개 프로젝트만으로 진행되어 그 내용이 알려지지 않고 있다. 그리고 40년 뒤인 1977년 오하이오 주립 대학이 외계로부터 괴이한 전파를 받았다고 발표되면서 다시 화제로 떠올랐다.

하지만 오늘날까지 천문학자들은 1924년에 전달받은 최초의 외계 메시지를 해독하지 못했다. 게다가 미 항공우주국은

1970년대 화성을 조사하기 위해 인공위성을 보냈지만, 위성들이 화성 근처에서 모두 수신이 끊기고 행방불명되었다는 결과를 발표했다.

오늘날 세계 각국은 태양계뿐만 아니라 외계 행성과 이들 행성의 생명체 존재까지 천문학 범위를 확대해 간다. 미 항공우주국이나 유럽연합의 유럽우주국(ESA) 등은 이미 첨단 연구 방법과 장비로 외계 행성 탐사에 박차를 가하고 있다. 달과 화성, 과연 그들의 정체는 무엇일까? 달이 인위적으로 만들어졌으며 우주 생명체들의 영혼을 관리하는 외계의 시스템으로 사용된다는 주장은 정말 근거 없는 가설일 뿐일까? 풀리지 않는 메시지는 무엇이고, 왜 화성은 인류의 접근을 막는 걸까? 몇 해 전 2020년 이내 달에 유인기지를 건설하고 화성 탐사의 전진기지로 삼겠다는 우주 계획이 발표되었다. 미지의 세계, 우주는 과연 우리 앞에 그 문을 열어줄지 기대해 본다.

PART 4

진실은 저 너머에
음모의 미스터리

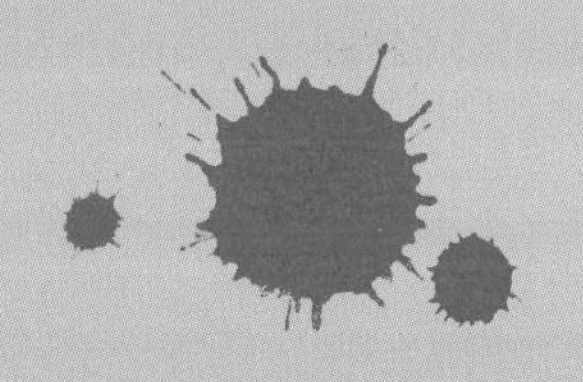

개인정보 유출, 사생활이 감시당하고 있다

2001년 911 테러 이후 미국은 온라인 감시 체계를 대폭 강화했다. 세계 전역의 테러범들이 인터넷을 이용해 암약하는 것이 감지됐기 때문이다. 고도의 첨단 기술로 변모한 테러 공격에 대처하기 위해 세계 여러 나라들은 강력한 국가 안보시스템을 구축한다.

위험한 단어를 검색창에 입력하지 마라

2005년 10월 13일, 미국의 전자 프런티어 재단(EFF – Electronic Frontier Foundation)은 시중에서 유통되는 컬러 레이저 프린터에 미 국가안보국(NSA)의 추적 코드가 내장돼 있다고 공개했다. EFF는 프린터를 사용할 경우 비밀 코드가 종이에 인쇄되는데 이를 정밀 분석하면 누가, 언제, 무슨 프린터로 인쇄했는지 추적이 가능하다는 것이다. 또 EFF

재단은 미국의 통신회사 AT&T가 개인의 권리를 침해했다며 소비자를 대신하여 집단 소송을 제기해 관심을 끌기도 했다. 그들의 주장은 세계 모든 나라들의 전자통신망을 자동으로 분석하고 개인의 정보를 감시할 수 있는 에셜론이라는 시스템을 가진 국가안보국이 있다는 것이다. 이 기관은 샌프란시스코에 있는 AT&T 건물 6층 코너에 작은 밀실을 만들고 인터넷 트래픽 분석 소프트웨어를 이용해 개인의 데이터를 수집하고 검열한다. 이 같은 폭로에 정부 당국자는 테러를 막고 국민을 보호하려면 수색영장 없이 통신 정보를 수집할 수 있어야 한다고 발언했다.

이와 관련된 자료를 EFF에게 제공한 이는 마이크 클레인으로 22년 동안 AT&T에서 기술자로 근무했던 네트워크 전문가다. 그에 따르면 네트워크 교환실 옆에는 출입이 통제된 밀실이 있으며 그곳에는 나루스 사가 개발한 세맨틱 트래픽 애널라이저(STA – Semantic Traffic Analyzer)가 설치되어 있다고 한다. 이 데이터 마이닝(Data-mining) 정보 검열 장치는 10기가바이트가 넘는 많은 트래픽을 실시간으로

즉각 분석할 수 있다.

인터넷 네트워크 서비스 회사들은 회사 내의 트래픽을 감시하기 위해 패킷이 오고가는 지점에 트래픽 분석 소프트웨어를 설치한다. 그리고 중앙 서버를 통해 이메일과 인스턴트 메시지, 비디오 스트리밍, 인터넷 전화 등 인터넷을 통해 생성되는 모든 통신 데이터를 수집해 분석한다. 미 국방성은 테러와의 전쟁 선포 이후 통합 정보인식(TIA – Total Information Awareness) 프로그램을 도입한 바 있다. 클레인의 주장을 분석한 안보 전문가들은 STA가 TIA의 일부로 2002년경에 계획되어 2003년에 미국의 모든 통신사 건물에 설치됐다.

이 같은 '밀실'들을 제어하는 중앙 서버는 정보사령부(INSCOM)에 있을 것이라고 추측했다.

전화, 휴대폰, 인터넷 등을 통해 수억 명이 넘는 인구가 한꺼번에 주고받는 정보를 제어하는 방식은 통신 과정에서 자동으로 발생하는 특정 단

미국 메릴랜드 주 포트 미드에 있는 NSA 본부

어를 추적해 이용자들을 분류한다. 선별된 사람들은 전화와 휴대폰을 포함해 그들이 접촉하는 모든 통신 및 전산 데이터가 추적되고 감시된다. 이때 데이터는 정보사령부의 슈퍼컴퓨터로 집결되어 자동 분석되는 것으로 알려졌다. 전문가에 따르면 테러 지원국이나 위폐 제조 및 마약을 거래하는 집단을 비호하는 개인과 집단은 특별 관리자들로 분류돼 발견 즉시 해당 국가의 정보기관에 자동으로 통보되고 본인뿐 아니라 가족과 친지까지 24시간 동안 감시를 받는다고 한다.

일부 인권 운동가들 및 정보 수집을 비판하는 사람들은 감시 시스템이 조지 오웰의 소설 『동물농장』에 나오는 '빅 브라더'라며 반발하고 있으나 끔찍한 테러들이 빈번해지자 의견이 양분되고 있다. 오히려 많은 사람들이 정보기관의 특수성을 이해하고, 정부가 좀 더 강력한 대테러 대책을 강구해 주기를 바라고 있다.

일부 통신 보안 전문가들은 프린터의 추적 코드 발표 때와 마찬가지로 AT&T 통신망 시스템의 공개 과정이 의도적일 수 있다고 주장했다. 나루스 사의 소프트웨어는 오래전부터 안보국이 사용해 온 정보 수집 장치라서 군이 '밀실'을 운영하지 않고도 운용이 가능하기 때문이다. 즉 이 같은 이야기가 공공연하게 거론된 것은 국가안보국이 그동안 비밀리에 수행해 온 대테러 통신 보안 시스템을 의도적으로 공개하고 국민들에게 이를 주지시키기 위해서라는 것이다.

컴퓨터는 당신의 사생활을 보장하지 않는다

2001년 11월 20일, 미국의 MSNBC 뉴스 칼럼니스트 밥 설리번은 미 연방 수사국(FBI)이 '매직 랜턴'이라고 불리는 키로거(Keylogger) 감시 소프트웨어를 개발했다고 보도했다. 이 소프트웨어는 컴퓨터의 사용자가 입력하는 모든 것을 기록하여 특정 인물에게 자동 전송하도록 디자인된 트로이 목마 바이러스의 일종이다.

이것은 보통 바이러스와 달리 사용자의 실수로 컴퓨터에 설치되는 것이 아니라 연방수사국이 보낸 이메일이나 OS의 허점을 통해 자동으로 설치된다는 점이 특이하다. 연방수사국이 이 프로그램을 통해 특정 사용자가 조회하는 웹사이트나 이메일, 대화방, 인스턴트 메시지 등으로 누구와 접속하는지 빠짐없이 감시할 수 있다. 또한 연방수사국 관계자는 지난 십 년간 여러 회사와 협력하여 테러나 범죄 용의자들이 주고받는 암호화된 데이터를 감시하는 기술을 연구해 왔다고 인정했다. 하지만 매직 랜턴의 사용 여부에 대해서는 언급을 피했다.

2001년 11월, AP통신의 테드 버디스 기자는 이와 관련해 새로운 음모론을 제기했다. 세계 굴지의 방화벽 및 안티바이러스 프로그램 개발 회사들이 연방수사국과 협조해 자신들이 제조한 프로그램들이 사용자 모르게 컴퓨터에서 작동하도록 했다는 것이다. 물론 해당 회사들은 이를 부정하며 해명에 나섰다.

세계의 테러 조직들은 암호 프로그램을 사용하여 서로 연락하고 있으며 연방수사국 또한 이를 알고 있다. 연방수사국은 매직 랜턴과 유사한 프로그램들을 통해 이들의 계획을 미리 알고 테러와 범죄를 제어할 수 있기를 기대한다. 실제 그들은 이런 방법으로 악명 높은 갱스터인 니코데모 스칼포를 검거하는 데 성공했다. 이때 사용한 프로그램이 키로거 감시 소프트웨어이다. 연방수사국은 키로거를 이용하여 불법도박과 사채업 혐의로 스카포를 기소할 수 있었다. 키로거는 온라인에서든 오프라인에서든 모두 작동 가능하고, 용의자가 인터넷을 끈 상태에서 컴퓨터를 사용해도 다시 인터넷에 연결되는 순간 오프라인 상태에서 입력했던 모든 자료가 연방수사국으로 전달된다.

매직 랜턴과 유사한 소프트웨어들은 오늘날 미국만이 아닌 세계 전역의 컴퓨터에 자동 설치돼 개인용 컴퓨터에 광범위하게 사용되고 있는 것으로 알려졌다. 한편에서는 이런 매직 랜턴 기술이 개인의 사생활을 침해하는 데 악용될 소지가 충분하다고 우려하고 있다.

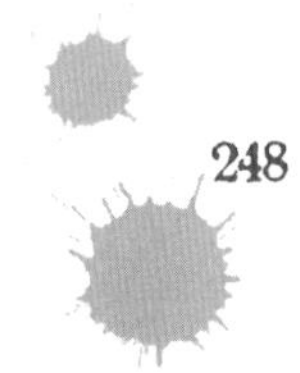

개인 정보가 들어 있는 칩을 몸속에 이식하다

애완동물을 잃어버리거나 도난당했을 때 위치를 추적할 수 있도록 칩을 이식하는 서비스가 몇 년 전부터 시행되었다. 이 기술은 점차 발달해 최근 동물이나 인간의 GPS(지리측정시스템) 추적이 가능해졌고 개인의 신원 확인과 의료 기록, 각종 전자 결제 등으로 그 활용 범위를 넓혀가고 있다. 개인 정보가 입력된 마이크로칩은 놀랍게도 피부 밑에 이식되기도 한다.

지난 7월 16일 《워싱턴포스트》 지는 멕시코의 라파엘로 마세도 법무부 장관과 160명의 그의 직속 검찰수사관이 팔꿈치에 저주파를 발신할 수 있는 마이크로칩 캡슐을 이식했다고 보도했다. 이 칩에는 GPS 외에 개인 신상 자료와 각종 전자 정보가 입력돼 있다. 멕시코 법무부는 3천만 달러를 들여 이 마이크로칩을 인식할 수 있는 컴퓨터 데이터베이스를 구축했다. 이로써 수사관들은 칩을 이용한 네트워크 안에서 효과적으로 범죄를 소탕할 수 있게 됐다.

현지 언론은 이들을 '로보캅'이라고 불렀다. 이들은 SF영화 〈마이너리티 리포트〉의 프리크라임 특수경찰대(미래의 미국에서 범죄를 예측하고 이를 미리 진압하는 경찰)와 비교되기도 했다.

현재 세계 각국은 테러 위협에 대비하여 첨단 과학기술을 동원해 강력한 국가 보안체제를 구축하고 있다. 특히 미국은 최근 국토안전법을 제정했는데 이것은 올해 10월 26일까지 시민들의 여권을 아무도 위조할 수 없는 생체인식 여권으로 대체하도록 한 것이다. 이 같은 기술은 글로벌 네트워크를 통해 언제 어디서든 특정 개인의 신상자료가 자동 열람 및 분석되는 것을 가능하게 한다.

기존의 신용카드, 운전면허증, 신분증과 의료카드 등 각종 개인 신상에 관련된 마그네틱 카드는 IC(집적회로)가 내장된 스마트카드 단 한 장으로 통합 교체될 것이고, 이 스마트카드는 몸속에 쉽게 이식되는 마이크로칩으로 대체될 전망이다. 그러면 공항 출국 검사나 건물 출입 시 별도의 검색을 하지 않아도 되고 병원 수속도 서류 없이 자동 처리된다.

쇼핑 할 때도 계산대에 머물 필요가 없는 세상이 되는 것이다. 실제로 지난해 4월, 독일의 최대 유통업체인 매트로 그룹은 슈퍼마켓의 고객들에게 마이크로칩 카드를 제공해 자동 계산 서비스를 실현시켰다.

또 스페인 바르셀로나의 한 나이트클럽은 단골고객들에게 '베리칩' 이란 마이크로칩을 몸속에 넣어 VIP서비스를 제공하는 마케팅으로 성업 중이라고 보도됐다. SF영화에서나 볼 수 있었던 일이 현실에서도 이루어지고 있다.

이러한 스마트카드나 신체 이식 마이크로칩 같은 기술이 사생활과 인권 침해의 위험을 야기한다는 비판도 있다. 또 테러방지법 등은 새로운 통제와 지배의 음모라는 반발도 만만치 않다. 하지만 그럼에도 선진국들은 급변하는 첨단 과학기

술의 주역이 되고자 앞다투어 이런 제도를 도입하고자 박차를 가하는 중이다. 본인의 동의 없이 사생활이 감시되는 것에 대한 우려도 각국의 정보 담당국은 오로지 범죄나 테러를 예방한다는 목적일 뿐 절대 다수의 건전한 시민들의 개인적 삶과 기본권은 보호될 것이라고 공언하고 있다. 과연 최첨단 정보화 사회에서 개인의 사생활은 어디까지 보호될 수 있을 것인가?

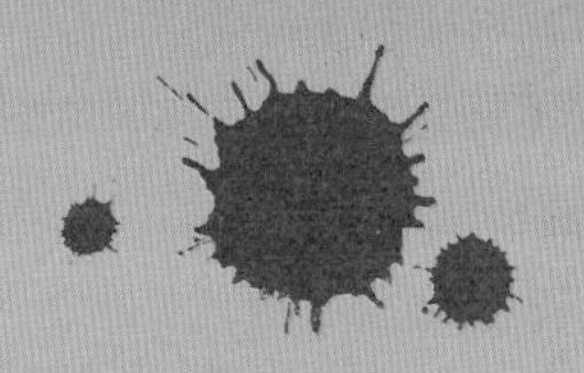

하이테크가 공포로 다가온다

오늘날 세계의 과학기술은 엄청난 속도로 발전하고 있다. 끝없이 진화하는 신기술들은 인간의 삶을 윤택하게도 하지만 때로 예기치 못하는 폐단을 야기하기도 한다. 발전하는 과학기술의 거침없는 질주에 인간은 과연 어느 정도 대처할 수 있을까?

전기민감성 신드롬

지난 9월 11일, 영국의 보건보호청(HPA)은 휴대폰, 전기 송전탑, 컴퓨터 스크린 등에서 방출되는 전자기장이 울렁거림이나 두통, 근육통 등 질병을 유발할 수 있음을 인정했다고 《선데이 타임스》 지가 보도했다. 이에 따라 정부 관계 부처에서는 근래 논란이 됐던 전기민감성(Electrosensitivity) 신드롬에 관한 논평을 발표했다. 자료에 따르면 전기민감성 신드롬은 그 실체가 아직 과학적으로 규명되지 않았다. 하지만 신체적 손상을 입고 고통을 받는 인구가 증가하고 있으며, 이 신드롬을 앓고 있는 영국인은 수천 명에 달한다고 한다.

대부분의 유럽 국가들은 이 사실을 인정하지 않았지만 영국이 처음 공식적으로 인정했고, 스웨덴이 지난 2000년 전기민감성 증상을 신체적인 손상이라고 규정했다. 현재 스웨덴에는 30만 명 이상의 전기민감성 피해자들이 있고 국가는 이들을 전자기장 노출로부터 보호받도록 지원하고 있다. 전기 조리기구를 가스기구로 교체하고 특수 전선을 사용하며 벽, 지붕, 마루, 창문은 전자기장을 커버하는 알루미늄 포장을 하거나 아예 전자기장이 미약한 다른 곳으로 이주하기도 한다.

지난 1월, 영국 정부와 보건보호청의 윌리엄 스튜어트는 국민들 중 일부가 전자기장에 노출되어 신체가 손상될 수 있다며 휴대폰과 전기 송신탑들에 대한 설치계획과 규정을 전국적으로 재심사하도록 요청했다. 이에 정부는 4월부터 재심사에 착수했다. 영국 전기민감성 단체 의장 로드 리드는 전기에너지라는 새로운 유형의 공해에 대한 인식의 출발점이 될 것이라고 말했다.

또한 보건보호청의 방사능 보호국 부국장 질 미아라 박사는 전기민감성의 피해가 과학적으로 입증되지는 않았지만 환자들은 여전히 여러 증상을 보이는 상태이므로 전자기장에 대한 노출을 피하는 것이 좋다고 말했다. 이에 대해 퀸메리 대학의 병리학부 콜린 베리 명예교수는 "과학적인 입증 없이 사람들에게 무엇을 어떻게 하라고 조언하는 것은 극히 무책임하다"며 정부의 발언을 질책했다. 결국 전자기장에 의한 피로, 두통, 피부 이상 등 증상이 확연함에도 불구하고 과학과 의학계의 주류 견해는 이를 질병 증세로 인정하지 않는 추세이다.

하지만 전자기장은 일부 사람들에게 여러 가지 이상 증세를 유발하고 있으며 이로 인해 생활에 큰 영향을 받고 있다. 어떤 사람들은 직장을 포기하고 멀리 떨어진 곳으로 이사하기로 한다.

노팅엄의 사업가 브라이언 스테인(56)은 지난 4년간 휴대폰을 사용할 때 귀에서 심한 고통을 느꼈다. 그러다 그는 컴퓨터와 전화기를 단 몇 분도 사용할 수 없게 되었고, 자동차나 전기 기차, 장거리 비행도 불가능하게 되었다. 그는 에섹스 대학교의 전기민감성 테스트를 받는 도중에 큰 통증을 호소해 실험 도중에 중단하고 말았다. 그는 "과학자들과 전문 권위자들이 전자기에 영향을 받는 나 같은 사람과 대화하기를 원치 않는 것은 그들이 이 증상을 사실로 증명하는 방법을 모르기 때문이다"라고 맹렬히 비난했다.

최근 우리나라에서도 휴대폰 사용자의 안면에 붉은 반점이 생기거나 휴대폰 기지국 인근 주택에 사는 어린이의 다리뼈가 썩는 증상이 나타났다. 인근 주민 수십 명은 두통과 빈혈 증상을 호소하기도 했다.

전자제품들이 날로 다기능화되고 블루투스, Wi-Fi 등 고성능 무선통신 기능이 추가됐다. 휴대폰 하나만 있으면 MP3, TV, 카메라, 캠코더 등이 해결되는 시대이다. 휴대폰이 마치 신체의 일부분처럼 된 지 오래다. 이런 환경 탓에 빈혈, 청력과 시력의 급격한 저하, 기억력 퇴화 및 근육통을 겪고 있는 인구가 갈수록 늘고 있다. 일부 과학자들이 경고한 대로 어린

이들과 청소년들에게 신체 노화 현상이 일어나는 것을 우려하는 목소리도 높아지고 있다.

무선 인터넷 기술이 사람을 해친다

지난 4월 22일, 영국 일간지《인디펜던트》에서는 한창 관심이 고조되고 있는 전기민감성 신드롬과 더불어 전자 스모그에 대한 기사가 보도됐다. 전국 초·중·고등학교에 보급된 무선 컴퓨터 네트워크(Wi-Fi)의 전자 스모그가 휴대폰과 마찬가지로 어린이들에게 심각한 위협이 될 수 있다는 전문가들이 주장했기 때문이다. 이에 대해 전국 3만5천 명의 교사들이 교육 당국에 확실한 조사를 요청했다.

보건당국에서는 조사 결과, 최근 보급된 Wi-Fi 설비에서 휴대폰과 유사한 방사선이 방출되어 학생들에게 암과 조기 노화 증상이 초래될 위험이 있다고 경고했다. 무선으로 컴퓨터를 하고 인터넷에 접속하는 마법 같은 시스템인 Wi-Fi는 영국 학교에 이미 급속도로 퍼져 초등학교의 과반수 이상, 중·고등학교는 40퍼센트가 사용하고 있다.

연구 결과 Wi-Fi 시스템이 유해하다고 판단한 일부 유럽 국가에서는 학교에서 Wi-Fi 사용을 금하거나 제한했다. 영국 버킹엄셔 스토 스쿨의 한 교사는 Wi-Fi를 설치한 이후 눈에서 갑자기 눈물이 나거나 눈 뒤쪽에서 압박을 느껴 통증을 호소하다가 교내의 일부 무선 통신 시설을 제거했다고 한다.

최근 연구 결과에 따르면 휴대폰의 전자기장은 암과 뇌 손상을 유발할 가능성이 있고 실제로 송신탑 근처에 사는 사람들은 각종 질병에 고생하고 있다. 스웨덴의 카롤린스카 연구소의 올레 조한슨 교수는 수천 건의 사례로 볼 때, Wi-Fi가 인체에 좋지 않은 영향을 끼친다고 경고하며 즉각 사용을 중지해야 한다고 말한다. 오스트리아 잘츠부르크 주정부도 16개월간의 공식 연구 끝에 Wi-Fi를 학교에 설치하는 것을 금했고 사용 자체를 금지하는 방안까지 고려하고 있다.

《인디펜던트》 또한 Wi-Fi를 새로운 '하이테크의 공포'로 규정했다. 더불어 과학의 발전을 통해 인류가 번영과 안락함을 이루었지만 심각한 대기오염과 지구 온난화의 문제를 떠안게 된 것처럼 Wi-Fi 등의 새로운 첨단 기술이 오늘날의 인류에게 또 어떤 악영향을 줄 것인지 두렵다고 보도했다.

묵시록의 사탄은 뉴테크놀로지?

마이스페이스닷컴의 블로거 아이블리스는 최근 자신의 블로그에 '미래 계시'라는 흥미롭고 특이한 음모론을 전개해 많은 네티즌들의 관심을 끌었다. 그는 성경의 「요한계시록」에 나오는 내용이 인류가 겪게 될 미래의 운명이라면 계시록 13장 16~18절에 등장하는 '짐승'은 바로 과학기술이라고 주장했다.

2002년 6월, 미 과학재단이 미래 과학기술의 표준으로 제시한 NBIC 융합 과학기술, 즉 나노(Nano), 생물(Bio), 정보(Info), 인지(Cogno) 기술이 연계된 슈퍼 컴퓨터가 '짐승'

의 실체라는 것이다.

2004년 10월, 미국 플로리다 대학교 토머스 드마스 박사는 쥐의 뇌세포를 추출하여 2만5천여 개의 뇌세포를 배양한 접시에 60개의 전극 봉을 꽂고 컴퓨터에 연결하여 서로 정보를 교환하게 했다. 또한 최근 유럽의 과학자들은 뇌세포에 이식되어 증식이 가능한 바이오칩을 개발해 살아 있는 유기체 컴퓨터의 실현을 앞당겼다. 나노튜브를 정맥에 주사하여 두뇌에 이식하는 나노칩은 앞으로 인간을 비롯한 모든 동물 두뇌

의 정보 처리 능력을 확장하고, 정보의 입출력을 가능하게 한다. 그렇게 되면 의식과 행동이 외부 슈퍼 컴퓨터에 의해 조종될 수 있다고 예측한다.

국가가 NBIC 기술 개발을 지원하고 촉진하는 데는 여러 가지 이유가 있다. 알츠하이머 같은 뇌질환을 치유하고 신체 장애와 무능력으로 고통 받는 사람을 도울 수 있고, 인간의 수명을 연장할 수 있기 때문이다. 하지만 이들의 궁극적인 목표는 슈퍼 컴퓨터로 인간 개개인의 행동과 사회 집단의식을 관리하고 통제할 만한 도구를 찾고 있다는 의견이 제기됐다. 이 가설은 인간을 신기술의 잡종으로 변형시켜 소위 포스트 인간으로 진화시키려 한다는 것이다. 그리고 이 목표를 하루 빨리 달성하기 위해 정부 각 부서와 국영 연구기관, 대학교 연구소, 모든 외부 전문기관들이 이 신과학 기술을 집중 연구하고 있다.

각 분야의 새로운 연구 성과는 국방성 과제 수행기관(DARPA)에 의해 통제되는 과학재단의 슈퍼 컴퓨터 데이터베이스로 보고된다. DARPA는 인터넷, 스텔스, 무인항공기 같은 기술을 개발하는 정부의 신기술 개발 총괄 조직이다. 최근 DARPA가 주목하는 분야는 뇌과학, 세포와 조직공학, 생물정보학, 바이오-실리콘 인터페이스 등이다.

미 항공우주국은 최근 디지털 엔젤 인공위성으로 GPS와 RFID, 그리고 바이오칩을 추적하는 시스템을 시민들에게 적용하기 시작했다. 이 위성은 바이오칩이 이식된 물고기를 바

에셜런 국제 통신 감청망

다에 풀어놓고 물고기들의 의식과 행동을 컴퓨터로 조종하는 훈련을 하고 있다. 특히 뇌에 이식된 바이오칩은 다양한 물리적 요소를 통제할 수 있는데 인체 생리와 감정 등을 컨트롤하며 눈으로 보거나 컴퓨터로 처리하는 자료를 외부에서 무선으로 녹음하는 기능까지 갖추고 있다. 심지어 이식된 바이오칩을 통해 사람의 심장을 멎게 할 수도 있는 수준이다.

결국 미 국가안보국의 에셜런과 첨단교통관리시스템(ITS), 이동 물체 감시(CTS), 인터넷망을 통한 추적, 구글 등의 데이터베이스로 집중되는 개인의 사적 정보까지 활용될 때 어떤 개인도 사생활의 영역을 지킬 수 없다. 따라서 이 미래 융합과학기술이 성경의 '짐승'이라는 것이다. 그리고 「요한계시록」의 '짐승의 표식'은 인간들의 몸에 이식된 바이오칩을 의미한다. 훗날 현금이 사라지는 세상에서는 이 표식 없이 아무것도 매매할 수 없어 사회적 활동은 물론 생존 자체가 불가능해질지도 모른다.

인간의 즐거움과 욕구는 바이오칩이 제공하는 디지털 황홀경이 대신하며 신을 숭배하는 종교나 신앙체계 또한 더는 존재하지 않을 것이라고 음모론자들은 말한다. 전문가들은 세계 주요 국가들이 2012년 안에 국민들에게 바이오칩 이식을 추진하여 새 시대 기반 구축에 박차를 가할 것이라고 말했다.

아이블리스의 미래 예시는 마치 영화 〈매트릭스〉 〈터미네이터 3〉 〈제5원소〉의 미래 사회를 보는 것 같아 무척 흥미롭다. 하지만 과거 공상 과학 영화의 장면들이 십수 년이 지나 실제로 실현되는 과정을 경험한 네티즌들은 아이블리스의 음모론을 놓고 공방이 치열하다. 짐승(새 과학기술 시스템)이 지배하는 세상이 지구의 종말 시점이며 첨단과학 기술을 적그리스도로 해석, 외계에서 구세주가 나타나 인류를 구해줄 것이라고 기대하는 사람들과 지구가 신기술로 하나가 되면 더 이상 전쟁이나 테러가 없는 평화로운 황금시대가 도래할 것이라는 사람들이 있다.

또 어떤 이들은 과학기술 혁명이 다방면에서 치밀하고 광범위하게 진행되고 있어 아직은 전체적인 방향과 흐름을 파악하기 어렵다고 말한다. 그래서 올바른 이해와 좌표를 설정하는 데 실패할 위험이 있다고 지적하며 더욱 신중하지 않으면 인류의 미래를 파괴하는 우를 범할 수 있다고 경고한다.

우리의 삶을 윤택하게 하기 위한 신기술이 때로는 우리의 신체에 치명적인 피해를 주거나 심지어 인류의 미래를 위협할 수 있다. 인류에 의해 발전되어 온 과학 기술을 통제하지 못한다면 우리는 기술에 지배당할 수 있다. 그 권력과 영향력은 이미 인간의 한계를 넘어섰는지도 모른다. 과학과 기술이 최첨단이라는 새로운 이름의 바벨탑이 되어 인류를 자멸로 몰아넣는 건 아닐까?

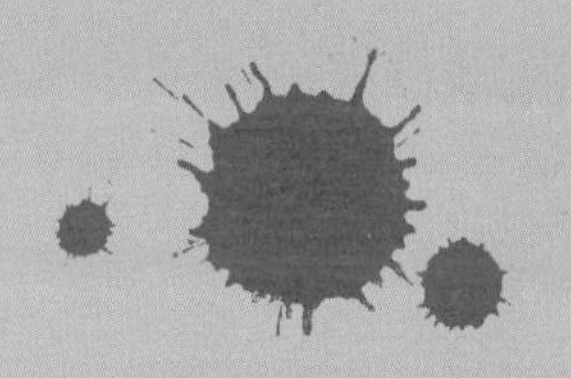

지구를 통제하는 비밀 조직이 활동한다

유럽연합이 표방하는 것처럼 인류는 마치 하나의 세계정부 또는 신세계 질서를 향해 진화하고 있다. 그런데 이미 세계의 법과 질서는 보이지 않는 막강한 비밀 조직에 의해 조종되고 있다고 믿는 사람들이 있다.

세계 정부를 지향하는 일루미나티

미국의 1달러 지폐 뒷면에는 피라미드 모양이 있다. 허공에 떠 있는 작은 피라미드에는 눈이 그려져 있는데 이것은 고대 이집트 시대부터 전해 내려오는 '모든 것을 보는 눈'을 뜻한다. 그런데 왜 이 상징이 지폐 뒷면에 들어 있는 것일까? 일부 음모론자들에 따르면 그 심벌은 세계적 비밀 조직인 '일루미나티'의 상징이라고 말한다. 이 단체는 실체가 공개되지

미국의 1달러 지폐 뒷면에 있는 피라미드 문양

18세기 일루미나티 집회

않은 범세계적 절대 권력을 가진 그림자 정부이며 세계 단일 정부를 지향하는 세력이라고 알려져 있다.

일루미나티는 정치인과 사업가, 왕족, 귀족 등 사회 엘리트 계층으로 구성됐다. 그 역사는 18세기 독일 바바리아부터 시작된다. 1776년 5월 1일, 바바리아 잉골스타트에서 아담 바이스하우프트가 사회 엘리트 계층을 멤버로 결성한 비밀 결사 조직 '바바리안 일루미나티'가 시초다. 불과 10년 만에 유럽 전역에 2천 명이 넘는 멤버로 성장한 일루미나티는 권력을 유지하고 키우려는 귀족들이 다수였다. 이들의 공식적인 활동은 1785년까지로 되어 있지만 실제로 영국, 스페인, 미국 등 세계 곳곳에서 은밀히 성장한 것으로 알려졌다.

일루미나티에게는 숙적이 있었는데 바로 유럽의 왕정과 기독교였다. 이 때문에 현대의 음모론자들은 프랑스 혁명과 러시아 혁명의 배후에 일루미나티가 있다고 주장한다. 영국의 음모론자 데이비드 아이크는 세계적으로 큰 사건의 배후에는 모두 일루미나티가 있다고까지 말한다. 이 때문에 일루미나티는 기독교과 왕정의 경계를 늘 감당해야 했다.

예를 들어 캐나다 가톨릭 단체인 필그림스 오브 세인트 마이클(POSM)은 일루미나티가 모든 사악한 사건들을 배후 조종한다고 주장한다. 일루미나티가 세계 금융을 악의적으로 제어하며 물질적 가치를 신보다 우위에 놓아 인류와 신을 단절시키기 위해 존재한다는 것이다. 또한 일루미나티는 사탄을 신봉하기에 늘 어둠 속에 숨어 있다고 말한다. 그들의 목적은 세상 모든 종교와 정부를 제거하고 자신들의 정부를 세우는 것이기 때문이다. 나라들을 분열시키거나 무기와 돈을 제공해 분쟁을 일으켜 그 과정에서 약화된 세력을 장악할 뿐만 아니라 세계에 극심한 가난을 고의적으로 유발시킨다고 주장한다.

POSM은 일루미나티가 네 가지 과정을 통해 세계 단일정부를 구체화하고 있다고 말한다. 첫째는 세계 정부 요인들을 돈과 성으로 매수한다. 유혹에 빠진 정부 요인들은 금전적으로 파산당하거나 망신을 당하거나 본인과 가족에게 물리적 피해를 줄 수도 있어 이들을 거부하기가 쉽지 않다. 둘째는 대학교에 침투해 장래가 촉망되는 유수 가문 출신들을 멤버로 포섭한다. 왜냐하면 일루미나티는 혈통이 좋고 머리가 좋은 자들만이 다수를 지배할 권리가 있다고 생각하기 때문이다. 셋째는 포섭된 사람들을 정부 요직에 침투시켜 국가 기강을 흔들고 공작을 펴서 종교를 파괴한다. 마지막 과정은 언론을 장악하는 것인데 라디오나 TV, 영화 등 매스미디어를 통해 사람들이 뜻을 따르도록 유도한다.

이들이 주장하는 일루미나티의 실체가 사실이라면, 그래서 이미 국경을 초월해 각 나라의 요직을 장악했다면 개인과 국가는 그들을 과연 제어할 수 있을까? 이토록 거대한 세력이 존재할 수 있는 걸까? 우리는 이미 그들의 손 위에 세워진 세계에서 그들의 의도대로 살아가고 있는 것은 아닐지….

보헤미안 그로브에 우뚝 선 부엉이 조각상

매년 7월이면 미국 캘리포니아 주 소노마 카운티의 드넓은 숲에서 130년 전통의 비밀결사 조직이 모여 독특한 집회와 휴가를 보낸다. '보헤미안 그로브'라고 불리는 이 집회는 1872년 샌프란시스코의 저널리스트들에 의해 창설되어 프리메이슨, 일루미나티, 나이트 템플라 등 비밀 조직의 멤버들이 참가해 연례 정기 모임을 갖는다. 조직의 특성상 외부에 단체의 존재나 참석자, 그리고 어떤 행사를 갖는지 등이 공개되지 않아 이들의 모임은 늘 베일에 가려져 있다.

고대 이집트에서 지혜의 상징인 부엉이 신을 숭배하는 보헤미안 그로브 멤버들 중에는 역대 미국 대통령들을 포함해 국가의 최고위 정치인, 언론인, 군인, 금융가 등 사회를 이끄는 엘리트 지도자들만 수천 명이다. 보헤미안 그로브는 이 모임이 비즈니스를 위한 것이 아니라고 하지만 실제로는 주요 정책 결정과 차기 대통령 후보 등이 논의되는 자리이다. 일례로 세계 최초의 원자탄 생산에 대한 구상이 '맨해튼 프로젝트'라는 이름으로 1942년 이 집회에서 초안이 나왔다.

이 의식의 하이라이트는 '케어의 화장'인데 두건을 쓴 사제들이 거대한 부엉이 석상 앞에서 관을 연상케 하는 물건을 태우는 의식이다. 2천7백 에이커의 드넓은 숲은 늘 삼엄하게 지켜지는데, 2000년 미국 텍사스 주 라디오 진행자인 알렉스 존스가 비디오카메라를 숨기고 잠입해 이 의식을 촬영하여 인터넷에 공개한 바 있다. 이 동영상에는 거대한 부엉이 석상 주위에 둘러선 사제들이 불을 붙이는 장면이 나온다.

한편 미국 잡지《OC 위클리》지도 과거 보헤미안 그로브 출신을 인터뷰했다. 이 여성 제보자는 자신의 신원을 공개하지 않는 조건으로 보헤미안 그로브에 대해 공개했다. 그녀는 보헤미안 그로브의 부엉이는 석상이 아니라 플라스틱이며 호수 주위의 돌

보헤미안 그로브 회원들의 집회 장면

들은 스피커가 내장된 장치라고 말했다. 또한 그들의 집회는 세계 지도급 인사들의 비밀 회의가 아니라 부유한 권력층 남성들의 파티라고 덧붙엿다. 그녀는 케어의 화장 또한 여가 활동이라고 말했는데 모인 사람들이 3주간의 휴가를 즐기고 돌아갈 뿐이라는 것이다.

그러나 이 내용에 대해 음모론자들은《OC 위클리》지와 인터뷰한 제보자가 진실을 은폐하기 위해 거짓 증언을 했다고 주장한다. 단순한 여가 활동을 하는 클럽이 왜 외부에 알려지는 것을 그토록 꺼리는지 논리적으로 설명되지 않는다고 했다.

비밀 조직 스컬 앤 본스는 누구인가

미국에서 가장 큰 영향력을 가진 비밀 조직들 중 하나인 '스컬 앤 본스'는 코네티컷 뉴헤븐의 예일 대학교에 본부를 두고 있다. 175년의 전통을 가진 '스컬 앤 본스'는 프리메이슨과 유사한 의식을 행하며 예일 재학생이라도 쉽게 멤버가 되지 못하는 엄격한 조직이다. 이 조직은 1832년 윌리엄 헌팅톤 러셀 장군과 알폰소 태프트가 엘리트 계층을 위해 창설했는데, 알폰소 태프트는 국제연합 창설을 주도한 미국의 27대 대통령 하워드 태프트의 부친이다.

스컬 앤 본스는 창설 이후 동일한 회원 선발 절차를 고수하며 매년 열다섯 명의 신입회원을 선발한다. 신입회원들은 입회식에서 발가벗고 관에 누워 성적 체험담 등 가장 비밀스러운 사생활을 공개해야 하는데, 이 전통은 신입회원들이 변심하거나 탈퇴할 때를 위한 안전장치 같은 역할을 한다. 지금까지 2천5백 명 정도 가입을 했고 현재 5~6백여 명이 활동 중이다.이들 중 4분의 1 이상은 졸업 후에도 계속 스컬 앤 본스와 깊은 관계를 유지하고 있다.

스컬 앤 본스 회원들의 사진

가족 중 스컬 앤 본스 멤버가 있으면 회원이 되기가 유리하다. 그러나 활기차고 능력이 비상하거나 정치적이고 도덕성이 투철한 사람만이 회원이 될 수 있다. 27대와 41대, 그리고 43대 미국 대통령 또한 스컬 앤 본스 회원이다. 예일대 재학생들로 이루어진 현역 회원들은 매주 목요일과 일요일 아침에 '무덤'이라고 부르는 본부에서 모임을 갖는다. 회원들은 이름을 대신해 각자의 비밀 코드로 불리는데, 이 코드는 로마 신화의 인물들과 깊은 관계가 있다. 또 멤버들끼리 서로를 '기사'라고 부르고 스컬 앤 본스가 아닌 사람들은 '바바리안'이라고 한다.

스컬 앤 본스의 유명한 멤버로는 미국 대통령이었던 조지 H. W. 부시와 아들인 조지 W. 부시 대통령, 그리고 윌리엄 하워드 태프트 대법원장 등이 있다. 2004년 대통령 선거는 역사상 처음 두 대통령 후보(존 케리 상원의원과 조지 W. 부시 대통령)가 모두 스컬 앤 본스 출신인 것이 화제가 됐다. 당시 두 후보 모두 스컬 앤 본스에 대한 답변을 회피했는데 비밀을 지키는 의무 또한 규칙이기 때문이다.

스컬 앤 본스는 철저한 비밀 속에 존속되어 오다가 1985년 옛 멤버가 1833년부터 1985년 사이 회원 명단을 앤토니 C.

서톤에게 공개하면서 세상에 알려졌다. 서톤은 제보자의 신원 보호를 위해 이를 공개하지 못하다가 15년이 지나서야 공개하게 되었다. 그리고 2003년 크리스 밀레간이 스컬 앤 본스의 멤버 리스트를 공개하여 미국에서 엘리트 계층으로 이뤄진 권력체계를 보여주었다. 맷 데이먼, 로버트 드 니로, 안젤리나 졸리 주연의 영화 〈굿 셰퍼드〉는 사상 최초로 스컬 앤 본스의 실체를 리얼하게 재현해 큰 화제가 됐다. 영화 제작진은 현재까지 막강한 영향력으로 사회를 움직이는 비밀 조직의 실체에 가까워지기 위해 노력했다고 한다.

프리메이슨, 일루미나티, 보헤미안 그로브, 스컬 앤 본스 등 세계 굴지의 권력을 지닌 비밀 조직들은 서방에서뿐 아니라 아시아, 중남미 등 여러 나라에서 활동한다. 그들은 엘리트 계층을 각자의 국가 핵심 멤버로 삼고 있다. 음모론자들의 주장과 같이 세계 단일 정부와 세계의 신질서 수립이 진행되고 있는 것인가?

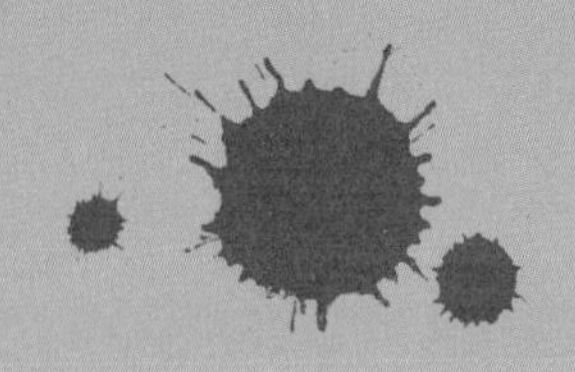

프리메이슨, 그들을 파헤친다

세상의 수많은 음모론 중 주요 소재로 언급되어 온 것이 바로 프리메이슨이다. 근래 영화와 소설 등에 소개되며 더욱 관심을 받기도 했다. 진정한 음모론이라면 그 비밀의 핵심을 폭로해야 하겠지만 사실 프리메이슨에 대한 이야기의 대부분은 정확하지 않다. 한편 최근 내셔널지오그래픽이 〈프리메이슨의 비밀〉이라는 다큐멘터리를 방영하면서 다시 관심이 집중되고 있다. 영화가 아니라 실제 워싱턴 롯지에서 열린 프리메이슨의 집회를 공개한 드문 일이었다. 그들에 대한 관점 또한 공정하고 충실히 다루어졌다.

프리메이슨과 템플 기사단, 이들은 누구인가

유럽과 미국의 문화와 역사를 제대로 이해하려면 프리메이슨에 대해 먼저 알라는 말이 있을 정도로 이 비밀 조직의 영향력은 대단하다. 하지만 조직의 비밀스런 특성 때문에 전설과 괴담만 떠돈 채 그 실체에 대한 정확한 정보는 거의 없다. 기원에 대해서도 기독교 이전 유럽의 고대 신앙 드루이드에서 유래됐다는 설과 고대 이집트의 이시스-오시리스 숭배신앙, 또는 기원전 2세기에 결성된 유대인의 신비주의 단체인 엣세네파에서 유래됐다는 설이 있다.

하지만 프리메이슨 연구가들에 따른 유력한 가설로 볼 때, 프리메이슨은 BC 967년 이스라엘 솔로몬 왕 신전 건축 당시 시작되었다. 구약성경 〈열왕기〉의 솔로몬 성전 건축에 대한 구절에 히람 아비프라는 석공이 등장한다. 전설에 의하면 그가 바로 프리메이슨의 선조라고 한다. 어느 날 제자였던 세 명의 석공이 히람을 찾아와 그만이 알고 있는 성전 건축의 비밀을 말하라고 위협했다. 히람은 이를 거부하다가 살해되었다. 이 소식을 들은 솔로몬 왕은 히람의 살인자들을 잡아 산 채로 신에게 바치도록 명령했다. 그리고 성전의 비밀을 영원히 지키고 스스로 기술을 보호하도록 석공들의 비밀 조직을 만들어주었는데, 이 비밀 조직이 바로 프리메이슨의 효시라는 것이다.

프리메이슨과 밀접한 관계에 있는 또 다른 비밀 단체가 있다. 바로 템플 기사단이다. 영화 〈다빈치 코드〉와 〈인디아나 존스〉 등에 등장했던 비밀결사 조직이다. 귀족이며 프리메이슨 출신이었던 템플 기사단은 1118년 이스라엘 자파 항에서

프리메이슨 심벌

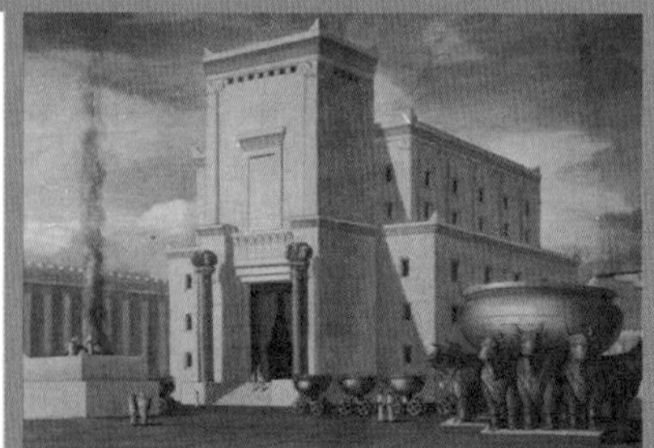
솔로몬 왕의 신전

전투하는 템플 기사단

예루살렘 성지로 가는 기독교 순례자들을 보호하기 위해 조직됐다. 전설에는 이들이 솔로몬 왕의 신전 옛터에 숨겨져 있던 보물 보관 장소를 찾아 엄청난 보물을 손에 넣게 되었다고 한다. 이로 인해 템플 기사단원들은 모두 큰 부자가 되었다. 이들의 세력이 커지는 것을 두려워하던 프랑스의 필립 4세는 보물과 재산까지 빼앗을 목적으로 1307년 템플 기사단원들을 체포해 온갖 고문과 형벌로 거짓 자백을 강요하다 처형시켰다. 필립 4세 앞에서 마지막으로 화형당한 사람은 템플 기사단의 단장 자크 드 몰레였다. 그는 "내가 죽은 뒤 1년 안에 국왕과 교황 모두 죽을 것이오"라고 저주를 퍼부었는데 한 달 뒤 교황이 죽었고 필립 4세 또한 7개월 뒤에 죽었다고 전해진다. 겨우 생존한 템플 기사단의 일부는 스코틀랜드로 도피했고, 150년 후 로슬린 성당을 건설했는데 이는 훗날 '스카티시

라이트'라는 프리메이슨의 본거지로 성장했다.

1700년 후반, 프리메이슨 조직의 활동이 다시 드러나기 시작했다. 1797년 프랑스의 예수회 신부 아베 바뤼엘은 프랑스 혁명은 프리메이슨이 배후에서 조종했으며, 루이 16세를 처형시켜 필립 4세의 후손에게 400년 만의 복수가 성공했다고 저술했다. 일설에 의하면 1793년 루이 16세가 처형되는 순간 누군가 "자크 드 몰레여! 드디어 복수했습니다"라고 외쳤다는 것이다.

또 다른 전설은 템플 기사단이 성배와 성궤 등의 보물을 로슬린 성당의 은밀한 곳에 묻어놓았다는 이야기다. 최근 댄 브라운의 소설 『다빈치 코드』에도 이 이야기가 등장해 프리메이슨과 템플 기사단에 대한 호기심과 그들의 임무에 대한 관심이 높아지기도 했다.

살인마 잭 더 리퍼는 프리메이슨?

1888년 8월 31일부터 11월 9일까지 영국 런던 인근 지역인 화이트채플에서 잔혹한 연쇄살인이 일어났다. 피해자는 다섯 명으로 모두 거리의 매춘부들이었다. 여인들은 교살당한 후 목이 잘리고 신체의 특정 부위가 절단되고 내장이 드러나는 등 살해 방법의 잔혹함으로 시민과 경찰을 경악하게 했다.

경찰은 정교한 흉기를 사용해 시신을 능숙히 다룬 점으로 살인마가 외과 의사나 해부학자일 가능성을 추정했다. 또한 경찰은 다섯 명의 피살자가 서로 잘 아는 사이이며 같은 술집

잭 더 리퍼에게 살해된 피해자를 묘사한 삽화

에 출입했던 것을 확인했다. 그리고 이들 중 한 명이 중요한 인사와 관계를 맺었고, 다섯 명이 공모해 협박과 사기행각을 벌이다 그 인사의 조직원에 의해 제거됐을 가능성을 제시했다. 특이한 점은 네 번째와 다섯 번째로 살해된 여인들의 이름인데 네 번째로 죽은 켈리는 '매리'라는 별명을 갖고 있었다. 범인은 매리 켈리를 추적해 살해했는데, 실수로 별명이 매리인 켈리를 죽인 것이다. 이어 다섯 번째 피해자는 매리가 실명인 켈리였다. 결국 살인자가 범행 대상을 무작위로 선택한 것이 아니라 계획적으로 살해했으며 이 과정에서 한 명을 실수로 죽였다는 것이다. 실제로 존재했던 역사상 최고의 연쇄살인범으로 손꼽히는 이 살인마는 그 잔혹성에도 불구하고 끝내 체포되지 않고 홀연히 사라져 현재까지 미스터리로 남아 있다. '잭 더 리퍼(칼잡이 잭)'로 알려진 이 범인은 범행 시점에 〈센트럴 뉴스〉에 연락해 자신의 이름을 '잭'으로 밝히는 대범함을 보였다. 이 세기의 살인범은 조니 뎁 주연의 〈프롬 헬〉로 영화화됐으며, 1980년대 초에는 FBI 행동 과학 부서에 의해 프로파일링되기도 했다.

그런데 오늘날 그에 대한 음모론 중에는 그가 프리메이슨이라는 주장이 있다. 그가 남긴 단서 중 프리메이슨과 관련된 몇 가지가 있기 때문이다. 프리메이슨 회원들은 초급에서 1, 2, 3도로 승격할 때 피의 서약을 한다. '세 명의 악당' 이라 불리는 이 의식은 주벨라, 주벨로, 주벨럼, 즉 솔로몬 성전의 석공 히람 아비프를 살해한 세 명을 저주하는 의식이다. 전설에 따르면 솔로몬 왕은 세 명의 살인범들에게 잔인한 처형을 명했다. 주벨라는 목이 잘리고 혀를 뽑힌 채 바닷가의 거친 모래에 묻혔다. 주벨로는 왼쪽 가슴을 열어 심장과 내장을 꺼내 왼쪽 어깨에 놓은 채 들짐승의 먹이가 되는 처벌을 받았다. 마지막으로 주벨럼은 신체를 2등분하고 창자를 불태워 죽였다.

프리메이슨들은 전설 속의 이 끔찍한 형벌을 초급 멤버들에게 보여줌으로써 배반자는 이와 같은 죽임을 당할 것이라는 경고를 했던 것이다. 잭 더 리퍼를 프리메이슨으로 의심하는 이유는 죽은 피해자들의 살해 방법이 세 명의 악당을 처형했던 잔인한 방식과 매우 유사하기 때문이다. 그리고 피해자들이 모였던 술집이 바로 프리메이슨들이 즐겨 모이던 집회 장소였다는 점 또한 이런 가능성을 더한다.

고대 솔로몬 성전 건축에 얽힌 살인과 제물 의식에서 연쇄살인마와의 연관성까지 프리메이슨은 긴 역사만큼이나 다양한 의심과 음모론으로 여러 가지 사건에 휘말리고는 한다. 그러나 그들 조직은 철저한 비밀 의식으로 베일 속에 가려진 채 유지되고 있다. 프리메이슨의 비밀스러운 실체는 세상의 의혹과 관심 속에 영화와 소설 등의 흥미로운 소재로 재생산되고 있을 뿐이다.

워싱턴의 프리메이슨 건축물들

미국의 수도에 자리한 워싱턴 기념비는 세계에서 가장 높은 169.3m 석조 구조물로 대리석, 화강암, 사암으로 구성된 오벨리스크이다. 프리메이슨이 제작했다고 알려진 이 기념비는 신비주의자들에게 중요한 의미를 주는 건축물이다. 피라미드 형태로 4면이 하나의 꼭짓점에 모이고 석탑의 꼭대기에 고대 이집트의 태양신인 라의 영혼이 깃들어 있다고 믿기 때문이다.

프리메이슨들은 19세기부터 이집트에서 이런 오벨리스크들을 옮겨와 재건축했다. 첫 번째 오벨리스크는 이집트의 테베 유적지에서 프랑스 파리로 옮겨졌는데, 프리메이슨이 이끌었던 대혁명 때 많은 사람들이 처형됐던 혁명 광장에 세워졌다. 두 번째 오벨리스크는 이집트의 알렉산드리아 유적지에서 영국 런던 템스 강가로, 세 번째 오벨리스크는 이집트 알렉산드리아에서 미국 뉴욕의 센트럴파크에 옮겨 세워졌다. 그리고 마지막으로 옮겨진 오벨리스크가 바로 워싱턴 기념비다.

워싱턴의 오벨리스크는 미국 초대 대통령이자 프리메이슨이었던 조지 워싱턴을 추모하는 기념비이며 동시에 또 다른 중요한 의미를 담고 있다. 바로 미국의 진정한 개국이 프리메이슨에 의해 가능했다는 자부심을 간직한 것이다. 그래서 프리메이슨은 이 오벨리스크를 미국의 핵과 같은 수도에 배치하여 초석으로 삼았다.

싱턴 기념비

워싱턴 기념비 건설 사진

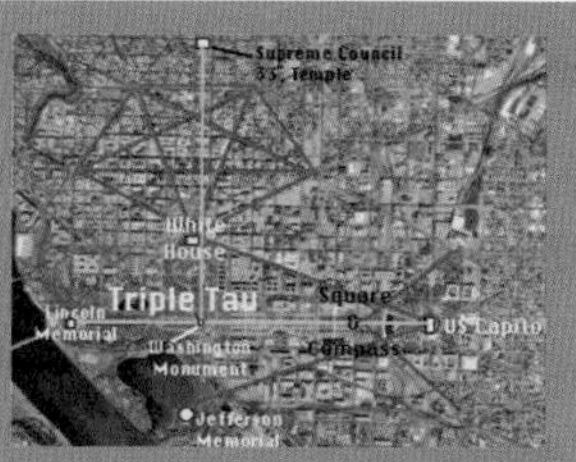

워싱턴DC의 지도에 보이는 프리메이슨 심벌이

미국 건축가 로버트 밀스가 설계해 1885년에 완공한 이 기념비는 프리메이슨의 수비학적 특성을 곳곳에 담고 있다. 기념비는 3만6천개의 화강암 벽돌로 건설됐는데 36은 프리메이슨이 소중하게 여기는 수인 12와 3을 곱한 것이다. 기념비 꼭대기의 관석은 무게가 정확히 1500kg인데 33 역시 프리메이슨이 귀하게 여기는 숫자이다. 건설 비용도 130만 달러로 13 역시 프리메이슨의 수다. 기념비에는 여덟 개의 창문이 있는데 그들에게 8은 새로운 시작을 의미한다.

프리메이슨은 미국의 독립선언과 건국, 헌법의 제정과 미국의 수도 건설에 있어 매우 중요한 역할을 했다. 그들은 수도를 워싱턴 D. C.로 지정했는데 D. C.는 'District of Colombia'로 컬럼바 여신의 이름을 딴 콜럼버스 파(프리메이슨 조직)의 지역이라는 뜻이다. 1791년 워싱턴 대통령의 의뢰로 미국 포토맥 강변에 수도를 설계한 프랑스의 건축가 피에르 랑팡 역시 프리메이슨이었다. 그는 도로망과 건물 배치를 구상할 때

독특한 무언가를 은밀히 디자인했다. 일종의 신비주의적 상징들인데 이런 상징들이 결합되어 하나의 거대한 사타니즘과 신비주의를 나타내기도 한다. 워싱턴 도심을 위성으로 찍으면 프리메이슨의 상징인 컴퍼스와 직각자, 오각형의 별 그리고 부엉이의 형상이 선명하게 드러난다. 이는 워싱턴뿐 아니라 뉴욕, 보스턴 등의 주요 도시에도 나타나는 현상이다. 세계 여러 도시에는 이처럼 프리메이슨들이 건축한 수많은 기념비적 건축물이 존재하며 이들의 설계와 조형물에는 신비주의적 상징들이 곳곳에 숨어 있다.

프리메이슨의 자취를 좇다 보면 그들이 가진 영향력이 어디까지인지 궁금해진다. 솔로몬 왕에서 템플 기사단을 거쳐 미국의 역대 대통령 43인 중 15명의 대통령이 관련된 조직, 그리고 프랑스 대혁명이나 미국의 독립전쟁 등에 개입된 그들의 영향력, 수천 년의 전통과 규율을 지키며 단 하나의 힘을 유지해 온 이 조직의 정체는 과연 무엇인가? 비밀 조직, 그림자 정부 등의 이름으로 은신해 온 프리메이슨이 세상을 움직이는 실체라는 것이 사실인가?

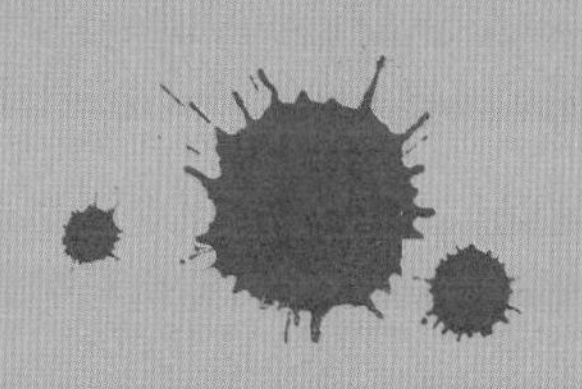

세계를 뒤흔든 비밀 공작들

우리가 알고 있는 역사는 과연 모두 진실한가? 전쟁이나 혁명 등 세계사의 결정적인 계기에는 우리가 모르는 원인이 존재하는 것은 아닌지…. 역사의 격변기마다 이를 조종하는 비밀 조직의 계획과 목적이 작용했다는 음모론이 있다. 역사를 뒤흔드는 비밀 조직의 치밀한 공작들을 살펴보자.

가짜 깃발 글라디오 작전 비화

2차 세계대전이 끝난 후 나치에 맞섰던 연합국들은 앞으로 공산주의로부터 국가를 어떻게 보호해야 하는가에 대한 새로운 고민에 빠졌다. 그래서 승전국 중 공산주의를 표방하던 구소련은 소외되고 적대시되기 시작했다. 영국과 미국을 주축으로 한 승전국들은 서독이 민주주의 국가가 되고 동독이 공

글라디오 작선 부대 마크

나토(NATO)의 심벌

산주의 국가가 되자 더 이상 공산화 되는 것을 막기 위해 공산주의에 대항하는 비밀결사 조직을 결성했다. '오퍼레이션 글라디오(Operation Gladio, 이하 OG)' 라고 불리는 이 비밀 조직은 만약 동맹국이 공산주의 국가에 의해 지배받게 되는 위기에 빠질 경우, 비밀 군사작전을 수행해 주도권을 잡고 공산주의자와 동조자의 무리를 한번에 잡아들여 신속히 제거하도록 하는 국제적 조직이다. 동맹국이 공산정권으로 넘어가는 상황에 대비해 동맹국의 정치인과 군인들로 이루어진 그림자 정부 요인들을 선발하고 만일의 사태에 현 정부가 정권을 상실할 경우 그림자 정부로 국가 체제를 비밀리에 유지하도록 한 것이다. 전설의 존재였던 OG는 1990년 10월 24일, 이탈리아의 기울리오 안드레오티 대통령의 공식적인 시인과 함께 그 실체를 드러냈다.

OG 멤버들은 적에게 최악의 이미지를 심어주기 위해 자국 및 동맹국에 자작 테러를 자행하기도 했다. '가짜 깃발'로 불리는 이 테러 작전은 극소수를 희생시켜 국가와 다수 국민을 보호하는 것이 목표다. OG는 패전국 이탈리아에서 활발히 활동했다. 가짜 좌익으로 변신해 공산주의자들을 혼란스럽게 하는 작전도 펼쳤는데, 이에 휘말린 공산주의자들은 OG의 활동을 비밀스런 반정부 활동으로 착각하고 동조했고, 그들은 자살을 위장해 제거되기도 했다.

1995년 12월, 프랑스 학자 프랑코아 사비에 버르사차브는 프랑스의 OG 멤버들이 파리의 솔라 템플 소속 프리메이슨이라고 폭로했다. 그는 프랑스의 반정부, 친공산주의 인사였던 알래인 부아르넷 리네와 머게트 로스탄 부부, 윌리와 기셀라 슈레이머 부부, 그리고 슈레이머 부부의 변호사 등이 자살로 위장되어 그들에게 살해되었다고 주장했다.

1991년 구소련의 공산주의가 붕괴된 이후 OG는 해체 위기에 놓였으나 새로운 적을 테러로 규정하고 잔류한 좌익분자들 또한 테러리스트로 구분해 아직 남아 있는 공산국가들을 감시하고 통제하는 것에 모든 수단과 방법을 동원하고 있다. 지금도 OG 멤버들은 각국에서 과격 진보주의자로 위장해 정치권과 학계, 노동계 등에서 친공산 세력을 색출하는 역할을 하고 있다.

다큐멘터리에서 발견한 전쟁 이면사

미국의 PBS 방송은 홀로코스트 60주년 추모일을 맞아 특집 다큐멘터리 〈Sugihara : Conspiracy of Kindness〉를 방영했다. 영국 노팅엄 대학의 철학부 로버트 커크 교수가 저술하고 제작한 이 다큐멘터리는 2차 세계대전 중 홀로코스트에 직면한 유대인들을 구출한 영웅에 관한 이야기였다. 마치 독일의 쉰들러처럼 1940년 7월 폴란드에서 피난 온 2천 명이 넘는 유대인에게 외교관의 직권으로 비자를 발급해 탈출을 도운 리투아니아 주재 일본 영사 스기하라에 대한 내용이었다.

당시 일본은 나치와 동맹을 맺은 연합국의 적이었고 스기하라는 외교관으로 유럽 여러 나라와 나치의 동태를 정탐하는 첩보원이었다. 임무를 수행하던 중 나치의 유대인 학살을 목격한 그는 유대인들을 위해 본국 외무성에 수차례 비자 발급 허가를 요청했다. 비자 발급을 거부당하고 본국으로부터 철수 명령까지 받은 그는 독단으로 비자를 발급해 수많은 유대인들을 구출시켰다.

스기하라의 비자를 받고 탈출한 유대인의 생생한 증언과 스기하라 부인의 증언, 그리고 스기하라의 명예 회복과 재평가 등으로 구성된 이 다큐멘터리는 홀로코스트의 참상 속에 핀 정의로운 인간상을 그려냈다. 이 프로그램 중 백여 년 전의 동북아시아 국가간의 국제교류 이면사를 연구한 홀로코스트 역사가인 뉴욕 대학의 데이비드 클란즐러 박사의 인터뷰가 관심을 끈다.

데이비드 교수는 나치 동맹국으로 아시아 침략 전쟁을 진행 중이던 당시 일본의 전시 상황에서 외교관의 신분으로 왜 본국 훈령과 지침에 반대하여 개인적으로 이런 행동을 했는지 의문을 품었다. 그는 스기하라의 가계와 성장 과정을 연구하고 특별히 그에게 영향을 끼쳤으리라 생각되는 유대인과의 교류관계를 추적했다. 일본인은 1870년대부터 이미 서양인 무역상, 관리, 선교사들과 접촉했고 셰익스피어의 희극 『베니스의 상인』의 샤일록을 통해 유대인의 존재를 알게 되었다. 당시 일본인들은 바그다드에서 폼페이로 그리고 상하이에서 하얼빈을 누비며 이미 세계 상권을 좌우하던 유대인 무역상들과 교류하고 있었다. 이미 그들은 세계 열강을 움직이는 유대인 금융가들의 막강한 재력과 상부상조하고 있었던 것이다. 그 결과 서구열강 대열에 끼어들었고 일본 특유의 근대화·산업화 과정의 배경이 되었다.

2차 세계대전 중 리투아니아 주재 일본 영사 스기하라

이 다큐멘터리에서 데이비드는 특히 유대인과 일본 왕실의 특별한 관계를 언급했다. 그리고 러시아와의 전쟁을 앞두고 러시아 발틱 함대를 격파하기 위한 최신식 군함을 구입하기 위해 런던을 방문했던 다카하시 남작의 일화를 소개했다. 미국의 유대계 은행가인 야곱 쉬프는 엄청난 자금을 일본 왕실에 선뜻 제공했다. 러일전쟁에서 승리한 후, 조선과 만주를 차지한 일본은 하얼빈을 거점으로 한 유대 상인 그룹과 더 긴밀히 접촉하게 된다. 당시 이곳의 부영사가 바로 스기하라였다.

다큐멘터리를 제작한 로버트 커크 교수는 데이비드 클란즐러 교수를 통해 스기하라의 용기 있는 결단과 의로운 행동은 개인의 영웅적 의거만이 아니라 일본 정부의 암묵적 비밀 지령일 것이라는 의문을 제기했다. 스기하라가 긴박한 상황에서 2천 명이 넘는 유대인들을 구할 수 있었던 희생적인 헌신은 이미 러일전쟁 전 런던의 투자가들 모임에서 계획되었다는 것이다. 다카하시 남작은 런던의 국제 금융가들에게 러시아의 전쟁 계획을 제시했는데, 투자가들은 '파리가 잠자는 거인을 깨워 두들겨 맞을 것'이라며 일본에 대한 투자를 기피했다. 그러나 일본은 자국의 승리를 확신했고, 이때 거금을 제공한 유대계 은행가 덕분에 현대식 전함을 무기로 러시아군을 격파하고 광활한 만주 대륙을 차지할 수 있었던 것이다. 일본 왕실은 유대인 투자가에게 감사하고 유대인들에게 호의를 베풀며 그들을 적극 지원했는데 스기하라 역시 이러한 정책적 입장에 영향을 받았다는 것이다.

이 다큐멘터리는 1940년대 이미 전쟁을 게임이나 도박처럼 최고의 수익을 창출하는 비즈니스로 여기고 전쟁을 획책해 돈을 버는 국제 투자가들의 모임이 있었다는 전쟁의 내막을 다루었다.

최근 미국 사학자 캐롤 카메룬 쇼는 저서 『외세에 의한 한국 독립의 파괴(*The Foreign Destruction of Korean Independence*)』에서 일본이 1904년 러일전쟁을 앞두고 루

스벨트 대통령 주선으로 영미의 대기업으로부터 전쟁 비용으로 약 14조 원 상당을 차관했다고 밝혔다. 즉 일본의 대한제국 침략 과정에 미 정부가 깊숙이 개입했다는 사실이다. 이와 함께 미국이 한반도에 대한 일본의 지배권을 용인했다는 과거 일본의 주장은 미국 측에서 공개된 외교 문서와 자료를 통해 최초로 밝혀져 역사학계를 놀라게 하기도 했다.

돈과 권력을 위한 전쟁 조작설

미국 방위산업체인 페어차일드 인더스트리 사의 첫 여성 경영자이자 우주공간 안전협동 연구소의 창설자인 캐롤 로신 박사는 공간 무기 관련 정부 자문과 조사를 담당해 왔다. 2001년 5월 9일, 프레스 클럽에서 개최된 강연회에 연사로 나온 그녀는 전쟁에 대한 정부의 단계적 계획과 외계와의 전쟁 등을 언급해 세계의 주목을 받았다.

미국의 로켓 개발로 유명한 베르너 폰 브라운 박사가 1974년 암으로 사망하기까지 몇 년간 그의 대변인으로 활동했던 그녀는 페어차일드 경영자로 근무할 당시 폰 브라운 박사로부터 머지않아 인류가 우주에 무기를 배치하는 중대한 작업을 시행할 것이라는 말을 들었다고 한다.

2차 세계대전 중 독일의 로켓 프로그램에 참여했던 폰 브라운 박사는 전쟁 후 미국으로 귀화해 대륙간 탄도탄과 아폴로 우주선을 달로 쏘아올린 대형 로켓 등을 개발한 사람이다. 그는 인류가 현재 계획하고 있는 우주 공간에 무기를 배치하려

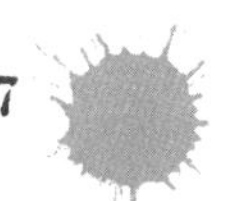

는 것은 위험하고 어리석은 행동이라고 경고했고 캐롤이 이를 세상에 전했다. 처음에는 러시아, 그 후에는 제3국가의 테러, 그리고 마지막으로 외계인이 인류의 적이 될 것이라고 브라운 박사는 말했다고 한다. 테러와의 전쟁 이후 인류는 우주에 배치할 무기를 만들고 인류의 적은 운석이 되는데 지구를 보호하기 위해 운석을 파괴할 무기들을 만드는 과정에서 인류의 적은 외계인으로 바뀐다는 것이다.

외계인이 적이 되는 상황이 거짓으로 은폐될 것이라고 염려한 그는 "캐롤, 기억해라. 마지막 카드는 외계인이야. 우리는 외계인에 대항할 우주 무기들을 만들고 있지만 모두 숨기는 것이지"라며 늘 명심하라고 강조했다. 그리고 언젠가는 인류가 우주 무기를 대기권에 배치할 것이라고 덧붙였다.

폰 브라운 박사가 죽은 후 캐롤은 세계 극소수의 사람들이 이 세 가지 속임수로 엄청난 돈을 축적하고 권력을 장악하고 있으며, 이런 야욕으로 인류의 평화를 위협하고 있다고 밝혔다. 그들이 인류를 대상으로 위험하고 값비싼 놀음을 획책해 돈과 권력을 얻으려 한다는 것이다.

그녀는 전쟁을 비롯한 각종 분쟁이 세계적으로 계속되는 것을 보면서 이 같은 분쟁의 획책이 누구에게 가장 큰 이득인지 의문이라고 말했다. 캐롤은 1977년 페어차일드 사에서 열린 협의회를 회고했는데 정부 요직의 관리와 군 장성들, 정보국 요원, 각종 방위산업체 간부가 모인 자리에서 사람들은 구소련이 붕괴될 경우 다음의 적은 무엇이 될 것인지를 논의했

1단계
공산주의와의 전쟁
2단계
테러와의 전쟁
3단계
외계와의 전쟁
알겠는가 태권브이?
넵!!

폰 브라운 박사

다. 결국 다음 전쟁은 걸프에서 발생할 것으로 결정했다고 한다.

그녀는 걸프전 이전 군사 및 첩보위성 등 우주 무기에 250억 달러가 넘는 돈이 투자된다는 말을 듣고 폰 브라운 박사가 언급했던 테러와의 전쟁이 중동 지역을 기점으로 발생할 것임을 깨달았다. 캐롤은 1977년 회의 당시 우주 무기를 왜 아직 구체화되지도 않은 적에게 사용해야만 하느냐고 질문했지만 아무도 이에 대해 답변해 주지 않았고 결국 그녀는 사직 의사를 밝히고 회사를 그만두게 되었다.

그리고 1990년 그녀는 TV를 통해 구소련의 붕괴와 걸프전을 보고 다음 과정인 테러와의 전쟁이 임박했음을 짐작했다. 그녀는 2001년 5월 9일, 폰 브라운이 주장했던 이념과의 전쟁, 테러와의 전쟁, 외계와의 전쟁을 경고했다. 그리고 몇 개월 뒤 뉴욕에서 끔찍한 테러사건이 발생하면서 실제로 테러와의 전쟁이 시작되고 말았다. 캐롤이 4개월 전 경고한 테러와의 전쟁이 실제로 일어나자 세계의 많은 사람들은 다음 단계로 예측된 외계와의 전쟁에 대해 두려워하게 되었다. 많은 전문가들은 테러와의 전쟁이 끝나면 지구에 위협적인 운석이 발견돼 과학자들이 이를 요격할 수 있는 무기를 개발할 것이고, 이를 우주에 배치하는 과정에서 외계인이 적으로 부각되고 우주에 무기를 배치하는 순서를 밟을 것으로 예측했다.

이와 같은 일들이 사실이라면 인류는 이미 누군가가 정해 놓은 순서를 밟고 있는 것이다. 이런 비밀 공작들은 과연 누구를 위한 것일까? 감춰진 그들의 배후가 누구이며 그들의 목적과 의도는 무엇인가?

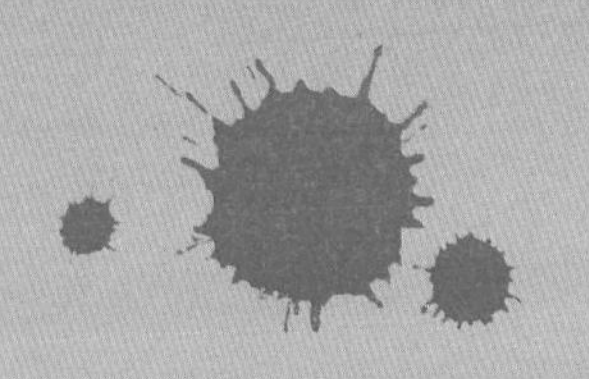

숫자와 관련된 미스터리

고대 수학자들은 대자연의 이치와 법칙에서 수의 질서와 패턴을 발견하여 세상만사를 수로 풀이했다. 그런데 911 참사 이후 부각된 세계 전역의 테러와 주요 사건들에서도 특이한 숫자 패턴들이 발견됐다. 이 패턴들은 수학적으로 치밀하게 계산되어 있음을 알 수 있다. 그렇다면 도대체 누가 이 사건들을 숫자의 패턴에 맞춰 치밀하게 계획한 것일까?

피타고라스를 신봉하는 비밀결사 조직

세상에는 국경을 초월해 절대 권력을 행사하는 비밀 조직이 있다고 믿는 사람들이 있다. 세계에서 벌어지는 모든 전쟁과 분쟁의 배후 조종자인 그들이 고대 그리스의 철학자이자 수학자인 피타고라스의 추종 세력이라는 유력한 음모론이 있다. 19세기 영국의 유명한 신비주의자 윌리엄 윈 웨스콧은 그들에 대해 다음과 같이 정의했다.

"피타고라스 신봉자들은 모든 사물과 행성, 인간 등 세상의 본질이 숫자와 연관되어 있다고 믿는다. 숫자의 신성함은 위대한 첫 번째 수인 '1'부터 시작하고 무(無)의 상징이자 무한하고 끝없는 우주를 상징하는 '0'으로 끝난다"고 말했다.

피타고라스 흉상

2001년 9월 11일에 발생한 테러사건의 배후에 피타고라스 학파가 있다고 추정하는 사람들은 당시의 많은 요소에서 특정 숫자와의 관계를 찾는다.

'테러는 열한 번째 날에 발생했고 날짜는 9월 11일이다(9+1+1=11). 쌍둥이 빌딩은 각각 110층이고 9월 11일은 1년에서 111일이 남은 날이다. 9월 11일은 254번째 날로 2와 5 그리고 4를 더하면 11이 된다. 쌍둥이 빌딩은 숫자 11을 연상하고 처음으로 빌딩과 충돌한 여객기는 11번(Flight 11)기이며 뉴욕 주는 11번째로 미합중국에 병합된 주다. 11번 여객기에는 92명이 탑승, 9와 2을 더하면 11이며 11번 여객기에는 11명의 승무원이 탑승했다. 77번 여객기에는 65명이 탑승, 6과 5을 더하면 11이 된다.'

이처럼 911 테러는 11이라는 숫자와 일치되는 점이 많은데 이후의 다른 사건들은 신기하게도 숫자 555와 일치하고 있다.

'2003년 3월 20일에 발생한 두 번째 이라크 전쟁은 2001년 911 테러 후 정확히 555일 뒤에 발생했다. 미군이 발사한 첫 번째 미사일은 바그다드 현지 시각 05:50에 명중했다. 555는 111이 5개인 숫자고 펜타곤에는 5개의 꼭지점이 있다.'

2006년 6월 6일은 피타고라스 신봉자들에게 뜻 깊은 날이다. 이유는 그 날이 666을 상징하는 날이기 때문이다. '2006년 6월 6일은 프랑스 파리에서 이슬람 교도들의 대대적인 폭동이 발생한 지 222일이 지난 날이며 런던 기차역 테러사건이 발생하고 333일이 되는 날이다. 또 두 번째 이라크 전쟁이 발생한 지 444일째, 333번째 날인 2004년 11월 28일로부터 555일이 지난 날이다.'

이 같은 숫자 패턴들은 2001년 9월 11일 이후에 발생한 여러 사건들에서도 볼 수 있는데 예를 들면 런던 테러사건이 발생한 2005년 7월 7일에서는 '2+0+0+5=7과 7+7', 즉 777 패턴이 발견된다. 또 스페인 마드리드의 기차역 폭파사건은 911 테러사건이 발생하고 정확이 911일이 지난 2004년 3월 11일에 발생했다. 이 모든 사건들이 피타고라스 신봉자들에 의해 계획적으로 벌어지고 있다고 믿는 사람들은 이후 세계적인 사건이 발생할 때마다 숫자 패턴을 찾기 위해 무척 애를 쓰고 있다.

신비숫자로 미래를 예언한다

2003년 9월 5일, 미국의 마술사 데이비드 블레인이 영국 런던브리지 부근 템즈 강가의 크레인에 매달린 작은 유리 상자에 갇힌 채 44일간 물 이외에는 아무것도 먹지 않는 금식에 돌입했다. 44일 동안 세계인의 관심을 끈 그는 10월 19일에 무사히 고행을 마치고 유리 상자에서 걸어나와 사람들을 놀

이집트 신화에 나오는 지혜와 마법의 신 토드

라게 했다.

과거에 그는 땅속의 관 안에서 일주일을 지냈고 6t 크기의 얼음덩어리 속에서 61시간을 버텼으며, 직경 55cm, 높이 32m의 기둥 위에서 35시간을 견뎠다. 죽음을 무릅쓴 기이한 고행과 여러 가지 불가사의한 마술을 고집하는 블레인을 보며 사람들은 그가 히브리의 카발라 비술을 전수받았을 것이라고 추측한다. 이처럼 인간이 도저히 할 수 없는 기이한 행동과 초능력이 발휘되면 사람들은 이것이 신이 내려준 비법이 아니면 도움을 받았거나 속임수라고 믿는다.

사람들은 고대의 신화와 초기 신앙 속에 신들의 우주 창조 비밀과 인간의 운명을 바꿀 수 있는 절대적 비책이 숨겨져 있다고 믿었고 이 신비스러움에 대한 동경은 토속 신앙으로 자리잡아 왔다. 이 가운데는 근대과학의 기초가 된 것도 있고 마술이나 밀교 형태로 오늘날까지 전수된 것도 있다.

신화와 종교에는 숫자 4, 3, 2 코드 시스템이 등장한다. 고대 바빌론 신화를 보면 창조 시점에서 대홍수까지 열 명의 왕이 4억3만2천 년간을 지배했다. 또 고대 북유럽의 신화에서 심판의 날에 신들의 전사들이 바할라 신전의 540곳 문에서

8백 명씩 출현하는데 이들 전사의 수가 4억3천2백 명이다. 그리고 고대 이집트인들은 피라미드를 지구와 1:43,200 비율로 나눠 제작했다는 사실이 계산상으로 입증됐다.

게다가 고대 이집트 신화에 나오는 지혜와 마법의 신 토드가 만들었다는 타로카드의 점괘 해석, 히브리어 성서인 모세 5경(토라), 고대부터 전해오는 레브루인들의 수비학인 게마트리안 코드시스템 등에도 4, 3, 2 숫자가 등장한다. 하루 24시간이 60×60×24=86,400초의 1/2은 43,200초다. 또 현대에도 골프공 제조회사가 최적의 비거리를 위해 골프공 표면

에 432개의 딤플(움푹 팬 주름)을 만드는 사실 등 사람들은 신화의 수와 무관하지 않다고 믿는다.

게마트리안 코드시스템은 컴퓨터를 통해 최근 많은 사람에게 알려져 이용되고 있다. 바이블 코드는 토라를 히브리어와 헬라어의 알파벳 숫자로 나열하고 계산하여 사람의 운명과 미래를 예언한다. 이 방법으로 과거의 역사적인 사건들과 관련 인물, 사건, 시기 등을 알아낼 수 있어 관심이 집중됐다.

이름과 생년월일시를 숫자로 바꾸어 길흉과 화복을 점치고 미래를 내다보는 점술법은 전 세계 어디나 존재한다. 암호를 통해 현자들이 후세에 남긴 예언서들을 풀기도 하는데, 신비주의에 관심 있는 사람들은 우주의 창조와 생성의 기초를 숫자로 해독할 수 있으며 우리의 미래 또한 수로 예측할 수 있다고 주장하기도 한다.

카산드라처럼 미래를 예언하는 공식

많은 수학자와 신비주의자들은 우주의 신비가 수에 간직되었다고 믿고 고성능 컴퓨터를 이용하여 이를 규명하려고 노력한다. 고대 수비학자들이 정의한 수리와 수학 공식을 통해 연금술사나 천재 예술가의 작품, 또는 자연의 오묘한 이치와 운동법칙에서 발견된 숫자의 패턴을 해석하고 나아가 우주의 신비를 해독하는 것이다. 그래서 피타고라스의 수비학, 라틴 방진, 피보나치의 수열은 물론이고 바이블 코드와 게마트리안 코드, 점성술, 주역, 풍수지리에 이르는 모든 원

리들을 파헤치고 생물체의 DNA 염기서열까지 수학적으로 분석한다.

얼마 전 미국의 리모트뷰어(천리안 초능력 '리모트 뷰잉'을 사용하는 사람) 아론 도나휴는 외계에서 받은 수학 공식을 통해 로또 당첨번호를 미리 산출하여 실제로 적중시킨 사실을 자신의 웹사이트에 올렸다. 그는 계산 공식과 자료를 함께 제시했다.

MIT 수학도들은 자신들이 개발한 독특한 공식으로 블랙잭 카드를 100퍼센트 읽어 라스베이거스에서 물의를 빚기도 했다. 월스트리트에서는 이따금 주가의 변동을 족집게처럼 맞추는 공식이 있어 거액을 벌었다는 소문들이 투자자를 유혹하기도 한다.

천재 수학자이며 노벨 경제학상을 수상한 미국의 존 내쉬 교수를 모델로 한 영화 〈뷰티풀 마인드〉에서는 프린스턴 대학교의 젊은 수학도인 존이 외계에서 보낸 무수한 수학 공식들을 급히 창문에 받아 적고 다락방 천장과 벽에 메모 쪽지를 잔뜩 붙이는 모습이 광적으로 그려진다. 존 내쉬는 그 후 극비 암호코드를 해독하고 광범위한 사회의 제반 현상을 수학적으로 풀어 미래를 예측하는 탁월한 경제이론을 발표하여 제2의 아인슈타인으로 존경받았다.

최근 과학 토픽에는 '카산드라 알고리즘'이란 흥미 있는 칼럼이 등장했다. 러시아의 유리 주라 블리오프 박사가 수학적인 공식으로 미래를 정확히 예언하는 전자식 프로그램을 발명했다는 소식이다. 아폴로 신에게 예언 능력을 받았던 최고의 예언자 카산드라에 견줄 만하다는 이 컴퓨터 프로그램은 정교한 알고리즘들의 집합으로 만들어졌다.

이제까지 세계의 어떤 강력한 컴퓨터로도 해결할 수 없었던 신비한 예언의 알고리즘은 20년이 넘는 긴 세월 동안 러시아 최고의 수학자들과 자연과학자들이 각고의 노력 끝에 얻은 결실이라고 한다.

세상에 현존하는 모든 공식, 이론, 법칙, 데이터, 알고리즘 등 모든 수학적인 사료의 연산을 거듭하고 조합해 창조된 이 프로세스는 오직 신만이 이런 알고리즘의 고리를 풀 수 있다는 상식을 넘어선 알고리즘 중의 알고리즘이라고 칭송됐다. 러시아 과학자는 이 알고리즘이 세상의 모든 문제를 해결하고 미래를 정확하게 예언할 수 있다고 주장한다.

이런 주장은 매우 흥미로우나 해당 시스템의 구체적인 설명과 적용 사례가 제대로 언급되지 않아 진위 여부는 아직 판단할 수 없다. 하지만 숫자의 신비한 조화와 만물의 오묘한 숫자적 질서 속에 우주의 비밀이 숨겨진 것이라면 카산드라 알고리즘은 대단한 발견이 아닐 수 없다.

요즘에는 우주가 0과 1의 숫자로 구성된 거대한 가상현실의 매트릭스라고 믿는 이들도 있어 수학적인 방법으로 미래를 예언한다는 주장이 꼭 허무맹랑한 것만은 아니다. 사람들은 현대의 첨단 과학기술을 활용한 고차적인 수학 능력으로

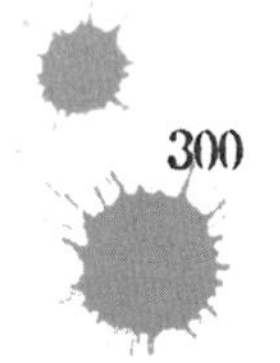

숫자의 비밀이 언젠가는 규명될 것이라고 믿는다. 어쩌면 누군가는 이미 모든 비밀 코드를 풀고 인류의 현재와 미래를 통제하고 있는 건 아닐까?

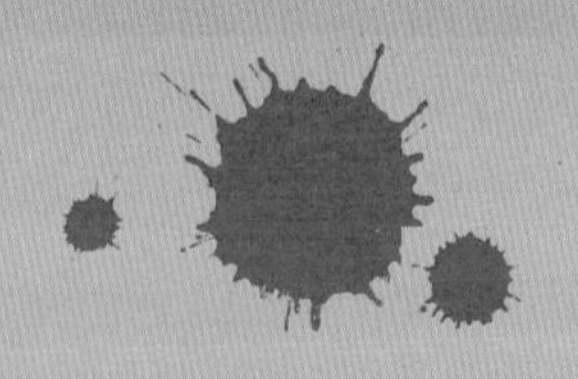

외계인과 UFO 접촉 금지법

UFO나 외계인의 존재가 공식적으로 인정된 바는 없다. 심지어 외계인을 만났거나 UFO에 탑승했다는 제보가 있어도 이 또한 진지하게 거론조차 되지 않는다. 그러나 UFO와 외계인에 대해 다름 아닌 국가 기관들이 연구나 정책을 진행한다면 이것은 무엇을 의미하는 걸까?

외계인과 UFO 접촉 금지법이 존재한다

1969년 7월 16일, 미국 하원은 외계인 접촉 금지법(ET-Exposure Law)을 통과시켰다. 이것은 말 그대로 외계인을 만나거나 UFO와 접촉하는 일 자체를 법으로 금지하는 것으로 위반 시 최고 징역 1년이나 벌금 5천 달러가 부과된다. 이 법안에 따르면 일단 외계인에게 노출된 사람은 무조건 항공우주국의 무장 경비들에 의해 격리된다는 것이다. 이 법은 본래 우주 탐사 후 귀환한 우주인들이 지구를 오염시킬 수 있는 외계의 바이러스로부터 지구를 보호하기 위해 제정되었다. 지구상에 면역 체계가 없는 외계 병균이 침입할 수 있는 위험을 미리 막으려는 것이다.

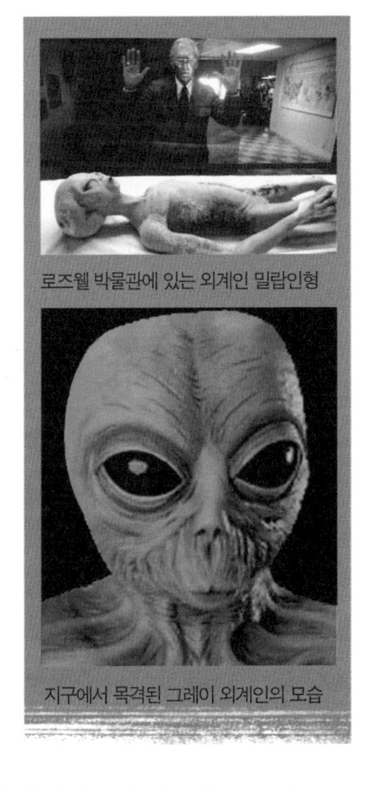
로즈웰 박물관에 있는 외계인 밀랍인형

지구에서 목격된 그레이 외계인의 모습

하지만 UFO 전문가들은 정부가 외계인을 공식적으로 인정하지도 않으면서 외계인과 비행체에 접촉하는 시민들을 통제하려고 제정한 법안은 문제가 있다고 지적했다. 법에 따르면 '외계인 노출'이란 사람이나 동물 또는 어떠한 생명체나 물질이 외계인에게 접근하고 그와 접촉한 것을 뜻한다. 외계인에게 노출된 생명체나 물질을 격리하는 것 또한 얼마나 오래 구금되어야 하는지에 대한 기준은 없다.

미국 시민들 중 다수는 이 법이 있는지조차 몰랐으나 1982년 10월 5일, 펜타곤의 브라이언 T. 클리포드 박사가 기자회견 도중 미국 시민이 외계인들이나 UFO와 접촉하는 것은 엄연히

불법이며 이를 규제하는 법이 존재한다고 발언해 세상에 처음으로 알려지게 됐다. 이 법이 논란에 휩싸이자 당시 항공우주국 대변인 플레처 릴은 법이 바로 시행되는 것이 아니라 필요할 때를 대비해 적용 기준을 마련한 것이라고 해명했다. UFO 전문가들은 당시 세계적으로 인기를 끌었던 영화 〈E. T〉의 영향으로 외계인에 대한 긍정적 이미지가 퍼지자 클리포드 박사가 그런 발언을 한 것으로 해석한다.

이 해프닝 이후 미국 TV에서는 외계인들이 대도시에 거대한 우주선을 띄워놓고 지구를 식민지로 만든다는 미니 시리즈 〈V〉를 방영했는데, 세계 전역에서 인기리에 방영된 이 프로그램은 사람들에게 두렵고 부정적인 외계인의 이미지를 심어주었다. 결국 외

계인과의 조우나 UFO 관련 정보들이 안전을 위해 통제되어야 한다는 인식이 자리 잡게 된 계기가 되었다.

소방관들의 UFO 공격 대비 행동지침서

미국 정부가 UFO를 공식적으로 인정하지 않았음에도 미 공무원 중에는 UFO나 외계인과 관련된 사항을 접하는 이들이 있다. 1992년 이래 미국 소방관들에게 지급된 책 『재난 통제를 위한 소방관 지침서(*Fire Officer's Guide to Disaster Control*)』에는 UFO가 출현했을 때 소방관들이 어떻게 대처해야 하는지에 대한 부분이 있다. 책의 저자 윌리엄 크레이머와 찰스 버미는 UFO가 외계의 다른 행성에서 온 것으로 간주한다고 말했다.

UFO의 존재를 믿는 사람들 중 일부는 UFO가 다른 차원에서 왔다고 확신한다. 그들은 UFO가 파장이나 주파수 변화를 통해 물질적으로 나타났다가 사라진다고 생각한다. 공군의 프로젝트 '블루 북'의 자문역인 J. 앨른 헤이넥 박사는 UFO를 야간 조명, 낮에 나타나는 디스크 형태의 금속 물체, 외계인과의 조우, 그리고 레이더를 통한 감지 등 네 가지 종류로 분류했다. 외형으로 보면 원형과 부메랑형, 접시형, 막대형 등이 있다. UFO 중 일부는 적색 오렌지 조명을 내뿜고 일부는 화염처럼 보이기도 한다. UFO는 속도가 무척 빠르며 현존하는 어떠한 항공기와도 기동성이 다르다.

또한 UFO는 여러 가지 위험성을 가지고 있는데 UFO 출현으로 발생하는 알 수 없는 힘과 시민들의 정신적인 동요가 그것이다. UFO 출현 시 발생한 에너지로 인해 자동차와 비행기 등의 엔진이 멈추는 사례가 여러 번 발생했고 통신이 마비되기도 했다. 또한 UFO를 목격하면 시민들은 공포에 빠지거나 공황 상태가 되고 이성을 잃은 행동을 할 수도 있다. 개인은 제어할 수 있지만 많은 사람들이 한꺼번에 목격하면 집단 히스테리를 야기할 수 있기 때문에 위험하다. UFO가 인간을 공격한 사건들도 여러 건 발생했는데 예를 들면 UFO를 추격하던 공군기들이 하늘에서 폭발하거나 사라지기도 했고, 지상에서 UFO를 구경하던 사람들이 심각한 화상이나 마비 등의 피해를 입은 사건이 있었다. 다음은 『재난 통제를 위한 소방관 지침서』의 내용이다.

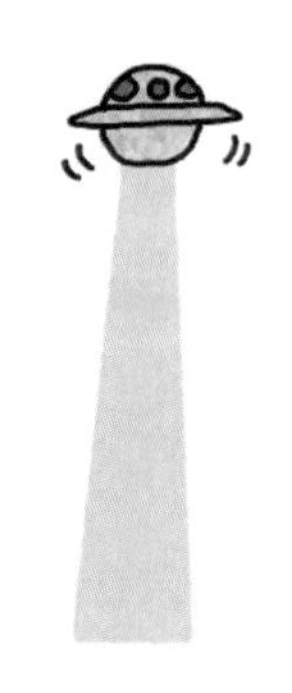

"UFO는 인간에게 위험할 수 있으므로 가까이 접근하면 안 된다. 낮게 비행하는 UFO 밑에 있어도 안 된다. UFO가 저공 비행하면 현장에서 피하고 군에 연락해야 한다. UFO의 방사능에 노출될 위험도 있으므로 항상 조심해야 된다. 물리적인 피해 외에도 UFO의 에너지에 노출되면 최면에 걸리거나 기억을 상실하며 외계인 승무원의 말에 복종하는 경우도 발생할 수 있다. 하지만 호의적인 UFO 착륙 시에는 접근해도 괜찮다. 그들의 의도는 UFO에서 텔레파시로 전달받을 수 있는데 무기를 보이면 적대적으로 보일 수 있다. 이때 적절한 대책을 세우고 현명한 지도력과 충분한 물자가 뒷받침된다면 공격을 받거나 어떤 불의의 사태가 발생해도 많은 인명을 구할 수 있을 것이다."

스타워즈는 이미 진행 중이다

1991년 9월 15일, 우주왕복선 디스커버리호에서 전송받은 영상을 생중계하던 K밴드 채널의 프로그램 〈우주 풍경〉이 갑자기 중단되는 사고가 발생했다. 우주인들은 늘 카메라 초점을 지구의 한 지점에 고정시킨 채 영상을 미 항공우주국에 자동 전송해 왔다. 이 날 UFO가 대기권 밖에서 비행하는 광경이 카메라에 포착됐다. 지구 표면에서 이 UFO를 향해 광선이 발사되자 이를 피해 도망가는 비행체의 모습까지 생생하게 방영된 것이다. 미 항공우주국의 긴급 지시로 우주선은 급히 영상 전송을 중단했다.

녹화된 자료는 방송과 신문, UFO 연구가에게 전달됐다. 비디오에 대한 분석과 해설 보도가 이어졌고, 미국의 과학자 리처드 호그란드는 영상을 분석한 뒤 '우주왕복선에서 수천 킬로미터 떨어진 곳의 거대 비행체'라고 결론 내렸다. 호그란드는 "당시 디스커버리호는 지구 대기권으로부터 약 2,757km 떨어져 있었고, UFO의 비행 속도는 처음 화면에 나타났을 때는 마하 73의 속도였으며 광선 발사 직후 마하 285의 속도로 급가속해 방향을 바꿔 도주했다"고 주장했다.

이 사건 이후 광선포가 발사된 지점에 대해서도 추적과 조사가 계속되었다. 최근 한 뉴질랜드 연구가는 영상 분석 결과 섬광이 발사된 곳은 디스커버리호의 순환궤도가 지나는 오스트레일리아 중앙 파인 갭 군사기지라고 밝혔다. 미국과 호주의 위성방위시스템으로 알려진 초특급 비밀 기지 파인 갭은 지상에 엄청난 크기의 원반 안테나만을 배치했을 뿐 건물과 창고 외에 특별한 구조물은 외부에 노출되지 않았다.

하지만 지하에 건설된 기지 내부에서는 1천여 명의 요원들이 근무하고 있다고 알려져 있다. 지하 8km를 뚫고 내려간 초대형 안테나와 엄청난 용량의 핵발전소가 있는 이곳에는 특수 광선 무기인 플라스마 대포, 레일 건, 광선 무기 등 첨단 우주 병기들을 개발하는 연구소가 있다. 심지어 이 비밀 기지에는 미국 네바다 주의 지하 비밀 기지 Area51처럼 외계인들이 함께 일하고 있다는 소문까지 있다. 그들은 자신들의 외계 기술로 일종의 에일리언 무기를 함께 개발하고 있다고 한다. 대부분 과학자들과 UFO 연구가는 이러한 외계의 기술이 단지 소문이 아니라며 실제로 지구에 접근했던 적대적 외계인들과 요격전이 있었다고 주장한다. 또한 반복적으로 목격되는 UFO를 지구의 우주동맹국 소속 비행체이거나 지구 내의 비밀 기지에서 활약하는 외계인들의 비행체로 보는 견해도 있다.

세계 전역에서 레이저로 추정되는 흉기에 몸의 일부가 잘린 소들이 계속 발견되고 있다. 외계인의 지구 지배 음모론에 동조하는 사람들은 그들이 우리에게 신기술을 제공하는 대가로 소들을 실험하는 것이라고 말한다. 외계인의 실체는 언제쯤 우리에게 모습을 드러낼 것인가?

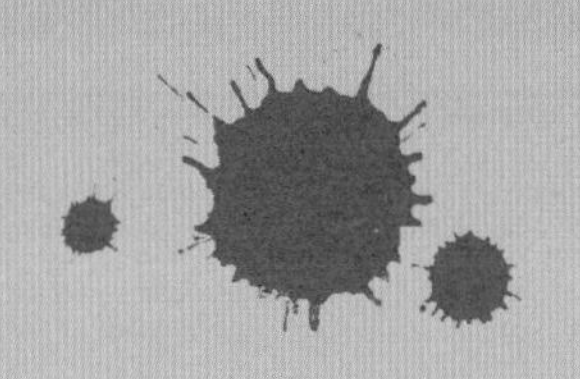

환경의 역습

지난 10여 년 사이 지구 곳곳에서는 이상 기후 현상이 일어나고 있다. 환경오염과 자연 파괴 등 인간이 만든 재앙이라고 주장하는 사람이 있는 반면 과거 공룡이 멸망했듯이 지구의 주기적인 변화가 오고 있는 것이 그 원인이라고 주장하는 사람도 있다. 여전히 비밀에 싸인 지구의 환경, 21세기 거대한 위협으로 우리에게 다가오고 있다.

빙하기는 갑자기 온다

칼럼니스트인 데이비 스티브는 《포춘》 지 2월호에 〈국방성의 기상 악몽 – 기후 붕괴〉라는 주제로 글을 기고했다. 그는 미국 국방성의 전략기획 입안에 의거해 현재 지구는 기후 급변의 분기점을 맞이했다고 밝혔다. 미 국방성은 이로 인해

2008년 안에 지구에 다시 빙하기가 닥칠 수도 있다고 판단, 대책 수립을 연구 중이라는 것이다.

세계의 기후를 좌우하는 해양, 대기 시스템이 급변하고 있다. 대서양 해류는 열대성 난류와 습기를 미국 동부와 북유럽으로 옮겨 온화한 기후를 만든다. 이 칼럼에 따르면 이 해류가 사라질 경우 북반구에 갑자기 빙하기가 온다는 것이다. 빙하기의 시나리오는 이러하다. 북미, 아시아, 유럽의 기온이 급격히 떨어져 혹한기가 도래하고 연평균 강수량이 30퍼센트 감소하면서 극심한 가뭄이 와 사막화가 광범위하게 진행된다는 것이다. 또한 격렬한 태풍이 발생해 네덜란드에서 방글라데시까지 이르는 전 해안에 거대한 해일이 몰아칠 것이다. 그리고 지구 곳곳에서는 생존을 위해 음식과 식수, 그리고 에너지를 쟁취하기 위한 폭동과 전쟁이 빈번해지고 결국 '아마겟돈'이 시작된다는 것이다. 스티브는 이 기후 재앙의 과정이 폭스사의 최근작 〈투모로우〉에서 비슷하게 재현되었다고 말한다. 이 재난 영화는 기후 급변에 따라 거대한 해일이 뉴욕을 덮치고 도시 전체가 빙하로 뒤덮이는 장면을 담고 있다.

이보다 앞선 1980년대에 '지구침몰설'을 예언한 스켈리온은 앞으로 극심한 대기오염으로 오존층이 파괴되고 극지방의 빙하가 녹아 해수면이 상승할 것이라고 말했다. 결국 이 같은 현상으로 인해 세계 여러 지역이 바다에 잠기게 될 것이라는 주장이다. 최근 몇 년 동안 실제로 세계는 폭염과 한파, 홍수, 폭설, 태풍 등 예기치 못한 기상 이변으로 큰 손해를 입었다.

특히 2003년 프랑스의 폭설은 무려 1만여 명의 사망자를 냈고 10만여 명에게 피해를 입혔다. 북미에서는 가뭄과 건조한 기후로 인해 큰 산불이 났고 내륙 도시까지 사막화되고 있다. 스티브는 이 모든 재앙의 원인이 지구 온난화이며 이를 촉진시키는 오존층 파괴나 대기오염에 대해 언급했다. 그는 이런 환경 훼손을 유발하는 생산업체나 석유업계, 그리고 각종 화학무기를 개발하는 국가들의 안일한 문제의식을 강하게 비판했다. 덧붙여 이들이 경각심을 갖고 지구 온난화의 심각성을 인식해서 지구 환경 보호와 대기 관리에 적극적으로 나서야 한다고 강력히 주장했다.

최근 지구 곳곳에서 일어나는 기상 이변들은 그의 주장처럼 일시적인 현상이 아닌 지구 재앙의 서곡일까? 정말 빙하기가 도래한다면 과연 우리가 할 수 있는 것은 무엇일까? 인류를 품어온 대자연의 도발 앞에서 인간의 무력함이 여실히 드러나는 순간이다.

쓰나미 재앙은 지구 대격변의 전주곡인가

2004년 1월 31일 남극, 16×35 평방마일의 초대형 빙산 'A-53'이 수온의 상승으로 균열되어 남극에서 분리되는 사태가

발생했다. 이와 같은 일은 북극과 남극에서 이미 여러 차례 일어났다. 지구 온난화로 인한 해빙은 세계 곳곳의 산악지역에서도 확인되는데, 세계 최고 높이의 히말라야 산맥의 빙하도 점차 녹고 있다. 빙하가 녹으면서 해발 6km 지점에는 수심 100m에 달하는 거대한 호수가 생겼다. 최근 세계야생생물기금(WWF)은 히말라야의 빙하가 녹으면서 매년 빙하의 면적이 10~15m씩 축소되고 있는 것을 확인했다며 수십 년 내 이곳에서 발원된 갠지스, 인더스, 양쯔, 황하, 메콩을 비롯한 7대 강이 범람하여 큰 재앙이 생길 것이라고 보고했다.

그런가 하면 아르헨티나 파타고니아의 업살라 빙하지대는 이미 호수로 변했고, 스위스 발라이스의 빙하는 거의 다 녹아 산 정상에 흙이 보이기 시작했다. 지질학자들과 환경학자들은 지구 온난화 속도를 멈출 수 없다면 머지 않아 기근과 홍수 등 기상 격변이 일어나 인류가 감당할 수 없는 큰 재앙이 다가올 것이라고 경고했다. 동시에 세계의 산업 국가들이 당장 행동에 나서야 한다고 강력히 촉구하기도 했다.

1982년 미국에서 일명 '세계의 미래 지도(Future Map of the World)'가 발표되면서 큰 물의를 빚은 적이 있다. 뉴햄프셔 주의 예언자 고든 마이클 스칼리온이 2012년까지 지구 육

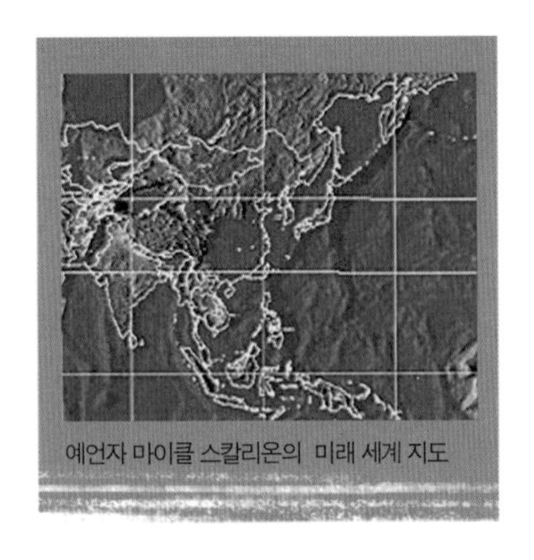
예언자 마이클 스칼리온의 미래 세계 지도

지의 상당 부분이 물에 잠겨 버릴 것이라며 공개한 지도였다. 그는 지금도 자신의 예언이 언젠가 실현될 것으로 믿고, 웹사이트와 뉴스레터 등의 온라인 매체를 통해 다가올 대재난을 경고하고 있다.

지구 온난화 현상이 세계의 이슈로 부각되기 훨씬 전부터 기후 변동과 화산, 지진 등 자연 재해로 인해 지구에 대격변이 일어날 것을 예견한 그는 지도에 여러 대륙이 바다에 잠겨 새로운 육지의 모양이 생성되는 미래의 지구를 그렸다. 그는 환영을 통해 높은 상공에서 지구의 미래 모습을 내려다보며 지도를 그렸다고 한다. 또한 환상을 통해 여러 가지 지구 격변의 순간들을 목격한 그는 지구가 물에 잠기기 시작할 무렵, 강도 9.0~12.0도 가량의 지진이 수차례 발생할 것이라며 대재앙의 단계적 징조를 구체적으로 예언했다.

그 후 1989년 10월 17일, 샌프란시스코 남쪽 91km 지점에서 7.1도의 강진이 발생하며 그의 예언이 맞아들어가기 시작했다. 1995년 3월 스칼리온은 자신의 잡지인 《지구 변화 보고서》에서 앞으로 강도 6.5 이상의 지진이 발생할 것을 예언했는데 같은 해 1월 17일 일본 고베에서 7.2도의 강진이 발생했다. 두 번째 지진은 강도 9.0 이상으로 인도양 해역에서 발생한다고 예언했는데 지난해 12월 26일, 인도양에서 사상 유래가 없는 9.0도의 대지진과 거대한 쓰나미가 발생하여 대참사를 야기하자 또다시 그의 예언이 세인들의 주목을 받기 시작했다.

스칼리온은 NBC, FOX, Discovery Channel, TLC 등 TV 특집 프로에 출연하기도 했다. 그는 지난 2월 8일 ATS 뉴스와의 인터뷰에서 말하기를 지난해 인도양의 지진과 해일 참사 보도를 접하는 순간 누군가 자신의 복부를 가격하는 듯했다며 "오, 신이시여, 이제 시작입니까!"라며 탄식했던 일을 회고했다. 이후 계속 증가하는 지진 활동의 빈도에 대해 이 또한 강력한 지구 대격변의 징후라고 해석했다. 그는 지구의 모든 구조판이 엄청난 압박을 받고 있으므로 앞으로 발생할 지진은 더욱 강력할 수 있다면서 일본과 인근 지역에 경고했다. 지구 대격변의 가장 큰 피해 지역으로 환태평양 조산대, 일명 '불의 고리'가 지나는 아시아를 지목했다.

한편 스칼리온은 지구 온난화로 인한 남극의 빙하 붕괴와 이에 따른 해수면의 상승에 대한 과학자들의 의견에 동의하고 있다. 그는 남극 빙판은 붕괴될 것이며 2005년부터 2012년까지 지속적으로 해수면이 상승하여 많은 해안 지역이 물에 잠길 것이라고 말했다. 특히 대서양은 내륙 방향으로 수킬로미터가 물에 잠긴다는 것이다.

지구 온난화는 단순히 해수면의 상승만이 아니라 해수온

의 변화도 야기해서 근래 큰 고래나 대형 오징어 떼들이 해변에 몰려와 죽는 사건이 세계 도처에서 발생하고 있다. 전문가들은 수온이 변화하면서 해류에 이상이 생겼고, 지축의 변동으로 인해 자기장 흐름이 변했기 때문이라고 추정한다. 일부는 해군 함정에서 발사하는 고성능 전파가 생물들의 뇌에 영향을 주었다고도 하고, 심해 화산과 지진이 급격히 활동이나 심해 광물 굴착 탐사가 주는 충격 때문이라는 주장도 있다.

쓰나미 이후 TV에서는 재난 시 생존방법을 알려주는 프로그램들이 부쩍 늘어났다. 천재지변에 대비하는 것은 물론 중요하다. 그러나 무엇보다 시급한 일은 눈앞의 경제적 손실 또

는 생활의 편의만을 위해 세계 선진 산업 국가와 기업, 그리고 개개인들이 미루고 외면해 온 지구 환경 복구에 대한 문제이다. 지구 온난화의 주범인 온실가스를 정책적으로 줄이는 한편 대체 에너지를 개발하고 환경 오염을 야기하는 공산품의 소비를 통제해 지구 오염의 속도를 늦춰야 한다고 전문가들은 강력하게 호소하고 있다.

지구 온난화의 주범은 태양이다

세계적 이상 기후와 그 피해가 지구 온난화 현상에서 야기됐다는 것이 학계의 일반적 입장이다. 그런데 그 주범이 태양 에너지와 흑점의 폭발적인 증가 때문이라고 주장하는 학자들이 등장했다. 독일 막스플랑크 태양 시스템 연구소의 사미 소란키 박사는 태양의 밝기가 증가하는 것이 지구의 기후 변화에 영향을 준다고 말한다. 태양의 흑점 폭발 빈도와 빛의 강도가 60년 만에 최고로 측정되었고, 이 현상은 지구 온도 상승과 기후 변화에 큰 이변을 가져온다는 것이다. 1860년 이래 지구는 1997년과 1998년, 그리고 2002년에 최고 온도를 기록했는데 소란키 박사 팀은 지난 수백 년간 기록된 태양 관련 연구 자료를 분석하여 태양 표면에 흑점 폭발이 있을 때마다 지구에 이상 기후가 찾아왔다는 사실을 규명했다.

그러나 영국 이스트 앵글리아 대학의 데이비드 비너 박사는 태양 흑점 폭발이 지구 온난화에 영향을 줄 수는 있지만 그동안 큰 폭발을 일으킨 태양 흑점의 숫자가 일정치 않았는데 지구의 기온은 계속 상승해 왔다고 지적했다. 비너 박사는 지난 20년간 인간이 화석 연료를 많이 태우고 무분별한 벌목을 자행하여 지구 온난화를 초래했다고 말한다. 영국 기상청의 기후 연구원 가레스 존스 박사도 태양 방사 에너지 증가가 지구 온난화의 주범이라는 연구 결과에 대해 지구의 기온 변화와 밀접한 관계가 있는 화산 등 다른 여러 요인들이 포함되지 않아 설득력이 부족하다고 평가했다.

지구 온난화의 정확한 원인은 무엇일까? 불과 100년 전만 하더라도 인류에게 이 같은 걱정은 없었다. 대기의 공해가 증가하고 인구 폭발 속에 환경이 오염되면서 지구는 자정능력을 잃어버렸을지 모른다. 세계 많은 학자들은 지구 온난화의 정확한 원인 규명과 지구 공해 방지를 위해 세계 141개국의 교토 협약을 체결했다. 그러나 일부 선진 공업 국가들은 자국의 경제적 손실을 우려해 아직도 교토 협약 참가를 거부하거나 시행을 유보하고 있다.

PART 5

상식을 뒤엎는 엽기 미스터리

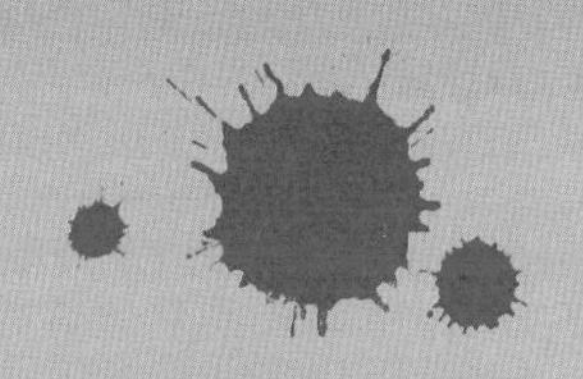

인간의 능력을 뛰어넘어라

우리는 종종 초인적인 힘이나 과학으로 설명하기 힘든 일을 경험한 사람들의 이야기를 접한다. 다급한 상황이 닥쳤을 때 평소에는 없던 괴력으로 사람을 구한다든지, 가까운 누군가가 위기에 처한 순간을 텔레파시로 감지하는 일 등 투시나 염력, 공간이동, 그리고 힐링까지 그 종류도 다양하다. 우리는 이 믿을 수 없는 힘을 우리는 '초능력'이라 부른다.

치유 기적을 행한 성자, 엘니뇨 피덴시오

멕시코 에스피나조에서는 매년 3월과 10월에 삼일간 성대한 축제가 벌어진다. 전국에서 2만 명이 넘는 인파가 몰려드는 축제 기간에는 아픈 사람들을 위한 구원의식이 진행된다. 이 의식은 1938년 타계한 에스피난조의 전설적인 성자 엘니

성자 엘니뇨 피덴시오

뇨 피덴시오를 추모하는 행사이다. 엘니뇨는 질병과 장애를 가진 많은 이들을 치유했던 기적의 성자로 불린다.

엘니뇨는 1898년 멕시코 구아나우아토에서 태어났다. 일찍 부모를 잃고 형제들과 농사를 지으며 살던 그는 23세가 되던 해 에스피나조로 이주했다. 엘니뇨는 이미 여덟 살 때부터 다른 사람의 병을 치료했고 예언과 투시력 등 초능력을 선보였다.

그는 어린 시절 성자의 환영을 만난 이후 초능력이 생겼다고 한다. 성자는 그에게 약초를 사용해 이들을 치유할 수 있는 방법을 가르쳐주었고, 엘니뇨가 살아가는 목적이 병든 사람을 고쳐주는 일이라고 말해 주었다. 처음에 엘니뇨는 멕시코 북부와 텍사스 남부 지방에서 병으로 고통받는 사람을 만나 한 명씩 치료해 주었다. 그러다 소문을 듣고 전국에서 사람들이 무수히 몰려들자 이들을 한꺼번에 치료하기 시작했다.

엘니뇨가 사람들의 병을 고쳐주는 모습은 매우 흥미롭다. 병자들이 구름같이 찾아와 병을 고쳐달라고 호소하자 그는 2층 발코니로 나와 군중들을 향해 과일과 사탕을 뿌렸다. 그런데 그것을 머리에 맞거나 받은 사람은 놀랍게도 병이나 장애가 일시에 완치되었다. 또 그는 군중이 모인 집 앞에 악사들을 불러 흥겨운 노래를 연주하게 했는데 음악 소리를 들은 청각장애인들이 춤을 추었다. 그리고 앉은뱅이와 전신마비였던 사람들도 벌떡 일어나 함께 춤을 추었다.

엘니뇨는 일생 동안 수만 명에게 기적을 행했는데 아픈 몸으로 멀리서 찾아온 사람을 위해 마음을 다했다. 한 명이라도 더 고쳐주기 위해 하루 세 시간만 자며 치료에 전념하던 엘니뇨는 1938년 40세의 젊은 나이에 과로로 숨졌다. 임종 전 몇몇몇 제자에게 치료술을 전수해 준 그는 영혼으로 남아 어렵고 고통받는 환자들을 계속 돕겠다는 유언을 남기고 세상을 떠났다.

그가 타계한 지 69년이 지난 오늘날까지도 수많은 사람들이 그를 경배하고 추모하기 위해 에스피나조의 무덤을 찾고, 조상들의 병을 고쳐준 것에 감사를 표한다. 몸이 아프거나 불편한 사람들도 엘니뇨의 영혼이 자신의 병을 낫게 해주리라 믿고 에스피나조에 찾아와 병을 고치고 돌아간다. 아직도 에스피나조의 치유의 기적은 계속되고 있는 것이다.

사지가 절단되고도 다시 살아난 기인

2006년 2월 3일, 시리아 다마스쿠스에서 기괴한 사건이 발생했다. 괴한들에게 팔, 다리 그리고 머리까지 잘려 살해됐던 사우디아라비아의 남자가 몇 시간 후 다시 살아났다는 도무지 믿기 힘든 사건이었다.

이름이 공개되지 않은 피살자는 아이 갖기를 원하는 남자

사시리아의 사이드나야 동방정교회 수도원

였다. 그는 9개월 전부터 부인과 함께 인근 나라의 성지와 신전들을 찾아다녔다. 부부는 기도하면 아기를 낳을 수 있다는 사원이 있다는 소문에 시리아로 갔다. 공항에서 내려 택시를 탄 그들은 기사에게 자초지종을 설명했고 택시기사는 기적이 일어난다고 소문난 사이드나야 동방정교회 수도원으로 그들을 안내해 주었다. 부부는 만약 기도가 통해 아기를 갖게 되면 수도원에 8만 달러를 기부하고 택시기사에게도 2만 달러를 사례하겠다고 약속했다.

소원을 빌고 사우디아라비아로 돌아온 부부는 거짓말처럼 9개월 뒤 건강한 아들을 얻었다. 남자는 약속을 지키기 위해 10만 달러를 갖고 시리아로 향했다. 다시 만난 택시기사는 두 명의 동료와 함께였고 남자를 태웠다. 수도원으로 가는 길에 택시기사가 갑자기 차를 멈추고 남자를 밖으로 끌어냈다. 강도로 변한 택시기사 일당은 남자의 돈과 귀중품을 강탈하고 그를 칼로 찔러 죽였다.

사체를 으슥한 곳에 버리기 위해 일당은 시체를 토막 내 트렁크 속에 넣었다. 차를 몰고 시체 묻을 장소로 가던 중 갑자기 차의 시동이 꺼졌다. 어쩔 수 없이 도로에 멈추게 된 일당에게 지나가던 사람이 다가와 도움이 필요한지 물었다. 당황한 일당은 도움은 필요없다며 그 사람을 쫓아버렸다. 그들의 행동을 이상하게 여긴 행인은 바로 경찰에 신고했고 일당은 경찰의 검문을 받게 됐다. 그들의 옷에 묻은 피를 발견하고 수상하게 여긴 경찰은 차를 살펴보던 중 트렁크 속에서 토막 난 시체를 발견했다. 그때 눈앞에서 놀라운 광경이 펼쳐졌다. 시신의 얼굴이 실룩대며 움직이기 시작한 것이다. 그러더니 목과 팔, 다리도 다시 제자리에 붙어 정상적인 모습이 되어 트렁크에서 나왔다. 차에서 나와 몸을 가볍게 떠는 남자를 보고 현장에 있던 사람들은 소스라치게 놀랐다.

그 남자는 범인들에게 "내게 아기를 주셨던 여신님이 방금

전 내 목을 다시 붙여주셨다!"고 외쳤다. 그가 다시 살아나 말까지 하는 것을 본 일당은 비명을 지르며 실신했다. 이 충격적인 소생 후 사우디아라비아 군 병원은 피해자를 정밀 검사했고, 이 사건을 비밀에 부치도록 했다. 그러나 이 초자연적 사건은《트루드》지 보도를 통해 사람들에게 널리 알려졌다.

러시아 최고의 초능력자, 볼프 메싱

1915년, 오스트리아 비엔나에서 화려한 마술 공연이 벌어졌다. 마술사는 베를린에서 명성을 떨치던 한 소년이었다. 소년의 마술은 너무도 뛰어나 초능력자라고 해도 믿을 정도였다. 공연은 장안의 큰 화제가 되었다. 당시 열여섯 살이었던 폴란드 태생의 유대인 볼프 메싱은 텔레파시와 독심술, 마인드 컨트롤, 원격 투시 능력은 물론이고 트랜스 상태에서 과거와 미래를 내다볼 수 있는 예지 능력까지 갖추어 사람들의 마음을 사로잡았다. 공연에서 처음 만난 관객들의 과거를 정확히 맞힐 뿐 아니라 날카로운 못으로 자신의 가슴과 목을 꿰뚫는 차력 묘기까지 성공하자 그의 명성은 날로 높아졌다.

1937년, 바르샤바 극장에서 공연하던 중 누군가 "독일의 아돌프 히틀러가 어떻게 될 것 같은가?"라고 묻자 트랜스 상태에 빠진 메싱은 독일이 곧 큰 전쟁을 일으키지만 러시아를 공격하여 자멸할 것이라고 예언했다. 측근에게서 이 말을 보고받은 히틀러는 크게 분노하여 볼프 메싱에게 20만 마르크의 현상금을 걸었다. 바르샤바에 숨어 살던 메싱은 1939년 독일이 폴란드를 점령하고 그의 사진이 실린 현상수배 전단이 살포되자 길에서 바로 체포되었다. 경찰서로 끌려간 메싱은 텔레파시로 경찰관들의 마음을 조종해 탈출할 수 있었다. 그리고 그 길로 러시아로 도주했다.

러시아 초능력자 볼프 메싱

러시아에서도 초능력을 공연하며 살아가던 메싱은 스탈린의 지시를 받은 비밀 경찰에게 연행됐다. 스탈린은 메싱의 초능력을 의심하여 "초능력이 진짜라면 모스크바 중앙은행을 털어 10만 루블을 가져오라"고 명령했다. 메싱은 경찰의 감시를 받으며 은행으로 갔다. 그리고 은행원에게 백지를 보여주며 큰 가방을 건넸다. 동시에 메싱은 은행원에게 10만 루블을 가방에 담으라는 텔레파시를 보냈고 결국 성공했다. 모든 상황을 보고받은 스탈린은 그의 초능력에 놀랄 뿐이었다.

초능력 시험을 거친 메싱은 스탈린이 부르면 언제든 크레믈린에 가서 그의 지시대로 미래를 예언하는 능력을 사용해 조언해 주었다. 어느 날 고위 간부들이 모두 모인 자리에서 스탈린이 "메싱, 자네는 참 교활한 인간이야"라고 말하자 메싱은 방 안의 모든 사람들에게 '아니, 정말 교활한 인간은 스탈린 당신이야'라는 텔레파시를 보냈다. 주변 사람들은 모두 깜짝 놀랐고 독재자 스탈린은 껄껄 웃었다.

또 어느 날 메싱은 스탈린의 호출로 크레믈린에 갔다가 그곳에서 비밀 경찰 국장 라브렌티를 만났다. 라브렌티는 경비원들에게 메싱이 문을 절대로 통과하지 못하도록 하라는 특별 지시를 내리고는 메싱에게 크레믈린 궁 밖으로 나가보라고 지시했다. 메싱은 아무런 검문을 받지 않고 오히려 경례를 받으며 정문을 통과했다. 스탈린과 라브렌티는 이 광경을 보며 감탄할 수밖에 없었다. 스탈린이 경비병들을 불러 어찌 된 일이냐고 묻자 그들은 하얗게 질려서 방금 전 자신들 앞을 지나간 사람이 스탈린인 줄 알았다고 말했다. 메싱의 능력을 인정한 라브렌티는 그를 시베리아의 첩보학교로 보냈다. 그곳에서 메싱은 비밀 경찰 요원들에게 텔레파시를 교육하려고 했다. 메싱은 최선을 다했지만 교육은 실패했고 결국 텔레파시는 선천적인 능력이 있어야만 가능한 것으로 확인됐다. 그 후 메싱은 비밀 경찰국에서 원거리 투시와 예언 능력으로 많은 범죄를 해결했다.

러시아뿐 아니라 미국을 비롯한 세계 각지에는 초능력을 사용하여 적의 기밀을 탐지하고 심리를 조종하는 특수 부대들이 존재한다. 이런 초능력 부대의 창설에는 바로 볼프 메싱의 놀라운 초자연적 능력이 동기가 되었다. 1953년 스탈린이 죽기 20시간 전 메싱은 측근에게 그의 죽음을 예언했다. 스탈린이 죽은 후에도 러시아 과학원은 메싱을 계속 연구했지만 여전히 그의 초능력은 풀지 못한 미스터리로 남았다.

초능력을 사용하는 뉴에이지 특수 부대

1953년 7월 10일, 미국의 초심리학 분야 권위자인 듀크 대학교 초심리학 연구소장 조셉 뱅스 라인 박사는 미 육군에서 의뢰한 '동물들의 초감각적 감지 능력을 활용한 지뢰 탐지 실현성' 연구 프로젝트의 최종 보고서를 제출했다. 버지니아주 포트 벨보이어에 있는 공병사령부 기술개발연구소는 2차 세계대전 당시 독일 셰퍼드 군견들이 눈에 보이지 않는 지뢰를 탐지하고, 냄새를 맡을 수 없는 수중 지뢰까지 잘 찾아낸다는 정보를 입수했다. 동물들이 지뢰를 찾을 때 초능력을 발휘하는 것 같다고 판단해 1948년부터 동물들의 인간에게 없는 후각을 연구했다. 그 후 지속적인 연구를 위해 그 분야의 전문가였던 라인 박사에게 연구를 의뢰했고, 듀크 대학교 연구소는 스탠포드 대학교 연구소와 공동으로 초현상 관련 프로젝트를 수행했다.

동물들의 초능력을 확인한 후 인간의 초감각인지능력(ESP) 연구로 발전시킨 미 육군은 1979년 정보국장 앨버트 스터블빈 소장을 통해 육군 내에 최상의 정신력을 지닌 장병을 선발하여 비밀 부대를 창설했다. 이들은 모든 물리학적인 법칙을 뛰어넘는 각종 수련을 거쳐 투명 인간이 되는 능력, 물체를 통과하는 능력, 물리적인 힘을 가하지 않고 상대방을 제압하는 능력, 멀리 떨어진 곳을 보는 원거리 투시 능력 등을 연마했다. 최근 공개된 비밀 문서를 통해 초능력 군인에 대한 이야기가 폭로됐는데 문서에 따르면 '제1지구 대대'라고 불린 뉴에이지 비밀 부대는 오늘날 미국의 초능력 전력의 핵심이며 '테러와의 전쟁'과 세계 평화를 위협하는 악의 세력을 분쇄하는 데 위력을 발휘하고 있다고 한다. 제1지구 대대가 행한 훈련과 작전 가운데 특별히 기이하고 공포스러운 것은 정신을 집중해 원거리에 있는 적을 죽이는 초능력인데, 실험을 통해 이들은 노려보는 것만으로 염소들을 여러 마리 죽이는 데 성공했고 눈으로 볼 수 없는 먼 지역에 있는 인간에게 해를 입히거나 마음을 조종할 수 있다는 것이 확인됐다.

과거 빌 클린턴 대통령은 미 육군 정보국 소속 초능력 부대 요원들에게 외계인 색출 작전을 극비로 지시한 적이

있다. 요원들은 인간 사이에 섞여 살고 있는 외계인들, 특히 화성인들을 찾아내려고 했다, 비밀이 해제된 육군 정보국 극비 자료를 근거로 존 론슨이 저술한 책『염소들을 노려보는 남자들(*The Men Who Stare at Goats*)』에는 이 모든 사실이 기록돼 있다. 이 책에 따르면 공상과학이나 무협소설 주인공들을 연상시키는 비밀 초능력 부대원들이 타고난 선천적인 초능력자가 아닌 보통 사람들로 출발하여 특수 훈련 과정을 거치면서 여러 종류의 ESP를 갖게 된다고 한다.

무협지나 영화에 나오는 것처럼 평범한 사람도 특수한 기술을 연마하면 초능력자가 될 수 있을까? 실제로 이런 사람들이 존재한다는 것이 놀랍고 신기할 뿐이다.

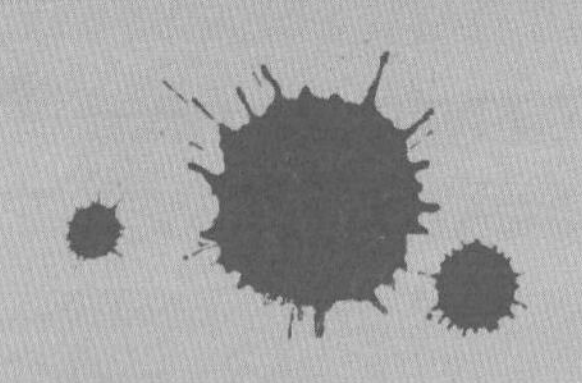

미래가 보이는 사람들

'내일' 을 살아본 사람은 아무도 없다. 만약 내일을 미리 살아볼 수 있다면 어떻게 될까? 내일 혹은 더 먼 미래의 세상을 지금 알 수 있다면? 세상에는 이렇게 꿈같은 일을 직접 해내는 사람들이 있다. 때에 따라 예언자, 영매, 초능력자로 다르게 불리지만 이들은 결국 미래를 본다는 공통의 능력을 갖고 있다. 시간을 넘어서는 것, 곧 신의 영역을 엿보는 이들을 소개한다.

불가리아의 맹인 예언가, 바바 뱅가

구소련의 공산주의 체제의 붕괴와 체르노빌 참사, 그리고 러시아 쿠르스크 핵잠수함 침몰 사건 등 대사건들을 예언한 전설적인 여성 예언가 바바 뱅가는 1911년 1월 31일 불가리아 페트리치에서 태어났다. 그녀는 열두 살이 되던 해 회오리바람에 휘말려 흙더미에 깔리는 사고를 당했다. 이 일로 시력을 잃게 됐지만 좌절하지 않고 양치기였던 부친을 도와 농장 일을 도맡아 했다. 열여섯 살이 되던 해 그는 자신이 먼 곳에서 발생하는 일이나 과거, 또는 미래의 일들을 볼 수 있는 능력이 있다는 것을 알게 되었다. 이른바 제3의 눈이 열린 것이다. 뱅가는 농장에서 양을 도둑맞고 낙심한 아버지에게 양이 숨겨져 있는 장소를 알려주었고 이 일은 마을에서 큰 화제가 되었다. 이후 그녀는 신비한 능력을 발휘해 이웃들을 돕기 시작했다.

불가리아의 예언가 바바 뱅가

뱅가는 보통 예언가들이 미래를 알려주는 것과 달리 찾아오는 사람들의 과거사와 현재, 그리고 미래를 모두 알려주었다. 그녀의 예언은 무척 정확해서 곧 유럽 전역으로 소문이 퍼졌고 국가 원수들까지 찾아올 정도였다. 2차 세계대전 후 아돌프 히틀러도 뱅가를 찾아왔는데 그녀를 만난 뒤 히틀러는 안색이 안 좋고 심기가 매우 불편해져서 바로 독일로 돌아갔다고 한다.

뱅가의 조카 스토야노바는 어려서부터 뱅가를 옆에서 지켜

봤는데, 그녀가 제3의 눈을 통해 긴 수염이 난 현자와 항상 대화를 나누었다고 한다. 그는 밴핌이라 불리는 행성에서 온 외계인이었다고 전한다. 한편 뱅가는 임종 직전 자신의 능력이 프랑스에서 태어나 시력을 잃게 될 한 소녀에게 전수될 것이라고 예언했지만 아직 그 존재는 파악되지 않은 상태다.

뱅가는 평생 동안 예언으로 수만 명의 사람들을 돕다가

1996년 8월 11일에 지병으로 생을 마감했다. 최근 생전에 그녀가 예언한 내용들이 현실화되면서 다시 화제가 되고 있다. 1980년 "이 세기가 끝나는 1999년이나 2000년 8월에 쿠르스크가 물속에 가라앉고 세계가 이를 애도할 것이다"라고 예언한 것이 맞아떨어졌다. 러시아의 쿠르스크 시 주민들은 자신들에게 홍수가 닥치는 것은 아닌가 하고 걱정했지만 이것은 2000년 8월 12일 승무원 전원이 사망한 러시아의 전략 핵잠수함 쿠르스크를 가리킨 것이다.

1989년에는 "미국의 형제가 철로 만들어진 새에게 공격을 당해 무너지며 수풀 속에서 늑대들이 부르짖는 소리가 가득 차고 무고한 피가 터져나올 것이다"라는 끔찍하고 난해한 예언을 하기도 했다. 911 테러 후 사람들은 이것이 테러 참사에 대한 것임을 깨달았다. '미국의 형제'란 뉴욕 WTC 쌍둥이 빌딩이며 '철로 만든 새'는 여객기, '수풀'은 부시 대통령을 상징하며 '무고한 피의 분출'은 테러와의 전쟁으로 야기된 보복 전쟁으로 해석된다.

1960년, 뱅가는 미래 인류에 대해서도 예언했다. "2018년부터 태양 에너지를 동력으로 한 기차가 하늘을 날 것이며, 그날이 오면 지구는 휴식을 얻을 것이다"라는 내용이었다. 최근 뉴스에서 러시아가 달에 있는 광물 헬륨3을 지구로 가져와 새 에너지로 사용할 방침이며 이를 위해 2015년 안에 달에 기지를 건설할 것이라는 보도가 있었다. 과연 그의 예언은 맞는 것일까?

문맹 예언가 타라빅이 본 21세기 미래상

2005년 8월 11일 밤, 세르비아 크렘나 마을에서 화재가 발생했다. 화재가 난 곳은 박물관이었는데 이곳은 19세기 예언가인 미타르 타라빅과 밀로스 타라빅의 생가였다.

미타르 타라빅은 크렘나의 양치기였는데 그의 예언은 매우 정확했다. 노스트라다무스의 예언이 복잡한 암호와 시로 이루어져 해석이 어려운 것과 달리 타라빅의 예언서는 문맹인 그를 대신하여 마을의 신부가 받아 적은 것이라서 이해하기가 쉬웠다.

1899년 그가 죽은 후에는 그의 조카 밀로스가 영적 능력을 받아 예언이 계속되었다. 타라빅은 20세기와 21세기의 수많은 사건들을 예언했고 거의 모든 사건이 적중했다. 미타르가 죽은 뒤 신부는 주민들을 불러 모아 1차 세계대전에 대한 예언을 전하면서 대비할 것을 당부했고 전쟁이 끝나는 해에 자신도 죽게 될 것이라고 타라빅이 예언했다고 말했다. 당시에는 이 말을 아무도 믿지 않았지만 몇 년 뒤 주민들은 그의 예언대로 1차 세계대전이 발발해 심하게 피해를 입었으며, 신부 또한 사망하는 것을 확인했다.

전쟁이 끝난 후 주민들은 성직자의 가족이 보관해 온 타라빅 가문이 예언한 내용을 다시 보았고 곧 다가올 두 번째 전쟁에 대한 예언을 발견했다. 미타르는 2차 세계대전이 구부러진 십자가를 사용하는 사탄 같은 제국에 의해 발발한다고 예언했다. 주민들은 독일의 나치당이 예언 속의 구부러진 십자가 상징을 사용하는 것을 보고 2차 세계대전을 감지했다. 전쟁이 끝나고 구소련 아래서 정권을 잡은 유고슬라비아 공산당은 타라빅 가문의 예언이 자신들을 나치에 버금가는 악당으로 묘사한 것을 알고 예언서를 없애려고 했지만 실패했다. 독재자 티토가 사망한 후 예언서는 책으로 출간되었고 비로소 세상에 그 내용을 드러냈다. 미타르와 밀로스는 3차 세계대전에 대해서도 예언했다.

세르비아의 예언가 타라빅

"두 번째 전쟁 후 세계는 평화와 풍요를 누리게 되지만 그것은 모두 신기루일 뿐이다. 많은 이들이 신을 잊고 인간의 지능을 믿기 때문이다. 인류는 영상이 나오는 상자를 개발할 것이며 이를 통해 세계에서 발생하는 모든 일을 볼 수 있을 것이다. 사람들은 땅에 깊은 구멍을 뚫어 빛과 속도, 그리고 힘을 주는 금을 캐낼 것이고, 이 과정에서 지구는 시들어갈 것이다. 동양에서 현자들이 나타나 그들의 지혜가 모든 바다와 국경을 넘겠으나 인류는 이를 오랫동안 거부할 것이다.

사람들은 누가 그들의 조상인지 모를 것이며 모든 걸 안다고 생각해도 그들은 아무것도 모르게 될 것이다. 전 세계에 병이 돌지만 누구도 치료약을 만들지 못한다. 인류는 다른 세상, 생명체가 없는 사막으로 떠날 것이다.

세 번째 전쟁은 하늘의 싸움으로 시작될 것인데 지상과 물에서 싸우는 이들이 더 유리할 것이다. 전쟁에서 사용되는 기이한 대포알은 폭발하면서 사람들을 해치는 대신 마법처럼 잠을 자게 하고 깨어나면 이성을 찾게 해줄 것이다."

타라빅은 생전에 마을 인근의 강이 거꾸로 흐르게 될 것이라고 말했는데 1966년 강 유역에 수력발전소가 건설되어 강의 흐름이 바뀌면서 예언이 실현됐다.

꿈을 통해 미래를 예언하는 크리스 로빈슨

2001년 9월 11일, 뉴욕의 WTC 빌딩에 비행기가 충돌했다. 세상을 경악과 분노로 몰아넣은 911 테러였다. 이 비극이 있기 한 달 전 런던 북부 베드퍼드셔의 크리스 로빈슨은 똑같은 광경을 꿈에서 먼저 보았다.

그의 예지몽은 그때가 처음이 아니었다. 1988년 스코틀랜드 로커비에 추락한 팬암 여객기 폭파사건과 페어포드 에어쇼에서 발생한 전투기 충돌사고 등의 항공사고, 그리고 아일랜드 해방군의 영국 본토 폭탄 테러사건, 체르노빌 원전 참사까지 여러 재앙을 꿈에서 미리 보아 예언한 일로 유명하다. 크리스는 과학자들에게 여러 번 초능력 시험을 받기도 했으며 그 결과 세계의 어떤 예언가나 영매보다 정확성과 신뢰도를 인정받았다.

2001년 4월 20일, 미국 애리조나 대학교 심리학 교수 게리 슈왈츠 박사는 영국의 한 남성으로부터 자신의 초능력을 시험받고 싶다는 요청을 받았다. 슈왈츠 박사가 초능력자들을 실험하고 영매에 관해 연구한다는 소식을 듣고 박사에게 직접 전화한 사람은 바로 크리스 로빈슨이었다. 그는 13년 전 죽음의 문턱까지 갔다가 살아남은 임사 체험을 한 후 꿈속에서 미래를 볼 수 있게 되었다고 말했다.

예지몽을 꾸는 크리스 로빈슨

그는 1960년인 아홉 살 때 심장 수술을 받고 4개월간 입원했는데 이때 첫 임사 체험을 했으며, 열여섯 살 때 교통사고를 당했을 때는 첫 유체 이탈을 경험했다고 한다. 그는 미래만 보는 것이 아니라 살인이나 테러가 일어나기 전에 미리 알 수 있으며 이미 여러 사건에 협조해 범인을 잡거나 부패 경찰관들을 적발하기도 했다.

슈왈츠 박사는 크리스의 주장을 쉽게 믿을 수 없었다. 그러나 크리스가 쓴 『꿈의 추적자』란 책을 통해 그의 기이한 행적을 확인한 슈왈츠 박사는 4개월 뒤 그를 미국으로 초청했다. 2001년 8월, 투손에 있는 호텔에서 크리스는 첫 시험을 받았다. 슈왈츠 박사는 자신만 아는 장소를 스무 군데 정해서 이 중 열 곳을 임의로 선택해 하루에 한 군데씩 크리스를 데려가기로 했다. 슈왈츠 박사가 선택할 열 곳의 장소가 써 있는 종이는 박사와 무관한 사람을 통해 크리스에게 전달되었고 크리스는 촬영이 진행되는 앞에서 봉투를 섞어 뽑은 후 순서를 매겼다.

슈왈츠 박사는 확률상 열 번 중 한두 번의 성공을 예측했지만, 크리스는 열 번 모두 박사가 의도한 목적지를 짚어냈다. 결국 슈왈츠 박사도 그의 능력을 부정하지 못했다.

이후 실험이 계속됐는데 8월 11일 아침 크리스는 전날 꾼 꿈에 대해서는 말하고 싶지 않다고 했다. 하지만 슈왈츠 박사의 설득에 "비행기가 뉴욕의 WTC 빌딩과 충돌하는 장면을 보았다"고 고백했다. 그리고 정확히 한 달 후 뉴욕에서 911 테러 참사가 일어난 것이다.

슈왈츠 박사와 크리스는 이 일을 포함해 열흘간 진행된 모든 실험 동영상을 인터넷에 공개했다. 이후 크리스는 영국과 미국, 독일, 일본 TV에 출연하며 유명해졌다. 영국 채널 4TV 쇼에 출연했을 때는 진행자 리처드와 주디가 미국의 슈왈츠 박사를 전화로 연결하여 그들의 실험에 대해 직접 증언하는 장면이 연출되기도 했다. 또 크리스의 눈과 귀를 가리고 이동할 곳을 써서 봉투에 넣고 초능력을 확인하는 실험도 재현돼 시청자들을 놀라게 했다.

현재 크리스는 미국과 영국의 정보국을 돕고 있다고 밝혔다. 큰 인명 피해를 낼 테러사건을 세계 여러 정보국에 예언하여 합동으로 테러를 제압하고 미결 살인사건의 범인을 잡기 위해서이다.

미래는 선택된 예언가만이 볼 수 있는 것일까? 일부 과학자들은 인간의 두뇌에 미래를 보는 투시인이 있어 미래의 일들을 뇌로 감지할 수 있다고 한다. 그렇다면 혹시 우리에게도 미래를 볼 수 있는 능력이 잠재되어 있는 것은 아닐까?

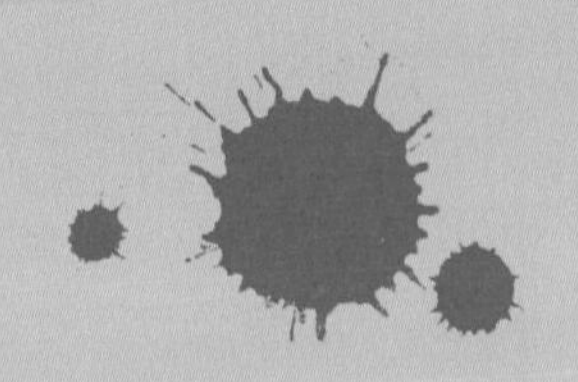

영원한 젊음을 찾는 사람들

만일 진시 황제가 불로초를 손에 넣었다면 그는 과연 영원히 살 수 있었을까? 건강을 유지하는 것, 늙지 않는 것, 그리고 영원히 사는 것은 인간에게는 이룰 수 없는 꿈이다. 그런데 도저히 불가능해 보이는 불로장생을 위해 연구에 매진하는 과학자들이 있다. 또 젊음을 유지하고 되찾는 방법이 개발되어 세계적인 관심을 받기도 했다. 영원한 젊음, 가능한 일인가?

죽지 않은 연금술사, 세인트 저메인 백작

영생을 사는 사람에 대한 오래된 이야기가 있다. 소설 『드라큘라』의 작가인 브람 스토커는 드라큘라 백작이 수백 년이 지나도 죽지 않고 영생을 누리는 흡혈귀로 묘사했는데, 그 모티브는 중세시대의 유명한 연금술사인 세인트 저메인 백작이었다고 한다.

세인트 저메인 백작의 초상화

1600년대 영국 왕실 기록에서 가장 많이 등장하는 저메인 백작은 1670년에는 왕의 조언자이자 보석 세공가로 기록되었고, 1774년 프랑스의 왕실 기록에서는 루이 15세의 충복으로 등장한다. 그리고 1784년 독일에서는 저메인 백작의 불로장생을 시기한 독일 왕이 "지금 죽지 않으면 처형을 시키겠다"고 으름장을 놓자 왕 앞에서 심장마비로 숨졌다고 전해진다.

그러나 저메인 백작이 죽은 줄만 알았던 독일 왕은 이듬해 스페인을 방문했을 때 스페인 국왕의 조언자가 된 저메인을 발견하고 경악했다. 영국 프리메이슨 그룹과의 만남을 마지막으로 공식 석상에서 모습을 감추었던 백작은 1821년 오스트리아 비엔나에서 열린 유럽 정상 모임에 전혀 늙지 않은 모습으로 참석해 사람들을 놀라게 했다. 1930년에는 신지학 협회의 애니 베산트가 미국 플로리다행 여객선 갑판에서 자신을 저메인 백작이라고 소개하며 작은 다이아몬드를 준 정체불명의 신사를 만났다고 주장하기도 했다.

전설에 따르면 저메인 백작은 1만3천 년 전 고대 아틀란티스에서 전수받은 연금술법으로 세계를 돌아다니며 쇠를 금으로 만들어 보이면서 왕의 측근이 되었다고 한다. 실제 기록에 보면 그는 영국과 프랑스, 터키, 스페인, 독일, 오스트리아, 네덜란드, 노르웨이 등의 중세 역사에 약 250년에 걸쳐 등장하고 있다.

1670년대에는 그가 흡혈귀라는 소문이 떠돌기도 했는데 당시 그는 독일에서 백작 작위를 받고 왕에게 하사받은 성에서 살고 있었다. 괴소문은 그와 함께 살던 여인 때문이었는데, 그녀는 백작이 구해다준 피로 밤마다 목욕을 하면서 젊음을

유지한다는 소문이 돌았다.

1989년 영화 〈인디아나 존스3〉에 등장하는, 성배로 물을 마시면 영원히 죽지 않는다는 구상은 스티븐 스필버그 감독이 저메인 백작의 이야기에서 착안한 것이라고 한다. 중세시대 왕들에게 패션과 헤어 스타일부터 나라를 다스리는 법도 등을 전수해 준 저메인 백작의 죽음에 대한 기록은 어디에서도 발견되지 않았다. 자신이 저메인 백작이라고 주장하며 사이비 교주가 된 사기꾼들만 존재할 뿐이다. 과연 저메인 백작이 수천 년 동안 죽지 않고 젊음을 유지해 왔다는 것이 사실일까? 영생의 비밀을 간직한 채 그는 어디로 사라졌는가?

죽은 세포가 스스로 재생한다

2006년 8월 29일, 《선데이 타임스》는 상처가 저절로 재생되고 치유되는 기적의 쥐가 있다고 보도했다. 미국 생의학 연구센터의 윈스터 연구소에서 탄생된 이 '기적의 쥐'는 포유류 동물 가운데 자신의 사지와 관절, 꼬리, 심장, 귀 등이 절단되거나 손상될 경우 신체 부위를 재생할 수 있는 유일무이한 진기한 동물이다. 면역학 교수 엘렌 헤버 카츠 박사가 이끄는 연구진들은 이 기적의 쥐에서 뽑아낸 줄기세포를 보통 쥐에 이식하면 보통 쥐 역시 동일한 재생 능력을 갖게 된다고 밝혔다.

이것은 인간들도 불의의 사고로 부상당하거나 질병 또는 노화로 손상된 장기를 스스로 재생할 수 있다는 사실을 가능하게 하는 결과물로 의학계의 지대한 관심을 모으고 있다. 이 기술이 발전하면 노화된 세포도 되돌일 수 있는 원리가 발견될 가능성도 있다.

연구팀의 수석 과학자인 카츠 교수에 따르면 현재 재생 능력이 있는 쥐는 약 열두 종류의 유전자들을 자가 재생할 수 있고, 정상 쥐가 주사 투여로 재생 능력을 갖게 되는 데는 6개월의 기간이 소요된다고 한다.

과학자들은 일찍이 재생 능력을 가진 몇몇 기이한 동물들의 존재를 알고 있었다. 물고기와 양서류 가운데는 내부 장기나 사지 전체를 재생할 수 있는 동물이 있고 심지어 절반으로

자르면 각기 없어진 반쪽을 복구하여 완전한 두 생명체로 재생하는 동물도 존재한다. 호주의 에들레이드 대학의 크리스 다니엘 교수팀은 몇 해 전부터 파충류인 도마뱀 꼬리의 재생 원리를 연구하여 인간의 신체 재생에 적용하는 실험을 하고 있고, 캐나다 오타와 건강연구소의 케더린 트실피디스 박사 팀도 양서류 뉴트의 역분화 재생을 연구해 지난 3월 재생 역할에 관여된 59종의 DNA를 밝혀냈다. 신체 일부에서 재생되는 완전한 인간, 영화에나 나올 법한 미래 사회의 인간 재생 시스템이 언젠가 눈앞에 실현되는 게 아닐까?

눈에 메모리칩을 심으면 영생한다?

최근 AFP 통신은 영국에서 죽지 않는 방법을 개발하는 데 착수했다는 다소 황당한 소식을 보도했다. 영국의 유망한 IT 업계 브리티시 텔레콤(BT)의 인공생명 연구팀에 따르면 현재의 속도로 컴퓨터 과학이 발전할 경우 21세기 중반쯤에는 죽음이 우리와 상관없는 일이 된다는 것이다. 팀의 수석 연구원인 크리스 윈터 박사는 "죽음은 이제 끝났다"고 말했다.

이들은 향후 30년 안에 인간은 자신의 일생이 기록된 두뇌 칩을 다른 사람에게 이식함으로써 재생된 삶을 살 수 있을 것이라고 주장했다. 여덟 명의 과학자들로 구성된 BT사의 메틀셈 건강연구소는 '소울 캐처'라는 컴퓨터칩을 개발하는 중이다. 이 칩은 태어난 영아에게 이식되어 생애 전부를 기억해 저장했다가 나중에 죽으면 살아 있는 다른 이에게 다시 이식된다는 원리이다. 윈터 박사는 이 연구의 핵심은 인간이 감지하여 두뇌에 저장하는 모든 데이터들을 디지털화하는 동시에 저장하는 IT 기술이라고 말했다.

연구팀의 이언 피어슨 박사가 시각 신경과 피부, 혀, 코 등 지각의 흐름을 측정했는데 인간은 80 평생 동안 10테라바이트의 데이터를 처리한다고 밝혔다. 이는 플로피디스크 7천조 개에 해당하는 양이라고 덧붙였다. 박사는 지난 20년간의 기술개발 진척 데이터를 근거로 메모리칩의 소형화와 저장 용량의 확장률 등을 계산했을 때 현재 기준인 8메가바이트의 메모리칩이 30년 내 10테라바이트를 저장할 수 있게 될 것이라고 전했다. BT사는 인공생명 프로젝트에 얼마나 많은 돈이 투자되고 있는지는 밝히지 않았다. 윈터 박사는 소울 캐처가 매우 중요한 사안이며 의미심장한 윤리적 문제를 고려하고 있음을 인정했다. 하지만 이 분야의 연구에 심혈을 쏟아 차세대 통신기술의 선두를 잡으려는 목적에는 변함이 없다고 말했다.

이 메모리칩은 눈에 심어질 예정인데, 여객기의 블랙박스처럼 현재의 시스템을 강화시켜 준다고 한다. 그 예로 범행사건이 벌어질 경우 피해자의 피습 당시 상황이나 강간, 살인 등의 피해자 목격 영상 기록 등이 녹화되므로 범인을 쉽게 잡을 수 있게 된다. 또한 친구들과 보낸 휴가기간 동안의 체취와 음향, 그리고 보고 느낀 모든 추억은 언제든 되돌려 느껴볼 수 있다.

이에 대해 미래학자들은 인류가 곧 다가오는 미래에 고도의 우수한 3D기술로 제작된 가상 사회에서 비즈니스를 하며 '제2의 나'의 신경조직을 작동해 동시에 다른 공간에서 존재할 수 있게 될 것이라고 예상했다.

2000년 12월, 아놀드 슈워제네거의 영화 〈6번째 날〉에는 복제인간이 등장하는데 눈의 홍채를 통해 일생의 기억과 정보를 복제해 본인을 대신하게 하는 기술이 나온다. 또 다른 영화 〈페이첵〉 역시 분해공학자인 주인공이 3년간의 계약기간 동안 기술력을 전수하고 자신의 기억을 기억 제거 장치로 지우는 장면이 나온다.

예전에는 그저 흥미를 주는 허구에 불과했던 일들이 점점 현실로 다가오고 있다. 메모리칩을 사용한 영생, 이 기술이 실현된다면 당신은 영원히 살기를 바라는가?

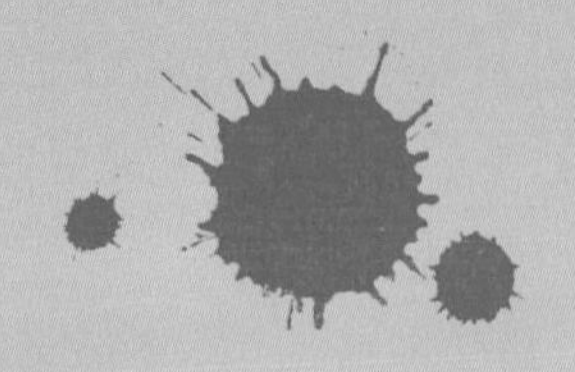

다차원 세계를 넘나드는 출입구들

이 세계의 이면에 또 다른 차원이 과연 존재하는 것일까? 4차원이라 부르는 그곳을 체험한 사람들의 이야기가 있다. 그곳은 어디이며, 또 누가 갈 수 있는가? 시간과 공간, 그 경계를 깬 사람들의 이야기를 모았다.

다차원을 여행할 수 있는 신비한 통로

길을 걷다가 혹은 자동차나 비행기를 타고 가다가 자신도 모르게 다른 차원으로 빠져 다시는 돌아오지 않는다는 다차원 통로가 존재한다. 미국에서 가장 유명한 다차원 통로는 존 팰리폭스의 책 『나의 귀환 증거(*Proofs of My Return*)』에 등장한다. 1961년에 출간된 이 책은 1927년 현실과 나란히 병행하는 다차원 통로에 관한 책을 탐독하던 저자가 쓴 것으로,

1965년 이후 누군가가 책을 모두 사들여 오늘날 가장 구하기 힘든 서적 중 하나로 손꼽힌다.

1960년대 미국 대학생 사이에서 큰 인기를 끈 이 책에는 다차원을 출입하는 문이 플로리다 주의 버뮤다 삼각지대에만 있는 것이 아니며, 미국에 적어도 다섯 군데가 존재한다고 되어 있다. 책에는 그 위치까지 정확히 명시되어 있는데 미시간 주 몬트모렌시 카운티, 조지아 주의 데칼브 카운티, 그리고 켄터키 주의 콘스탄스 등이 지도에 표시되어 수록됐다. 존은 이 지점들을 여행했던 다차원 체험기를 상세하게 적어놓았고 안내서까지 첨부해 놓았다.

이에 앞서 서지 후틴과 조지스 래비튼은 원주민들의 전설로 전해오는 '다른 세상으로 가는 문'을 연구하다 다차원을 출입하는 통로를 발견했다. 하지만 그들은 원주민 전설처럼 다시는 현 세상으로 돌아오지 못할까봐 위치만 명시하고 들어가지는 않았다. 존 역시 이들이 명시한 지점을 탐험하다가 실제로 다른 차원으로 향하는 문을 발견했다.

문에 직접 들어간 존은 여러 가지 신비한 체험을 하고 현실세계로 돌아온 뒤 다른 차원으로 가는 문을 발견하게 된 경위와 들어가는 요령에 대해 상세히 저술했다. 존에 따르면 다차원 통로가 있는 지점에 가까워지면 주변이 아무리 추워도 무더운 사막처럼 변한다고 한다. 다차원 통로가 있는 곳으로 추정되는 멕시코의 조나 델 사일렌시오 역시 마찬가지였다고 말한다.

입구가 가까워지면 두 명의 문지기들을 만나게 되는데 그들은 도마뱀같이 생긴 파충류 인간이라고 한다. 문지기들은 입구로 접근한 인물을 유심히 보기는 하지만 해를 끼치지 않는다고 하는데, 그들의 눈은 날카롭게 반짝이고 인간보다 더 뛰어난 존재같이 보인다고 한다.

문지기들을 지나면 기이한 색에 잎이 곱슬곱슬한 큰 식물들이 자라고 있고 야릇한 향기가 나는 무성한 숲을 통과하게

되는데, 때로 전설에 등장하는 요정 같은 이들이 분주히 농사를 짓거나 열매를 가꾸고 있는 것을 발견하기도 한단다. 요정들은 문에서 들어온 사람을 의식하지 않지만 일부는 사람을 쳐다보며 안쓰러운 표정을 짓는다고 한다.

존은 또 어떻게 하면 다차원에 영원히 갇히지 않고 출구를 찾아 밖으로 나갈 수 있는지에 대해 상세히 기술했다. 이 책을 읽고 나서 그가 명시한 지점을 찾아간 사람들도 많다. 그들에 따르면 실제로 주변이 더워지며 작은 문지기들이 입구를 지키고 있는 것을 발견하고는 크게 놀라서 달아나거나 존의 지침을 따라 문 안으로 들어가 체험을 하기도 했다.

일설에 따르면 문 안으로 들어가 인류의 과거와 미래를 구경한 인물들 중 다수는 첨단 과학기술 분야 및 각종 신산업 분야의 CEO로 성장해 세계 최고의 부호들이 됐다고 한다. 사람들은 다른 사람들이 미래를 보는 것을 막기 위해 바로 그들이 존의 책을 남김없이 사들여 오늘날 구할 수 없다고 의심하면서도 혹시라도 어딘가에 있을지 모를 책을 찾아 헤매고 있다.

유령 비행기가 있는 더비셔 피크

1997년 3월 늦은 밤, 영국 더비셔 피크 호수 지역에 B-29로 추정되는 대형 폭격기가 추락했다는 제보에 경찰과 소방서, 긴급 구조대 등 수십여 명의 대원들이 현장에 출동했다. 이를 목격한 사람은 인근 주민들로 사냥터 관리인 부부와 농장 주

더비셔 피크 호수 지대에서 목격된 유령 비행기 사진

인, 전 경찰관과 그녀의 남편인 은퇴한 조종사 등이었다. 이들의 진술은 거의 동일했다. 그러나 비행기가 추락했다는 지점에는 그 어떤 잔해도 발견되지 않았고, 인근의 공항 관제소에서는 동일한 시각에 항공기가 비행하지 않았다고 했다.

더비셔의 버뮤다로 불리는 이 지역에서만 현재까지 원인 불명으로 비행기가 추락한 사건이 50건이 넘으며 3백여 명의 사람들이 비행기 사고로 사망하거나 실종됐다. 사고의 원인은 조종사의 부주의나 갑작스런 기계 고장 때문이었는데, 일부 비행기들은 잔해조차 발견되지 않았다. 사고 당시 비행기 중 대부분은 통신장비가 작동하지 않은 듯 무전도 없이 갑자기 사라졌다. 그래서 오늘날 피크 지대를 연구하는 사람들은 이곳 상공에 다른 차원으로 가는 문이 있을 것이라고 추정하고 있다.

1997년의 사건 이후 과거에 실종된 비행기와 같은 종류의 전투기와 폭격기들이 날아다녔고, 늦은 밤 조종사 옷을 입은 모호한 형체의 유령이 마을에 나타나서 늪 속에 갇힌 자신들을 구해달라고 애원했다. 일부 주민들은 유령이 자신의 유해가 비행기와 함께 9m 깊이의 늪지에 빠져 있어 편히 쉬지 못

한다는 말을 들었다고 증언했다. 사실 실종 비행기 중 일부는 늪지대에 추락한 것으로 추정됐지만 늪이 워낙 깊고 위험해 수색하지 못했다.

1997년 3월에 발생한 폭격기 추락 목격 이후 군 당국은 사건 당일 밤 공군 전투기가 저공 비행하며 음속을 돌파하는 과정에서 추락하는 모습처럼 보였고 폭음이 들린 것이라고 공식 해명했다. 그러나 당시를 생생히 기억하는 주민들은 당시 그 항공기는 음속을 돌파하는 전투기가 아니었고 그리 빠르지도 않은 구식 프로펠러기였다고 증언했다. 사건이 미궁으로 빠진 이후, 더비셔 피크에는 지금도 가끔씩 밤마다 소리 없이 낮게 비행하는 정체불명의 프로펠러 폭격기와 전투기들이 목격되고 있다.

인간 두뇌 안에 다차원으로 가는 문이 있다?

뇌손상을 입거나 극심한 신체적 고통을 겪은 사람들 중에는 이상한 환영을 경험하는 경우가 종종 있다. 또 명상과 특정 음파를 통해서 유체 이탈이나 심령 현상이 일어났다는 이야기도 있다. 오랜 세월에 걸쳐 의사나 과학자들이 뇌와 관련된 정신적 이상 현상을 끊임없이 연구하고 있지만 과학적으로 명확한 답을 제시하지 못하는 상황이다.

러시아 니즈니 노브고로드 시의 게오르기 스비리도프는 머리를 다친 후 기이한 일들을 겪었다. 아주 먼 옛날의 꿈을 꾸는 것인데, 꿈속에서 고대 그리스 시대로 거슬러 올라간 그는 크레타 섬에서 성스러운 신전과 제사를 직접 목격했다. 또 어떤 날은 선사시대까지 돌아가 동물의 가죽을 걸친 채 동굴에서 살아가는 조상을 만나기도 했다.

한편 캐나다의 생물학 교수인 크레이그 톰슨은 급성 담석증으로 극심한 통증을 느끼는 중에 갑자기 머릿속에 밝은 스크린이 나타나면서 알 수 없는 영상을 보게 됐다. 눈을 감으면 나타나는 스크린을 통해 그는 미래와 과거를 자유롭게 여행했고, 우주의 기이한 생명체를 만나 대화하거나 천국에 있는 부모를 만나기도 했다. 또 멀리 떨어져 사는 형제를 찾아가 만났다고 한다.

스위스 제네바 대학의 올라프 블란케 교수는 간질 환자를 치료하기 위해 뇌의 여러 부위에 전류를 자극해 이상 반응을 살피던 중 오른쪽 대뇌반구 한 곳을 자극하자 환자가 유체 이탈을 경험한다는 것을 발견했다. 그리고 이 지점이 바로 인간의 영혼을 다른 차원으로 연결하는 곳이라고 가정하고 실험을 계속하고 있다.

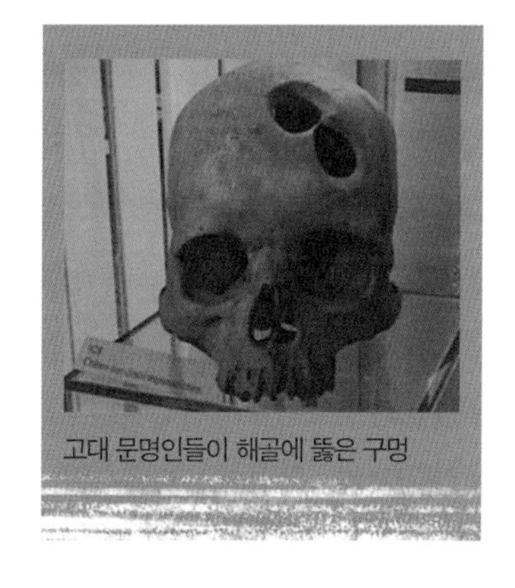
고대 문명인들이 해골에 뚫은 구멍

프랑스의 과학자 파트릭은 기이한 정신 현상 사례들을 분석하고 임상실험 자료들을 검토한 결과 인간에게는 물질세계를 넘어 우주의 최상급 정보를 통찰할 수 있는 생물학적·심리학적 능력이 있다고 학계에 보고했다. 그는 충격이나 고통으로 인해 두 개의 대뇌반구 사이에서 일어나는 정보 이동이 갑자기 감소되거나 왼쪽 대뇌반구가 차단될 때 뇌에서 이상 현상이 일어남을 발견했다. 대뇌반구가 심한 통증을 느끼면 전혀 다른 인지 능력을 보였고, 이 새로운 인지력은 극히 안정적이라고 한다. 결국 의사들은 인식을 관할하는 뇌기능이 대뇌반구 사이에 실존한다는 사실을 인정하게 됐다.

고대 문명인들은 신비주의적 행위와 의술 등의 목적으로 사람의 뇌에 구멍을 뚫는 천공술을 시행했다. 당시 특정 계급의 사람들은 다른 차원의 정신세계와 통하기 위해 이 비술을 썼다고 전해진다. 최근 프랑스 마른 지방에서 구멍이 뚫린 인간 두개골 2백여 개가 발견되었다. 두개골은 약 7천 년 전의 것으로 주술사에 의해 행해졌을 것이라고 추정된다. 이처럼 천공된 두개골은 영국, 스칸디나비아, 포르투갈, 스페인 등지에서도 발견됐는데 고대사회에서 이 비술이 얼마나 유행했는가를 입증하는 것이다.

고대인들은 하늘과 접촉해 신의 지식을 얻고자 열망했다. 고대의 현자들은 스스로 오랜 시간 광야에서 은둔하며 고행과 명상을 하다가 제3의 눈이 열려 인간 세상을 초월했다. 이 과정에서 그들은 왼쪽 대뇌반구의 작동을 멈추기 위해 스스로 고통을 가했다고 한다. 고대 바빌론과 유대의 예언자들은 이러한 고행을 통해 전혀 다른 차원의 존재를 만나고 메시지를 받아 추종자들에게 신의 계시로 전달했다. 과연 우리 내부에 다차원으로 갈 수 있는 능력이 존재하는 것인가?

과거와 미래로 통하는 문

1941년 9월 1일, 미주리 주 콜롬비아에서 3시간여 떨어진 어퍼 커런트 강으로 낚시 여행을 떠난 레너드 헐과 친구들은 오자크 산의 캠핑장에 텐트를 쳤다. 이른 아침부터 오후까지 낚시를 하고 텐트로 돌아와 밤늦게 잠든 레너드는 이른 새벽 기이한 소리에 잠을 깼다. 다른 캠핑팀이 왔다고 생각하며 밖으로 나가보니 30m 정도 떨어진 곳에서 모닥불이 타고 있었다. 주변에는 몇 개의 모닥불이 군데군데 있었고 이상한 복장의 사람들이 서성이며 말을 하고 있었는데 도통 알아들을 수가 없었다. 자세히 들어보니 그들 중 몇 명은 스페인어를 하고 있었고 전통 의상을 입은 원주민들도 있었다. 그들을 자세히 보고 있는데 갑자기 시야가 흐릿해지며 사람들이 사라졌다. 돌아보니 주변에는 사람들도 모닥불도 없었다.

환상이나 귀신을 본 듯하여 놀란 레너드는 친구들을 깨워 방금 겪은 이상한 일에 대해 말했다. 친구들은 주변을 함께 살펴보았지만 아무 흔적이 없는 것을 보고 레너드가 너무 고단해서 헛것을 보았다고 생각했다. 그러나 집에 돌아와서도 생생한 새벽 광경을 못 잊던 그는 도서관에서 어퍼 커런트 강 유역과 관련된 역사 기록을 찾아보기 시작했다. 그리고 1541년 신대륙을 찾은 스페인 탐험가들이 원주민들과 함께 어퍼 커런트 강에서 야영을 했다는 기록을 발견했다. 레너드는 자신이 그 강변에서 4백 년 전의 탐험가 일행을 목격했다는 사실에 놀랐다.

1998년 7월 12일 이른 새벽, 어퍼 커런트의 오자크 강변로를 달리던 도로시도 기이한 체험을 했다. 운전을 하던 그녀는 강가에서 큰 모닥불이 활활 타는 것을 보았다. 이른 새벽에 타오르는 모닥불을 의아하게 바라보고 있는데 불과 몇 초가 지나지 않아 모닥불이 감쪽같이 사라졌다. 순간 정신이 몽롱한 느낌에 도로시는 차를 세웠다. 오래전부터 이 지역에 다차원 문이 있다는 전설을 알고 있던 그녀는 차를 돌려 방금 전 지나온 곳으로 돌아갔다. 그리고 다시 모닥불이 타고 있는 것을 보고 차를 세우고 내렸다. 도로시는 그 지점을 경계로 몇 걸음만 걸으면 모닥불이 보이고 다시 옆으로 나오면 보이지 않는 신기한 체험을 했다. 다차원의 문이었다.

확실하게 보고 싶었던 도로시는 모닥불을 향해 걸었다. 통로에 잘못 발을 들이면 영원히 돌아올 수 없다는 전설 때문에 조심하며 접근하고 있었다. 그러나 불과 몇 발자국을 걷자 더이상 모닥불이 사라지지 않았다. 겁이 난 도로시가 뒤를 돌아보니 도로가 보이지 않았다. 아무리 숲을 향해 달려도 자신이 있던 곳이 나오지 않자 도로시는 두려움에 떨며 울기 시작했다.

이때 뭔가가 뒤에서 컹컹거리는 소리가 들렸다. 돌아보니 약 15m 지점에 두 발로 선 채 창을 들고 있는 도마뱀 형상의 인간이 손짓을 하고 있는 것이다. 도마뱀 인간은 2~3초 간격으로 혓바닥을 날름거리며 도로시에게 어딘가를 가리키고 손

짓을 계속했다. 그녀는 용기를 내 그가 가리키는 곳으로 걸어갔다. 걷는 도중 주변이 흐릿해지면서 도로가 생기고 멀리서 차가 보이기 시작했다. 그녀는 문의 위치를 알려준 도마뱀 인간이 전설에 나오는 문지기라 생각하고 감사하게 여겼다. 그 길로 그녀는 경찰서를 찾아가 어퍼 커런트 강변도로에 다차원으로 통하는 문이 있으니 그 지점을 통과하는 주민들에게 주의를 주도록 당부했지만 아무도 그녀의 말을 믿으려고 하지 않았다.

첨단 나노기술과 생명공학, 그리고 인공지능 로봇 기술이 발전하고 있다. 머지 않아 신체의 마지막 미스터리인 뇌의 비

밀마저 밝혀질 것이라고 한다. 이럴 경우 뇌와 연관된 다차원 연결 통로에 대한 신비 또한 실마리가 풀릴 것이다. 다차원 문을 통해 다른 차원을 드나들고 시공을 초월하여 원하는 정보를 얻거나 역사적인 인물들도 만나는 꿈같은 삶이 도래할 것인가? 과연 다차원의 문은 실존하는 것일까?

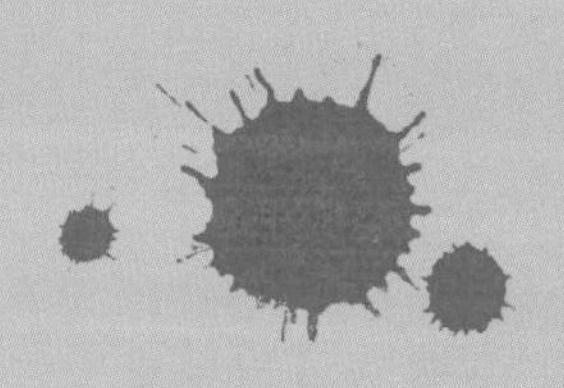

상상을 초월하는 이상한 실험들

프랑켄슈타인, 키메라, 유전자 조작, 바이러스 백신과 합성 생물학까지, 이처럼 놀랍고 위대한 성과들이 모두 실험실에서 창조되었다. 지금 세계 곳곳의 실험실에서는 어떤 일들이 벌어지고 있는가? 특히 그 정체를 밝히지 않고 은밀하게 실험하는 내용들은 무엇인가?

프랑켄슈타인 뺨치는 과학자들 많네!

제2차 세계대전이 한창이던 1943년 11월 14일 《뉴욕타임스》는 동맹국 구소련의 한 생리학자가 만든 기괴한 실험 필름을 공개했다. '생물체의 소생 실험'이라는 제목의 짤막한 흑백 필름이었는데, 모스크바 보로네츠의 생리학 연구소에서 브류코넨코 박사가 죽은 개들의 생명을 소생시키는 실험 광경을 비디오 영상과 애니메이션으로 만든 것이었다. 이 필름은 뉴욕 맨해튼에서 열린 3차 미·소 우호회의에 참석한 천여 명의 과학자들 앞에서 공개 상영됐다. 영국의 저명한 유전학자 할데인 교수가 소개하고 월터 캐논 교수가 내용을 설명했는데 그 내용은 이렇다.

“개 한 마리의 피를 모두 뽑아내 심장 박동을 멈추게 한 후 15분 동안 기다린 다음 인공 심장과 폐 기능을 대신하는 오토젝터라는 기계를 통해 죽은 개의 몸에서 뽑았던 피를 다시 주입하고 피를 순환시켰다. 잠시 후 개가 경련을 하자 심장이 뛰기 시작했고 이내 다시 숨을 쉬었다. 학자들은 오토젝터를 제

거했고 개의 심장박동과 호흡이 정상으로 돌아오는 것을 확인했다. 다시 살아난 개는 안정을 취하자 10여 일 후 건강 상태가 정상으로 돌아와 이전처럼 활동하게 됐다. '생물체의 소생 실험'에는 머리가 잘려 죽은 개가 10분 후 오토젝터에 의해 되살아나는 장면이 있다. 개의 눈동자를 건드리면 눈을 깜박였고 구연산을 코에 칠하면 혀로 핥아먹었다. 강한 광선을 비추자 눈이 시린 듯 반응을 보이더니 망치로 소음을 내어 위협하자 마구 짖는 시늉을 했다."

과거 프랑스 혁명 때 단두대에 처형된 한 과학자가 제자들에게 당부하기를, 자신의 머리가 잘린 후 몇 번이나 눈을 깜빡이는지 세어보고 생체실험 데이터로 사용하라고 했다는 괴담을 연상시키는 장면이었다. 이 필름을 본 과학자들은 엽기적인 연구 방법과 동물의 기이한 소생에 충격을 받았다.

브류코넨코 박사는 이미 1925년부터 모스크바의 의학 잡지에 이 연구 내용을 공개해 왔다고 밝혔다. 실험에 사용된 펌프 장치인 오토젝터는 박사가 직접 고안한 인공심장 박동기였다. 지금으로부터 무려 80년 전에 이 같은 장비를 제작했다는 사실은 프랑켄슈타인의 이야기처럼 놀랍다 못해 기괴하다.

특히 1940년에 제작된 이 필름에서 실험 개요를 소개한 할데인 교수는 1963년에 '클론'이라는 신조어를 최초로 사용한 유전학자이며 당대의 저명한 생물학자여서 이 실험의 진실성에 무게를 더해주었다. 이 실험의 영향으로 1940년대 초 한때 동물 생체실험이 각광을 받아 과학자들이 이 실험에 몰두했으나 사회적·윤리적 비난과 종교적 논쟁 속에서 차츰 자취를 감췄다.

사이보그가 활보하는 매트릭스 세상이 온다

SF 영화 〈매트릭스〉에는 기계의 노예가 되어 한낱 배터리로 전락한 인류의 모습이 등장한다. 인간의 머리에는 케이블 커넥터가 있어 컴퓨터가 임의로 이들의 두뇌 기억을 업로드하거나 다운로드한다. 세상 모든 것이 거대한 슈퍼 컴퓨터 속 가상현실이다. 컴퓨터에 의해 창조되고 소멸되는 사이보그 인간들은 모든 행동과 활동을 감시받고 심지어 생각과 사고마저 통제받는다. 새 명령과 기능이 강제로 업로드되고 장애가 생기면 폐품 처리된다. 주인공 네오 역시 커넥터를 통한 간단한 데이터 업로드로 무술의 최고수가 됐고 트리니티는 헬리콥터를 단번에 조종한다. 놀랍도록 치밀한 이 가공의 시나리오는 영화 속 허구이지만 현실이 될 수 있는 가능성이 있다.

미국의 캘리포니아 주립대 신경과학부 교수인 마이클 스트라이커 박사는 38년 전부터 뇌 반응 실험에 착수해 국립보건원의 기금 지원하에 동물 두뇌와 컴퓨터를 연결하는 다양한 프로젝트를 이끌어왔다. 연구팀은 고양이, 족제비, 생쥐 등 동물들의 두개골을 뚫어 전극 봉을 뇌에 심고 앞머리 부분을 절개했다. 그리고 뇌신경의 기억 신호와 기록의 변동을 비주얼 자료로 전송하는 인터페이스 포트를 이식해 고정시키는

ㅔ 전선이 연결된 고양이 생체실험을 당하고 있는 고양이들

데 성공했다. 이 생체실험에는 주로 고양이가 사용됐는데, 동물 애호 단체의 자료에 의하면 2003년 5월부터 2004년 5월까지 1년 동안 152마리의 고양이가 희생됐다고 한다.

실험 과정은 생후 일주일이 안 된 갓 태어난 고양이들과 막 젖을 뗀 고양이들의 한쪽 눈을 꿰매 눈을 못 뜨게 하고 머리를 절개해 8~12개의 전극봉과 연결된 커넥터를 이식한다. 그리고 개별 컴퓨터 모니터에 연결해 뇌 기억 변화와 자료 업다운 실험을 수행한다. 연구진은 고양이가 2주일 정도 성장하면 본격적인 실험에 돌입하는데 그들은 꿰맸던 고양이들의 한쪽 눈을 풀고 다른 한쪽 눈을 꿰맨 후 커넥터에 컴퓨터를 연결시켰다. 그리고 고양이들이 잠을 자려고 하면 뇌파를 읽는 프로그램이 자극을 가해 잠을 못 자게 했다. 실험에 사용된 고양이들은 길게는 24시간 동안 잠을 자지 못하는데 그래야 그들의 뇌파와 두뇌 운동 자료가 컴퓨터에 저장되기 때문이다. 또한 고양이들의 두뇌에 여러 종류의 신경 관련 화학약

품을 투여하고 두뇌 사진을 실시간 촬영했다. 생체실험이 끝나면 고양이들은 모두 안락사 처리되었다.

인간의 뇌기능 개발과 기억 체계의 신비를 밝히고 뇌 관련 질병을 연구한다는 프로젝트로 인해 동물들이 학대당했다는 사실을 뒤늦게 안 캘리포니아의 동물 애호가들은 크게 분노했다. 그러나 이 같은 연구는 이곳에서뿐만이 아니라 세계의 유사 실험실에서 비슷하게 진행되고 있는 것으로 알려졌다.

합성 생물학의 양면성

2005년 8월 16일, AP통신의 폴 엘리아스 기자는 UC 버클리 대학교 화학공학 교수인 제이 키슬링 박사의 연구 활동을 취재하려고 버클리 합성 생물학 센터를 찾았다. 키슬링 교수는 현재 마이크로소프트 사 빌 게이츠 회장 부부의 '빌&멜린다 재단' 지원으로 새로운 항말라리아 식물을 만들고, 이콜라이 대장균을 이용해 세 종류의 각기 다른 식물 유전자를 융합하는 연구에 몰두하고 있었다. 항말라리아 성분을 지니고 있어 오랜 옛날부터 치료제로 쓰였던 희귀한 식물 품종을 인공적으로 만들어내는 연구였다. 또한 에이즈 치료에 효능을 보이는 사모아 트리 종자를 배양하는 합성 생물학 분야의 연구도 병행했다.

'프랑켄슈타인 식품' 이라고 불리는 GM푸드나 인슐린, 인터페론 등 의약품 분야에서는 유전자 조작으로 생산된 동물과 식물, 미생물, 심지어는 바이러스에 이르기까지 변종과 이

종을 거듭하는 유전공학기술이 확산되고 있다. 오랜 세월에 걸쳐 창조되고 진화된 지구 생명체들이 과학에 의해 그 신비가 벗겨지고 있는 것이다. 더욱이 생명체의 게놈 지도 완성으로 연구에 더욱 박차를 가하고 있다. 인위적인 유전자 조작으로 단기간에 생물이 개량, 복제, 창조되고 유전자의 운송매체인 미생물 유전체(아그로박테리움)의 존재가 밝혀지면서 바이오테크 분야가 급속도로 발전하기 시작한 것이다.

이 같은 변화는 인류에게 대단히 유익하고 매혹적인 일이지만 윤리적인 문제와 환경, 안보와 같은 여러 분야에서 복잡한 문제를 야기시키고 있다. 국가 안보 전문가와 합성 생물학자들은 이 점을 심각하게 우려하고 있다. 불온한 과학자나 바이오 해커들이 이를 이용해 치명적인 바이러스 즉, 새로운 생화학 무기를 제조할 위험이 있고 연구 과정에서 만들어진 미완의 생물체가 실험실 밖에 유출되어 번식한다면 지구의 생태계에 큰 해악이 미칠 것이기 때문이다.

미국 피츠버그 대학교 생물보안 센터의 G. K. 크럼볼 박사의 지적처럼 이미 합성 생물학과 관련된 수많은 문제가 현실로 드러나고 있다. 2006년 6월 28일자 메릴랜드 락빌발 뉴스는 벤터 연구소, CSIS, MIT 등 미국의 유수한 학술 연구기관들이 바이러스 개발을 포함한 유전자 조작과 줄기세포 디자인 등의 분야에서 그 이익과 위험이 어느 정도인지 집중적으로 조사하는 프로젝트를 15개월간에 걸쳐 공동 수행한다고 발표했다. 이 연구는 생화학 테러를 위시한 신기술의 악용을 사전에 차단하고 최대의 안전장치를 강구하기 위한 것이다. 정부의 정책 입안자들과 과학자, 그리고 미디어가 실험을 감독하며 전문기술 인력들을 철저히 관리하도록 방법을 제시했다고 한다. 영화 〈닥터 모로의 DNA〉 〈쥬라기 공원〉 〈6번째 날〉 등의 영화 같은 일들이 현실로 바짝 다가왔다. 머지 않아 국제 핵·생화학 무기 감시기구 등이 합성 생물학 연구와 연관된 학술, 산업 분야를 통제하게 될 것이다.

날로 발전을 거듭하는 첨단 과학의 시대. 무선통신과 나노기술의 접목, 생명공학과 의학을 아우르는 고성능 생체 컴퓨터, 복제 동물 등을 보면 영화처럼 사이보그와 복제인간이 거리를 활보할 것 같은 기분이 든다. 그러나 이 같은 과학기술의 혁신 속에 드리워진 생명 위기의 그림자는 어떻게 해결할 것인가? 유전자 변이로 '창조'라는 신의 영역을 침범한 인간은 앞으로 어떻게 될 것인지 자못 궁금하다.

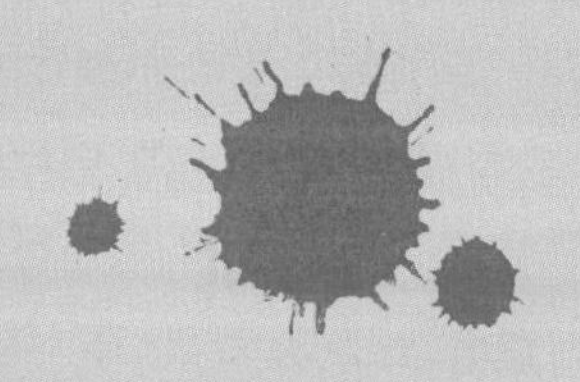

놀랍고 엽기적인 기술

최근 게임 산업계에서는 뇌 훈련이라는 기능이 큰 주목을 받고 있다. 게임도 즐기고 뇌도 훈련시켜 뇌기능 퇴화를 예방하고, 기억력과 집중력을 향상시킬 뿐 아니라 뇌의 잠재적인 능력까지 개발한다는 내용이다. 한 신경과학자의 뇌 훈련 이론은 비디오 게임으로 실현되기도 했다. 게임을 통해 정신 치료를 하고 전투기 조종사들이 집중력 향상을 위해 게임을 하는 시대, 상식을 뒤엎는 놀라운 기술들을 소개한다.

비디오 게임의 뉴에이지, 브레인 게임

1990대 초, 미 항공우주국 과학자들은 조종사들이 장시간 비행 시 집중력이 떨어지거나 스트레스가 쌓여 긴급 상황에서 신속하게 대처하지 못한다는 것을 발견했다. 그래서 조종사들의 주의력 집중과 정확하고 착오 없는 임무 수행을 위해 주의력, 의식 상태, 스트레스 등 생리적 변화를 자동 측정하는 기술 개발에 착수했다. 그 결과 심신의 변화를 자동 체크하고, 조종사의 컨디션이 스스로 제어되는 비행 시뮬레이션 시스템을 개발하는 데 성공했다.

연구에 참여했던 엘런 포프 박사는 비행 시뮬레이터가 비디오 게임과 매우 유사한 점에 착안해 게이머의 뇌기능을 조정하는 비디오 게임인 '스마트 브레인 게임'을 개발했다. 1994년 미 항공우주국이 특허를 취득한 최초의 바이오피드백 게임은 소니 PS2와 마이크로소프트의 Xbox와도 호환이 가능해 레이싱과 점프 등 뇌파와 뇌신경 조율을 돕는 브레인 게임의 새 장르를 열었다.

이 게임은 센서가 부착된 헬멧을 착용하는데 센서를 이용해 게이머의 뇌파 변화를 감지하고 게임 전반의 진행에 자동으로 변화를 준다. 게이머가 게임에 집중하면 레이싱 자동차의 속도를 높여 시속 160km까지 달릴 수 있지만 게이머가 지루해하거나 집중력이 떨어지면 아무리 가속 버튼을 눌러도 속도는 자동으로 감소된다. 자동차를 빨리 달릴 수 있는 유일한 해결책은 게이머가 바이오리듬의 정상수치를 찾도록 주의력과 정신을 집중하는 일이다.

이 게임을 매일 20~30분 정도 지속하면 주의력 결핍장애(ADD – Attention Deficit Disorder) 증상이 호전되고 신체의 긴장과 이완이 반복돼 두뇌 기능을 정상화하는 역할을 한다. 또한 전문 클리닉에서만 치료받을 수 있었던 각종 스트레스로 인한 질병이나 과민 반응, 정서 불안, 우울증 등의 장애와 뇌신경 손상에서 오는 부작용이 단 몇 분의 비디오 게임으로 치유할 수 있게 됐다. 최근 더 와일드 디바인 프로젝트 사의 커트 스미스 박사팀이 제작한 '저니 투 와일드 디바인' 역시 브레인 게임의 일종이다. 이 게임은 본격적으로 게임 시장에 등장한 PC용 바이오피드백 게임 1호이다.

이 게임을 하려면 헬멧을 쓰는 대신 세 손가락 끝에 바이오피드백 센서를 부착한다. 센서에서는 혈압, 맥박, 피부 전도율 변화를 체크해 게임 과정 전반을 자동 조절한다. 한마디로 신체의 균형을 잡아주는 정신 수양 게임이라고 할 수 있다. 특히 이 게임은 미국의 유명한 대체의학 전문가이며 명상가인 디팍 초프라의 요가와 기, 선 등 동양적 심신치료와 정신 수련 기법을 비디오 게임으로 실현했다는 평가를 받고 있다. 대자연의 평온한 치유음악이 깔리는 환상적인 CG를 배경으로 게이머는 여러 명의 스승을 만나 명상과 수행을 통해 정신의 안정을 취하는 방법을 터득하고, 스트레스와 근심에서 벗어나 신체의 균형과 활기를 얻는다는 내용으로 만들어졌다.

게임에 등장하는 조언자들은 센서를 통해 게이머의 몸 상태를 감지해 최적의 수행 방법을 가르치는데 수행에 숙달되면 게임을 하지 않아도 일상생활에서 발생하는 스트레스나 분노, 흥분 등을 명상과 호흡법을 통해 즉시 해소할 수 있게 된다. 과도한 인터넷과 비디오 게임, 각종 동영상에 시달려 자신도 모르게 심신 장애가 날로 증가하는 이때, 브레인 게임은 비디오 게임 세계에 뉴에이지를 열어가고 있다.

미래 전투 영웅은 프로게이머

네 명의 군인이 계기판과 컴퓨터 화면이 있는 좁은 방에 앉아 열심히 비디오 게임을 즐기고, 다른 방에서는 비행복을 입은 군인들이 조이스틱을 이용해 게임에 열중하고 있다. 이 광경은 영국 윌트셔 워민스터 육군 부대 내의 실제 상황이다. 전자는 'CATT'라는 통합 군 훈련 시스템에 연결된 시뮬레이터를 이용해 훈련 중인 영국 육군 전차병이며 후자는 '톱신'이라는 전투 비행 시뮬레이션을 통해 곧 수행할 폭격 작전에 앞서 리허설 중인 미 공군 전투사들의 훈련 모습이다.

지난 6월 18일, 《스펙트럼》 지는 커버 스토리로 군사 훈련 시뮬레이션 사용 실태를 다루었다. 미군 조종사들은 아프가니스탄에 출격하기 몇 주일 전부터 톱신을 이용해 훈련을 받았다. 아프가니스탄 상공에 첫 출격해 목격한 산악 지대와 접근로의 지형이 여러 시간 시뮬레이션을 통해 본 광경과 일치해 좋은 성과를 올렸다.

항공 정찰 사진과 위성 사진, 그리고 작전 지역의 상세한 정보가 포함된 3차원 컬러영상을 토대로 제작된 이 시뮬레이션은 상업용 비디오 게임과 유사하다. 조종사들은 고성능 시뮬레이터에 앉아 가상으로 이륙하고 실제와 같은 기내에서 비행 고도와 속도를 유지한다. 컴퓨터가 제공한 최상의 접근로와 지형 정보, 공격 목표 식별 훈련을 거쳐 정밀 사격 훈련을 실시한다. 그동안 인적 정보에만 의존했던 각종 군사 정보가 이제는 최첨단 기술에 의해 가상현실로 재생되고 있다. 컴퓨터가 날로 정교해지고 3D 그래픽, 특수 효과 등의 영상 제작기술과 첨단 정보통신 시스템의 눈부신 발전 덕분이다.

시뮬레이션으로 전폭기 조종 훈련을 하는 조종사

전략 시뮬레이션으로 훈련하는 병사

군사 전문 뉴스의 보도에 따르면 미 국방부는 매년 약 4억 달러를 시뮬레이션 제작과 구입에 투자하고 있다고 한다. 이로 인해 엄청난 비용이 절감되었고 전투력도 효과적으로 증진되었다는 것이다. 미군은 현재 차세대 전투 게임(JSIMS)을 통해 야전에서 명령, 통제, 통신, 컴퓨터, 정보 등의 모든 기능을 조정한다. 또한 육·해·공의 효율적인 연합작전 훈련을 위해 모의 전투를 기획하고 평가한다.

또 이와 같은 시뮬레이션 게임들은 이미 비디오 게임에 익숙한 신세대 장병들에게 잘 맞는다. 미 육군은 이미 신세대를 겨냥해 8백만 달러를 투자했으며 '미국의 군대(America's

Army)' 라는 게임을 개발해 일반인에게 배포했다. 게임을 하는 네티즌은 모병과 신병 훈련 과정을 거쳐 육군에서 현재 실전 배치한 각종 무기들을 자유로이 선택하고 실제와 같이 조작하며 즐길 수 있다. 가까운 미래, 프로게이머들이 전투 영웅이 되는 시대가 오는 것도 불가능한 일이 아닐 것이다.

적군을 마음대로 조종하는 음파 무기

미국에서는 고전 PC 게임 중 'X-COM: UFO Defense'라는 게임이 있다. 군사력을 앞세운 외계의 UFO들이 지구를 공격하고 이에 인류는 무참히 유린당한다는 내용이다. 게임에 등장하는 외계인은 여러 종류이며 이들이 타는 UFO와 무기들 또한 다양하고 특이한 것이 많다. 이 게임은 무기들의 성능과 사용법, 그리고 게임 설명이 구체적이고 외계에 대한 많은 정보들이 새롭고 흥미 있어 오랫동안 인기를 끌어왔다.

독특한 외계인의 무기 가운데 'Psi-Amp'라는 개인 휴대 무기가 있다. 이것은 일종의 심리를 조종하는 것으로, 이 무기로 적을 공격하면 적은 일시에 혼란에 빠지고 전의를 상실하게 된다. 또 적군을 아군처럼 조종하여 적군을 교란시키는 위협적인 무기다. 만일 이런 무기가 실재한다면 전쟁에서 승리하는 것은 그리 어렵지 않을 것이다. 최근 뉴스에는 세계 여러 나라들이 오래전부터 이와 흡사한 무기들을 은밀하게 개발해왔다는 자료들이 공개되었다. 이는 인간의 뇌와 신경을 라디오 전파로 자극하여 심리를 조종하는 무기가 실제 세상에 존재한다는 가능성을 시사했다.

2001년, 미국 하원의원 데니스 쿠시니치는 공간보존법령을 의회에 제출했다. 여기에는 전자기 무기, 정신을 조종하는 무기, 초저주파 무기, 초음파 무기, 환경 무기, 기후 무기, 지각 무기, 광선 무기, 정보 무기 등 이름도 생소한 공간용 무기 시스템들이 구체적으로 나열되어 있다. 이 같은 무기들은 실제 세계 여러 나라에서 비밀리에 개발되고 있는데 이를 영구적으로 금지시키고 제한해야 한다는 것이다.

지난해 3월, 이라크 전쟁 개시 직전 미·영 연합군과 대치하던 이라크 최전선 곳곳에서 이라크 병사들이 집단 탈영하는 사건이 발생했다. 언론에서는 무기를 버리고 진지를 이탈한 병사들이 군복을 벗고 침낭 하나만 든 채 고속도로를 끝도 없이 걸어 고향으로 돌아갔다는 소식을 보도했다. 한 소식통에 의하면 미군은 개전에 앞서 이라크 군의 군사력을 무력화하고 피해를 줄이기 위해 휴대전화와 이메일 등 통신수단을 '첨단 무기'로 사용했다고 한다. 미 정보 당국은 이라크의 군 고위 지휘관들을 직접 휴대폰과 이메일로 접촉했고 합의가 이루어졌기에 저항하지 않고 대다수의 병사들을 고향으로 돌려보냈다는 것이다. 이 병력들은 현재 새 임시 정부에 복귀하여 전투와 치안 등 국방 임무를 수행하는 이라크 군의 주축이 되었다.

이처럼 이라크 군의 집단 이탈과 전투 거부와 같은 행동은 적군의 심리를 조종하는 무기 때문이 아닌지 의심된다. 적들이 인식하지 못하게 그들의 심리를 전파로 조종하여 집단적 행동을 일으키도록 하는 것이다. 이는 살상과 피해를 최소화하여 승리를 얻는다는 점에서 대단한 발명이 아닐 수 없다. 그러나 이런 무기가 존재하며 자국이 보유하고 있다고 공식적으로 시인하는 군대는 아직까지 없었다.

정보통신기술을 바탕으로 세계는 하나의 네트워크가 되어 가고 있다. 그 속에서 군사 작전과 훈련까지 모든 것들을 컴퓨터가 주관한다. 어떤 터무니없는 기술이 개발되었다고 해서 놀랄 일이 아니다. 우리가 지금 누리는 거의 모든 과학기술이 불과 몇 년 전만 해도 아무도 믿지 않았던 상상 속의 것들이었기 때문이다.

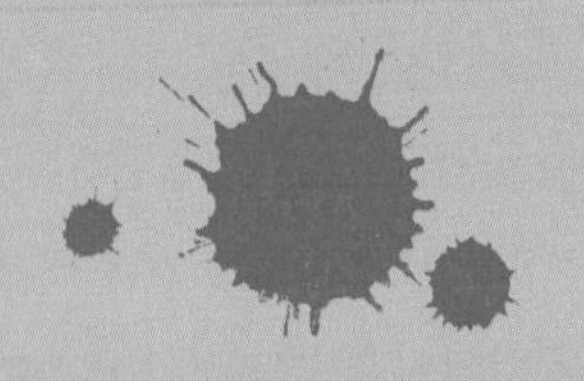

기이한 생태계 미스터리

세상에는 신기하고 놀라운 일이 셀 수 없이 많다. 어떤 개는 5개 국어 이상의 언어를 이해하며 미래를 예언한다. 기생충이 숙주의 뇌를 점령해 살아 있는 좀비를 만들기도 하고 피라니아보다 무서운 흡혈 물고기도 있다.

초능력을 가진 원더 도그, 짐

미국 미주리 주 마샬 릿지 파크 묘지 정문 앞에는 '원더 도그 짐'이라는 이름의 작은 개 조각상이 있다. 릿지 파크 묘지는 오래전 신비한 초능력으로 세계를 놀라게 한 초능력의 개, 짐이 잠든 곳이다.

다양한 초능력으로 세상을 놀라게 한 짐은 르웰린 잉글리시 세터 종으로 1925년 3월 10일 루이지애나의 사육장에서 태어나 네덜란드 출신 샘 H. 밴아스대일에게 선물로 보내졌다. 당시 샘은 마샬에서 호텔을 운영했는데 짐은 어려서는 무척 게을러 다루기가 힘들었지만 성장할수록 총명이 더해졌다고 한다.

원더 도그 짐

주인 샘과 사냥을 나가는 짐

1925년 늦은 여름부터 웨스트 플레인스에 있는 사냥개 훈련소로 보내져 훈련을 받은 짐은 샘과 사냥을 자주 나갔는데 사냥감이 없는 쪽으로는 아예 따라가려 하지도 않았다. 샘은 짐에게 사냥감이 어디에 있는지 알려달라고 장난처럼 말했는데 짐은 정확히 새가 숨어 있는 지점으로 달려가 매번 사냥감이 풍성했다.

사냥뿐만이 아니다. 처음부터 짐을 인격체로 존중해 주었던 샘은 짐이 모든 말을 완벽히 알아듣고 이해한다는 것을 깨달았다. 짐은 다른 개들과 달리 색채도 구별했으며 사람이나 물건의 이름, 공장의 상호 등을 기억하고 식별해 냈다. 샘이 종이에 질문사항을 적은 후, 여러 장의 답변들을 적어놓고 짐에게 고르라고 하면 정답을 골랐고, 모스 부호나 외국어도 이해하고 정답을 맞혔다.

어느 날 샘의 호텔에 낯선 부인이 세 명의 소녀를 데리고 투숙했는데 소녀들 중 두 명은 부인의 친딸이었고 한 명은 조카였다. 부인은 짐에게 누가 친딸이 아닌지 맞혀보라고 했다. 그러자 짐은 부인의 조카에게 곧바로 달려갔다. 또 한 번은 한 손님이 호텔 로비에 디트로이트의 유명 생산품과 이름이 같은 사람이 있다며 누군지 맞혀보라는 난해한 질문을 했다. 그러나 짐은 주저하지 않고 한 부인의 의자에 발을 얹었다.

그녀의 이름은 '포드'였다.

짐의 능력을 들은 미주리 대학의 수의사와 과학자들은 샘과 짐을 대학교로 초청해 다양한 실험을 했다. 그들은 짐에게 영어 외에도 이탈리아어와 프랑스어, 독일어, 스페인어 등 여러 언어로 질문을 했고 짐의 반응이 모두 정확하자 놀라움을 금치 못했다. 예를 들어 짐을 그리스어 강의실로 데려가 학생들한테 그리스어로 질문하게 했는데, 짐이 아무런 반응을 보이지 않았다. 샘은 매우 당황했지만 학생들은 짐에게 써준 글이 문장이 아니라 알파벳의 무의미한 나열이라고 말했다.

짐의 능력은 이뿐만이 아니다. 짐에게는 놀랍게도 미래를 정확히 내다보는 능력이 있었다. 1936년 월드시리즈의 우승팀을 묻자 뉴욕 양키스 팀을 선택해 맞혔고 당시 차기 대통령을 묻자 루스벨트를 선택해 그의 재선을 미리 알렸다. 일상에서도 예언이 계속됐는데 곧 새끼를 낳을 고양이에 대해 묻자 암컷 두 마리와 수컷 세 마리가 태어날 것이라고 예언했고 그대로 이루어졌다.

짐은 개 경주 대회의 우승견이나 켄터키 더비에서 열리는 경마에서 우승마를 예견하기도 했다. 어느 호텔 투숙객은 태어날 아기의 성별을 물었는데 짐은 남아와 여아, 두 장을 모두 선택했다. 얼마 후 이 여성은 남녀 쌍둥이를 낳았다.

1932년, 디즈니 영화사는 샘을 찾아와 짐을 영화에 출연시키고 싶다며 당시 거금인 36만8천 달러를 제시했지만 짐의 능력을 신성하게 여긴 샘은 이를 거절했다. 샘은 짐의 초능력을 돈을 버는 데 이용하지 않았고, 오로지 짐을 돌보며 성실하게 살았다. 짐 역시 오직 주인 샘만을 섬기며 충견으로 살다가 1937년 3월 18일에 죽었다. 샘과 친지들은 특별히 제작한 관에 짐을 넣어 릿지 파크 묘지에 매장했고 그 자리에 짐을 추모하는 기념비를 세웠다.

오늘날까지 짐은 세상에서 가장 영리하고 신비한 개로 기억되고 있다. 짐의 묘지에는 꽃이 떨어질 날이 없을 정도로 사람들이 매일 방문한다고 한다. 지금 우리 주변에도 짐과 같이 초능력을 갖춘 동물들이 살고 있는 것은 아닐까?

숙주를 좀비로 만드는 기생충

영국 웨일스 에버리스트위스 대학의 행동생태학 교수인 이아인 바버 박사는 얼마 전 놀라운 사실을 발견했다. 물고기 촌충이 알에서 부화되어 유충이 되면 가재나 새우 등 갑각류의 먹이가 되고, 이 갑각류를 물고기가 먹으면 갑각류에 기생하던 촌충이 성장하여 물고기의 뇌에 침투한다는 사실이다. 그리고 이 기생충은 물고기의 행동을 조종한다. 자신을 먹은 동물을 숙주로 삼아 성장하는 이 생명체는 상위 먹이사슬로 이동해도 역시 똑같이 활동한다. 만일 그 물고기를 새가 먹으면 새의 내장에서 알을 낳아 배설물과 함께 배출되고, 또다시 종자를 번식시키는 놀라운 순환 과정을 반복한다. 촌충이 숙주로 삼은 물고기는 일정 기간이 지나면 보통 물고기들과는 다르게 배가 볼록해지며 예전과는 전혀 다른 행태를 보이기 시작한다. 천적이 나타나면 쏜살같이 도망쳐야 하는데, 오히려 수면 가까이에서 돌출 행동을 하여 쉽게 잡아 먹히기도 한다.

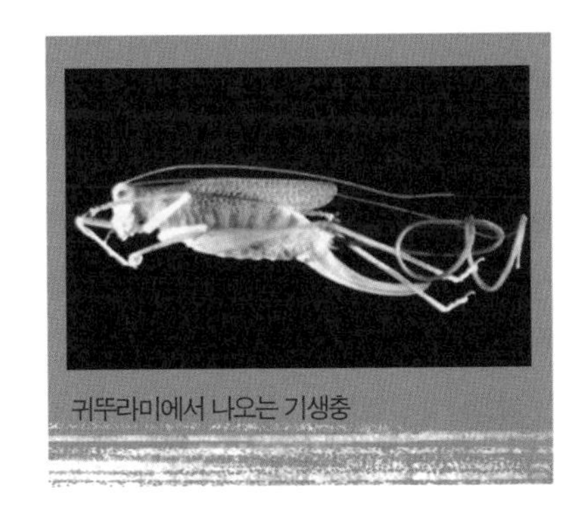
귀뚜라미에서 나오는 기생충

최근 귀뚜라미의 몸속에 침투해 기생하다가 귀뚜라미를 조종해 산란처인 물가에서 귀뚜라미를 물에 빠지게 해 익사시킨 뒤 몸에서 유유히 빠져나오는 기생충 동영상이 인터넷에 공개되어 화제가 됐다. '네마토모프 헤어웜'이라는 이 기생충은 귀뚜라미뿐 아니라 메뚜기에도 침투해 성장하고, 번식기가 다가오면 숙주를 조종해 익사시키고 몸에서 빠져나오는 엽기적인 행동을 반복한다. 더욱 놀라운 것은 익사해 죽은 귀뚜라미나 메뚜기 몸에서 빠져나온 기생충은 숙주보다 적어도 3~4배는 더 크다는 사실이다. 이는 마치 영화 〈맨 인 블랙〉에서 사람 껍질을 쓰고 다니던 곤충 외계인을 연상시킨다.

과학자들은 네마토모프 헤어웜이 어떤 과정을 통해 귀뚜라미가 물에 빠져 죽도록 조종하는지 연구했다. 우선 그들은 기생충이 껍질만 남은 귀뚜라미를 직접 움직이는지 아니면 뇌를 조종해 스스로 물로 뛰어들게 하는 것인지를 궁금하게 여겼다. 물에 빠져 죽은 귀뚜라미의 뇌를 분석한 학자들은 기생충이 있는 귀뚜라미의 뇌에 특정 단백질 분자가 많은 것을 확인하고 이 단백질 분자가 곤충을 좀비로 만든다는 사실을 알아냈다.

이에 학자들은 가장 단순한 생물인 기생충에게 고난도의 지능이 있을지도 모르며 이는 매우 위험할 수 있다고 우려했다. 그들은 귀뚜라미와 물고기를 넘어서 인간을 숙주로 삼을 수 있는 기생충 종류가 존재한다면 인간도 좀비가 될 수 있다고 경고했다.

영화에서 외계 생명체가 사람들의 몸에 침입해 두뇌를 점령하고 임의대로 몸을 움직이는 장면들이 현실화될 수 있다는 사실이 우리를 오싹하게 만든다.

코로 걷는 생물, 비행류

최근 자연계에 기이한 변화가 속출하고 있다. 이상 기후로 인한 혹한, 폭염, 가뭄, 태풍, 해일이 빈번하고 지진, 화산 활동도 증가하고 있다. 생태계 역시 종의 감소와 멸종이 가속화되고 있으며 조류와 동식물들의 이상 행태도 빈번히 포착되고 있다. 최근 영국 환경과학자들의 발표에 의하면 지난 35년간 나비의 일부 종류는 71퍼센트, 조류의 일부 종류는 54퍼센트, 자생식물은 28퍼센트가 사라졌고 동물의 경우 양서류가 32퍼센트, 거북류가 42퍼센트 줄어드는 등 생태계의 붕괴가 가속화되고 있다고 하여 지구 종말의 시작이 아니냐는 우려를 낳기도 했다.

그런데 얼마 전 인터넷에서 새로운 종류의 생물이 존재한다고 해서 큰 화제를 몰고 왔다. 비행류(鼻行類)라 불리는 이것은 이름 그대로 코로 걸어다니는 특이한 종의 동물이다. 이들은 코로 물구나무서기를 한 채 이동한다. 그리고 육지와 바다, 하늘에서 모두 생존할 수 있다. 다리를 쓰는 대신 코로 몸을 지탱하고 이동하기 때문에 다리는 모두 퇴화해 버렸다. 이 비행류는 1941년 태평양 전쟁 중 남태평양 하이아이아이 군도에서 일본군 포로였던 스웨덴 병사가 우연히 발견했고 이 섬에만 유일하게 서식한다고 알려졌다.

오늘날 멸종된 비행류

생물학자들은 생물의 서식처에 연구소를 설립하고 이 희귀종의 연구와 보전에 힘썼다. 그러나 불행하게도 하이아이아이 군도에서 200km 떨어진 해상에서 벌어진 핵실험 때문에 이 산호섬이 수면 아래로 가라앉아 흔적도 없이 사라지고 말았다. 이때 연구소의 과학자와 주민들뿐 아니라 섬에 서식하던 모든 비행류들도 함께 전멸해 버렸다. 항간에는 하이아이아이 군도가 존재하며 비행류도 생존해 있다는 설이 있지만 진위가 확인되지는 않았다.

인류도 생태계의 일부이다. 그러나 인간에 의해 자연 생태계는 멸종과 파괴로 무너지고 있다. 근래 감지된 생태계의 이

상 현상을 보면 고래 떼들이 해변에 떼로 몰려와 죽었고, 펠리칸 떼는 방향을 잃고 날다 뜨거운 아스팔트에 추락했다. 해류 이상으로 북극곰은 굶어 죽어가고 있으며 물개는 엉뚱한 곳으로 이동 중이다. 새로운 과학기술의 홍수 속에서 자연을 정복했다고 믿는 인류가 계속해서 지구의 생태계를 파괴한다면 가까운 미래, 인간은 어느덧 돌이킬 수 없는 자멸의 길 위에 서 있을지도 모른다. 이미 그렇게 되고 있는 것은 아닌가?

부록 독자 체험담

생활에서 경험하는 미스터리한 일들

가위에 눌려도 절대 눈을 뜨지 마라

어느 날 소파에서 잠을 자고 있었어요. 친구들과 농구를 하고 온 뒤라 피곤했거든요. 그러다 잠결에 누군가 내 가슴을 꽉 누르는 걸 느꼈어요. 난 몸을 움직이려고 했는데 전혀 움직여지지가 않는 거예요. 그리고 그때부터 계속 귓가에서 '따따따따' 하는 소리가 들렸어요. 누군가 입으로 내는 소리 같았죠. 꼭 나를 겁주려고 하는 것 같았어요. 소리를 지르고 싶었는데 목에서 소리가 나질 않는 거예요. 시간이 좀 지나서 나아진 것 같아 '다 끝났구나' 하고 안도했죠. 그런데 그때, 갑자기 누군가의 손톱이 입속으로 들어왔어요. 긴 손톱이 위, 아랫니 사이를 벌리며 입으로 쑥 들어온 거예요! 입에선 우드득하는, 이가 부러지는 소리까지 들렸어요.

나는 가위에서 벗어나려고 계속 애를 썼어요. 그런데 이번엔 누가 가슴을 밟는 거예요. 난 반사적으로 눈을 뜨고 말았어요! 그때까진 가위 눌렸을 때 눈을 뜨지 말라는 말이 생각나서 겨우 눈을 감고 있었는데…. 내 눈앞엔 얼굴이 없는 사람이 서 있었어요. 마치 힘자랑하듯 주먹을 쥐고 양 주먹을 머리 위로 들어 올리고 말이에요. 그리고 굉장한 속도로 움직이더니 내 목을 조이기 시작했어요. 지금 생각해도 식은땀이 다 나는 장면이었죠. 하지만 이상하게도 눈앞까지 바싹 다가온 얼굴이었는데도 검은 형체만 있지 눈코입은 보이지 않았어요. 그런 상태로 입을 벌리고 계속 허우적거리다가 어느 순간 가위에서 풀리게 됐어요. 지금까지 내가 경험한 공포 중 최악의 공포였어요. 그 일 이후로도 몇 번 더 가위에 눌리곤 했어요. 하지만 어떤 일이 있어도 절대 눈을 뜨지 않았죠. 절대로….

– 엽기닷님

비밀스러운 영혼의 향연, 유체이탈

영혼이 몸에서 분리되는 유체이탈 현상은 세상의 많은 미스터리한 현상 중 가장 흥미로운 주제가 아닐 수 없다. 유체이탈을 경험한 많은 사람들은 몸을 빠져나간 영혼을 통해 시공의 경계를 넘어 우주 밖을 구경하거나 사후세계를 체험했다고 증언한다.

얼마 전 유체이탈에 관해 연구해 온 미국 보스턴 대학의 심령 연구팀은 유체이탈로 오인될 수 있는 현상으로 다음 세 가지를 들었다. 첫째는 자각몽인데, 이는 인간의 두뇌가 자신이 자는 모습을 상상하며 꾸는 꿈이다. 실제로 유체이탈로 제보한 사람 중 50~70퍼센트는 자각몽을 체험한 경우이다. 두 번째 경우는 가위눌림이다. 가위눌림은 잠을 자다가 뭔가에 짓눌리는 느낌을 경험하는 현상이다. 마지막은 임사체험이다. 사람이 죽었다가 깨어나는 것을 말하는데, 이는 주로 의학적 사망 시점에 침대 위에 죽어 있는 자신을 목격하는 경우이다.

그렇다면 이 세 가지 현상을 제외한 진정한 의미의 유체이탈 현상은 무엇인가? 보스턴 대학 연구팀은 이를 '알 수 없는 초현상'으로 규정했다.

할머니 안 죽었어. 여기 우리집에 계시잖아.

내가 다섯 살 때의 일이다. 기억은 나지 않지만 어머니께서 얘기해 주셨다. 어머니께서 나를 낳자 왕고모 할머니는 "나도 못 낳은 아들을 낳다니 기특하구나" 하며 나를 몹시도 예뻐하셨다고 한다. 그래서 어머니는 한 달에 한 번씩 왕고모 할머니를 찾아 뵙곤 하셨다. 그러던 어느 겨울 아침, 왕고모 할머니께서 고혈압으로 쓰러지셨다. 뇌수술까지 받은 할머니는 산소호흡기로 겨우 버티시다가 보름 만에 결국 돌아가시고 말았다. 그 이후로 이상한 일이 일어났다. 문상을 다녀온 후 내가 이상한 이야기를 하기 시작한 것이다. 나는 잘 놀다가도 어머니에게 "왕고모 할머니 안 죽었어. 여기 우리 집에 계시잖아" 하면서 거실 소파를 가리키곤 하는 것이었다. 일주일 정도 이런 소리를 계속 하던 나는 갑자기 경기를 하며 쓰러졌다. 그 후 나는 왕고모 할머니가 무섭다며 대낮에도 화장실에 못 가고 겁에 질린 채 오줌을 싸곤 했다. 걱정이 된 어머니는 나를 데리고 병원에 갔다. MRI와 CT촬영까지 했지만 병명은 쉽게 밝혀지지 않았고 결국 의사는 심한 쇼크로 진단을 했다고 한다. 두 번이나 같은 검사를 해도 별다른 원인조차 발견하지 못했다.

고민 끝에 어머니는 이것이 의학으로 고치는 질병이 아니라고 판단하셨다. 그리고 외할머니께 부탁하여 용한 점쟁이를 찾아가 점을 보셨다. 점쟁이는 내 사주를 보더니 최근 상갓집에 다녀왔냐며 상문살이 들었다고 말했다. 그 소리에 어머니는 당장 나를 데리고 굿당을 찾아갔고 거기서 퇴마의식을 치렀다. 그리고 이상하게도 그 의식 이후, 나는 정상으로 돌아왔다고 한다.

지금까지 그 일을 생생히 기억하는 어머니는 아마 나를 너무 사랑해 주시던 왕고모 할머니의 혼령이 우리 집에 온 것 같다고 하셨다. 악몽처럼 무서웠던 그 일 이후, 우리 식구들은 영혼이 존재한다는 사실 하나만은 확신한다. 보이는 세상은 작지만 보이지 않는 세상은 더욱 크고 넓다.

– 한성원님

등대 위에는 2명밖에 없었다.

이 이야기는 제가 군복무 하던 시절의 경험담입니다. 저는 해병대 993기로 서해 최북단 백령도(제6여단)에서 근무를 했습니다. 백령도는 육지와 멀기도 멀거니와 안개가 끼면 일주일도 넘게 섬을 나갈 수도, 들어올 수도 없습니다. 외부인의 출입도 잦지 않아 주민들을 제외하면 거의 군인들밖에 없는 조용한 섬이죠. 백령도는 신라시대 때부터 유배지였기 때문에 많은 사람들이 이곳에서 죽었습니다. 그래서 그 흔한 점집이나 무당을 찾을 수 없는데, 주민들의 말로는 과거 무당이 섬으로 들어오려는 시도가 몇 번 있었다고 합니다. 그러나 그 때마다 견디질 못하고 다시 뭍으로 돌아갔다는 것입니다. 섬의 귀기가 너무 세서 웬만한 무당은 땅을 밟기조차 힘들기 때문입니다.

어느 날 해안초소에 근무를 나갔을 때입니다. 그날은 유난히 안개가 많이 껴서 한낮에도 200m 앞이 안 보일 지경이었습니다. 교대를 하기 위해 철조망을 따라 해변을 걷고 있는데 어디선가 여자의 웃음소리가 들려왔습니다. 순간 저는 걸음을 멈추고 주위를 확인했지만 주변엔 아무도 없었습니다. 새벽에 잠이 덜 깨서 헛소리를 들은 걸로 생각하고 다시 걷기 시작했는데 다시 어디선가 여자들의 속삭이는 소리가 들려오기 시작했습니다. 적어도 3~4명의 여자들의 수다를 떨고 있는 듯한 소리였지만 명확하게 알아들을 수는 없었습니다. 그때가 5월 말이었는데 관광객이 들어올 만한 시기도 아닐뿐더러 주민들은 군사지역임을 알기에 절대 들어오지 않는 곳이었습니다. 북한과 제일 가까운 지점이라 우리는 실탄을 갖고 근무를 서며, 유사 시 발포가 허락된 곳이라 관계자 외엔 아무도 들어올 수 없는 곳이었습니다. 저는 해변 쪽으로 총구를 돌리고 "손들어! 움직이면 쏜다!" 하고 외쳤지만 결국 돌아온 건 파도소리뿐이었습니다.

섬에 들어올 때부터 선임들은 밤중에 해안근무를 서게 되면 한두 번은 꼭 귀신을 보게 될 거라고 이야기해 주었습니다. 그 순간 저는 직감적으로 '아, 귀신이 내가 혼자 있다고 깔보는 구나' 하고 생각했습니다. 그래서 그 소리를 애써 무시하고 계속 걸어갔습니다. 그리고 서치라이트까지 왔을 때, 등대 위에 3명의 실루엣이 보였습니다. '선임근무자 들어오는 걸 확인했는데, 왜 3명이지?' 하는 생각에 유사시 발포를 위해 저는 총구를 잡고 긴장하며 올라갔습니다. 다행히도 위에서는 정상적으로 암구호를 묻는 소리가 들려왔고 저는 교대를 위해 등대에 올랐습니다.

그런데 등대 위에는 2명밖에 없는 것이었습니다! 등대에는 숨을 곳도 없고 다른 통로도 없는데 말입니다. 저는 선임근무자에게 다른 한 명은 어디로 갔느냐고 물었지만 선임근무자는 무슨 소리냐며 이곳엔 계속 두 사람뿐이었다고 대답했습니다. 제가 본 것은 결국 사람이 아니었다는 것이지요. 나중에 알게 된 사실이지만, 저뿐만이 아니라 다른 대대에서도 이미 여러 명이 같은 경험을 했고, 그 귀신은 '서치귀신' 이란 이름으로 불린 지 오래되었다고 합니다.

– 장진석님

엄마! 그림에서 사람이 걸어 나와!

저는 40대 초반으로 두 명의 초등학생 아이를 둔 엄마입니다. 첫째인 은영이가 5살 때 겪은 소름끼치는 이야기를 소개하려 합니다. 당시 우리 집 거실 한쪽엔 한 여인의 그림이 걸려 있었어요. 제 딸아이는 종종 그 앞에서 놀곤 했는데, 까르르 웃기도 하며 아주 즐거워했습니다. 그 날 역시 그런 아이를 보고 무심히 지나치려는데, 가만히 보니 누군가와 이야기를 하는 시늉을 하고 있는 것이었습니다. 좀 이상한 느낌이 들어 "은영아, 누구랑 얘기하니?" 하고 물었더니 "응, 이 아줌마랑!" 하는 거예요. 주위를 둘러봐도 아무도 없어서 이상하다고 생각하다가 문득 그림 속의 여자가 나를 빤히 내려다보는 듯한 느낌에 섬뜩해졌습니다. 무슨 이야기를 하느냐고 물었더니 아이는 "그건 비밀이야! 우리 둘만 얘기하고 딴 사람에게는 비밀로 하자고 아줌마랑 약속했어"라고 말하는 겁니다.

은영이는 더 황당한 이야기를 했습니다. 그림 속에 있는 아저씨, 아줌마들이 걸어나와 자신과 놀아준다는 것입니다. 문득 그림을 다시 보게 되었습니다. 하지만 그림엔 젊은 여자가 물끄러미 앞을 보며 홀로 앉아있을 뿐이었어요.

며칠 후 부엌에 있는데 거실에서 딸의 웃음소리가 들려왔어요. 은영이는 이번에도 누군가와 이야기하며 놀고 있었어요. 은영이는 자신의 뒤를 가리키며 사람들이 있다고 즐거워했지만, 제 눈엔 아무것도 보이지 않았어요. 이상하기도 하고 무섭기도 해서 아이를 병원에 데려갔지만 의사는 일시적인 현상이니 괜찮아질 거라고 했습니다. 저는 사람들이 우리 딸의 이런 행동을 이상하게 생각할까봐 아무에게도 말하지 않고 덮어두었습니다.

어느 날 동생이 3살 난 조카와 함께 놀러왔어요. 그런데 저녁 무렵 어두운 거실 구석에서 조카가 혼자 중얼거리고 있는 거예요. 저는 깜짝 놀라 집 안의 불을 모두 켜고 동생에게 아이를 식탁으로 데려오라고 했지요. 순간 아이가 손뼉까지 치면서 까르르 웃는데, 온몸에 소름이 돋았어요. 그리고 그림이 정말 두려워졌습니다. 어른들에겐 안 보이는 존재들이 아이들과 만난다는 사실이 말이죠. 며칠 후 중고 가구점에 물건을 처분하면서 그 그림도 함께 팔아버렸습니다. 은영이는 그림이 없어지자 많이 서운해 했지만 커가면서 점차 잊어버리게 되었지요.

괴물딴지에서 그림 안의 아이들이 살아 움직인다는 기사를 보고, 그때 일이 생각나 지금도 무섭답니다. 그렇다면 그 그림 속의 여인도 정말 우리 아이와 놀아준 걸까요? 지금 그림을 가지고 있는 사람이 있다면 제가 겪었던 이야기를 들려주고 싶네요.

– 아는 사람님

UFO를 세 번이나 목격했습니다

전 어릴 적부터 별을 좋아했습니다. 그래서 종종 옥상에서 돗자리를 깔고 잠을 자기도 했지요. 별똥별을 기다리기도 하고 별과 우주에 관한 책들도 즐겨보았습니다. 그러다 보니 자연스럽게 UFO에 대해 알게 되었고 그에 관련된 책들을 접하게 되었습니다. 아담스키에 대한 책도 그때 처음 보게 되었죠. 그러다가 UFO를 직접 목격하게 되었어요. 그날은 밤늦게까지 동네에서 친구들과 놀던 중이었는데, 문득 하늘을 쳐다보게 되었습니다. 그 순간 하늘에 타원형의 밝은 오렌지색 물체가 순식간에 지나가는 것을 보았습니다. 보기엔 새끼손가락 손톱의 1/3 정도의 크기에 밝은 오렌지색과 붉은 빛을 띠고 있었어요. 순간이었지만 확실히 비행기는 아니라고 생각했습니다.

그리고 중학생 시절 어느 저녁 즈음 저는 두 번째로 UFO를 보았습니다. 크기는 엄지손톱보다 약간 작고 밝은 은백색을 띠고 있었는데, 갑자기 나타났다가 없어졌습니다. 정말 환하게 빛나는 은백색이었습니다. 다른 어떤 비행기나 자동차 헤드라이트도 낼 수 없는 빛깔이었죠. 그때부턴 정말 UFO에 대해 확신하게 되었습니다.

그 후 시간이 흐르고 가평의 산악지대에서 군복무를 하던 1995년의 일입니다. 당시 상병이던 저는 산 정상의 감시대에 페인트를 칠하는 작업을 하던 중이었어요. 그러다 잠시 쉬는데, 구름 한 점 없던 하늘에 동그란 은풍선 같은 것이 떠 있는 것이었습니다. 가만히 정지한 채 있었는데, 산 높이를 감안할 때 꽤 먼 거리였는데도 크기가 컸습니다. 실제 크기는 어마어마할 것이라 추측되었죠. 당시 저는 공군 포병이었기 때문에 비행기가 아니라는 것은 확신할 수 있었고, 그 크기를 대충 짐작할 수 있었습니다. 곁에 있던 중사님께 보고했지만 그저 풍선이라며 별 관심을 갖지 않으시더군요. 할 수 없이 다시 작업을 했습니다. 그러다 다시 쳐다보았는데 분명 하나였던 괴물체는 어느새 두 개가 되어 있는 것이었습니다. 그 후 작업을 마치고 보니 아래로 길게, 세로로는 같은 크기로 5개 이상 나뉘어 있었어요. 처음 본 것이 모선이었다면 크기가 작아져야 할 텐데 기이하게도 모두 비슷한 크기였습니다. UFO 편대는 오래도록 사라지지 않았습니다.

제대 후 UFO 관련 다큐멘터리 형식의 비디오를 보게 되었는데, 예전에 제가 군대에서 봤던 것과 똑같은 모양의 UFO가 동영상으로 삽입되어 있더군요. 당시 같은 시각, 그 UFO 편대를 다른 곳에서 누군가가 찍었다고 생각하니 반가웠습니다.

그 이후론 보고 싶지만 보지 못했습니다. 너무 바쁘게만 살아서 그런가요? 다음은 제가 본 UFO에 대한 1995년 10월 17일 조선일보 기사입니다.

"경기도 가평에서 밝은 광채를 내는 미확인비행물체(UFO)가 나타났다는 주장이 제기됐다. 지난달 3일 오후 5시 30분쯤 경기도 가평군 북면 화악산 계곡에서 가을 스케치를 하던 강원케이블TV 편성제작부 이희홍 씨(33)가 ENG카메라로 찍은 이 물체를 16일 공개했다. 이 물체를 찍은 곳은 문화일보 사진기자가 UFO를 찍은 곳과 이웃하고 있으며, 방송국 카메라 기자가 UFO를 찍기는 처음이다. 4분 44초 동안 카메라에 찍힌 이 물체는 밝은 광채를 내며 1분 9초 동안 하나의 원형으로 있다가 10여 개로 나뉘어져 I자형으로 편대를 이루었다는 것이다."

– 블루님

괴물딴지 미스터리 사전 스페셜

초판 1쇄 2007년 7월 16일
초판 8쇄 2012년 8월 25일

지은이 | 유상현
펴낸이 | 송영석

펴낸곳 | (株) 해냄출판사
등록번호 | 제10-229호
등록일자 | 1988년 5월 11일

서울시 마포구 서교동 368-4 해냄빌딩 5 · 6층
대표전화 | 326-1600 **팩스** | 326-1624
홈페이지 | www.hainaim.com

ISBN 978-89-7337-858-6